本书由中共湖北省委党校(湖北省行政学院

公平视角下的数字经济

朱俭凯　杨钊霞　著

武汉理工大学出版社
·武汉·

内 容 简 介

本书从公平视角,围绕数字经济中公平与效率的关系,从数字经济的重要部分依次展开探讨。本书共有七章。首先,分析数字经济中公平与效率之间的关系,以及数字经济发展中兼顾公平需要注重的三个维度。其次,从基础设施、数据要素、实数融合、数字普惠金融、就业等五个方面进行了详细探讨。最后,阐述多元主体参与的数字经济治理体系,以此作为公平和效率再平衡的保障。本书在概念介绍、观点阐述过程中大量举例,并在重要部分进行了案例分析,使数字经济中晦涩的内容更直观、更具可读性。

图书在版编目(CIP)数据

公平视角下的数字经济 / 朱俭凯,杨钏霞著. 武汉：武汉理工大学出版社, 2025.5. -- ISBN 978-7-5629-7385-0

Ⅰ.F49

中国国家版本馆 CIP 数据核字第 2025FP7081 号

项目负责人:王利永(027-87290908)	责任编辑:尹珊珊
责任校对:王 旭	版面设计:许伶俐

出版发行:武汉理工大学出版社
地　　址:武汉市洪山区珞狮路 122 号
邮　　编:430070
网　　址:http://www.wutp.com.cn
经　　销:各地新华书店
印　　刷:武汉中远印务有限公司
开　　本:710 mm×1000 mm　1/16
印　　张:14.5
字　　数:260 千字
版　　次:2025 年 5 月第 1 版
印　　次:2025 年 5 月第 1 次印刷
定　　价:78.00 元

凡购本书,如有缺页、倒页、脱页等印装质量问题,请向出版社发行部调换。
本社购书热线:027-87523148　87391631　87664138

·版权所有,盗版必究·

前　言

　　数字经济以超乎想象的程度重塑着人们的工作与生活,推动人类社会以更快的速度向前发展。人们在享受数字红利的同时,不自觉地引发对未知的担忧:算法是否被滥用？大数据是否被用来针对消费者？智能机器是否在挤占人的就业机会？这些担忧都指向一个问题——公平与效率的平衡。

　　本书从公平视角,围绕数字经济中公平与效率的关系,从数字经济的重要部分依次展开探讨。本书共有七章。首先,分析数字经济中公平与效率之间的关系,以及数字经济发展中兼顾公平需要注重的三个维度。其次,从基础设施、数据要素、实数融合、数字普惠金融、就业等五个方面进行了详细探讨。最后,阐述多元主体参与的数字经济治理体系,以此作为公平和效率再平衡的保障。为增添可读性,扩大受众范围,本书采用偏口语的表达方式,并在概念介绍、观点阐述过程中大量举例,在重要部分进行了案例分析。

　　本书撰写历时近三年。由于数字经济领域的新探索、新变化、新提法日新月异,本书的目录和内容也在撰写中不断修改完善,仿佛见证了一片"树叶"漫长的成长过程。为了聚焦数字经济中公平与效率的关系,本书在内容上有所取舍。时代飞快发展,本书难免存在局限。

　　本书由中共湖北省委党校的朱俭凯、杨钊霞合作撰写。其中,杨钊霞撰写第四章第三节的第二个案例和第五章内容,其余部分由朱俭凯撰写并负责最终的统稿工作。

　　本书的完成离不开学校、教研部提供的良好科研环境和大力支持。特别感谢国家网络安全人才与创新基地、武汉中德国际产业园工业互联网赋能中心、中南建筑设计院、中国信息通信科技集团、武汉超算中心和人工智能计算中心等企业,以及段世德、谭敏、董舒、许琦、高洁、于进之、徐哲、朱维、支云、肖乐等朋友为本书撰写提供的各种帮助。此外,本书的完成更离不开家人们的默默支持,在此一并表示衷心感谢。

由于编者水平有限,书中还存在诸多不足之处,敬请广大读者批评指正。

作 者
2025 年 2 月

目 录

第一章 绪论 ·· (1)
第一节 数字经济中的不公平 ·· (1)
第二节 数字经济中公平与效率的关系 ·································· (9)
第三节 数字经济健康发展中的公平 ···································· (16)

第二章 优化升级新型基础设施 ·· (25)
第一节 加快信息基础设施建设 ·· (25)
第二节 稳步推进融合基础设施 ·· (35)
第三节 超前部署创新基础设施 ·· (42)
第四节 新基建的关系与注意事项 ····································· (55)

第三章 用好数据要素推动经济持续发展 ··························· (60)
第一节 新生产要素的关键作用 ·· (60)
第二节 均衡利益提高数据要素市场运行质量 ······················· (65)
第三节 保障数据要素安全维护社会稳定 ···························· (83)

第四章 以实数融合促进经济高质量发展 ··························· (92)
第一节 实数融合的合宜与因企制宜 ·································· (92)
第二节 现代化经济发展的实数融合 ································· (106)
第三节 经济高质量发展的数字支撑 ································· (111)

第五章 数字普惠金融促进包容性增长 ····························· (125)
第一节 传统金融与数字金融 ··· (125)

1

第二节　数字普惠金融促进包容性增长及其创新模式 …………（133）
　　第三节　数字普惠金融促进包容性增长案例分析 ………………（140）

第六章　有效应对变革促进就业 ………………………………（151）
　　第一节　数字经济与经营方式的变革 ……………………………（151）
　　第二节　数字经济与就业结构调整 ………………………………（158）
　　第三节　数字经济与就业供需匹配 ………………………………（172）

第七章　完善数字经济治理体系 ………………………………（184）
　　第一节　数字经济企业的新责任 …………………………………（184）
　　第二节　社会组织和个人的重要作用 ……………………………（196）
　　第三节　政府的重要作用 …………………………………………（206）

参考文献 ……………………………………………………………（215）

第一章 绪　　论

公平一直以来是人们的朴素追求,随着互联网的兴起,这种愿望和人们一起进入了网络空间。在数字经济中追寻公平,关键在于找出不公平的症结所在,理顺公平与效率的关系,厘清促进数字经济健康发展的思路。

第一节　数字经济中的不公平

数字经济作为一个庞然大物,已在各个方面影响着人们的生活,这种影响在总体上是积极的,大多数人早已习惯了数字经济快速发展后带来的种种便利。但人们对数字经济也呈现出矛盾的心态,因为它也给人们的生活带来了很多负面影响,由新生事物引发的社会不公现象频繁显现。

一、数字经济产生巨大变革

数字经济的蓬勃发展重塑了人类经济、社会、文化等各方面,所带来的革新、便利、智能可谓史无前例。每个智能手机用户都是新经济形式的应用者和受益者,诸如在手机上的搜索引擎、电子商务、社交媒体等APP(Application的缩写),它们亦是人们日常生活的必备工具。

(一)搜索引擎让知识获取触手可及

移动互联网实现了知识获取的便利化。知识是生产要素、生产力、人类发展的重要推动力。在东周之前,接受教育是贵族的特权,平民想要获取知识绝非易事,少数幸运者往往需要极好的机缘。孔子是中国历史上第一位被历史记载的、向平民传授知识的教师代表,他使平民拥有了通过接受教育改变命运的机会,这就是孔子千百年来受到尊崇的原因。但在漫长的历史长河中,知识依旧是稀缺资源,被记载在存量有限的物质载体上,或是存储于某个学者的脑中。直到互联网,特别是万维网被发明以后,信息的供给爆发式增加了。只要连接互联网,坐在家中就能随时搜索所需内容,但此时的知识获取尚处于信息化阶段。移动互联网进一步便利了数据的创造和获取,实现了信息化向数字化的跨越。在任意时刻、任意地点,只要拥有移动互联网,几乎每个人都拥有一个内容无限、种类繁多的数据库,远远超过古代任何一个汉语语境下的藏书之家或一个博学之士。彻底改变人们日常生活方式的不仅有移动互联网,搜索引擎也功不可没。

搜索引擎实现了知识的可检索功能。网络中数据的量级远远超出了人的搜索能力范围,拥有强大计算能力和高效算法的搜索引擎,可以极大地提高人们获取信息的效率和便利性。为了优化搜索效率,搜索引擎一直在不断革新,进一步提升了广大民众的搜索体验。

一是搜索引擎变得更快、更智能、更系统。以百度、谷歌为代表的搜索引擎,通过算法优化、服务器建设和网站打造等举措,可以自动生成一个按照相关性排列可用链接集合的网站,搜索引擎能够及时响应搜索要求,以此帮助用户尽快找到可用信息。

二是搜索引擎变得更加专业。传统搜索引擎可以按照细分种类提供专业搜索,不少搜索引擎还可以专门提供某一领域搜索服务,如中国知网提供的期刊、报纸、研究生毕业论文、年鉴等各类学术知识的搜索与内容下载服务。

三是搜索引擎运用大数据进行用户画像,依照用户偏好来提供搜索结果,主动推送用户偏好内容。搜索引擎通过搜集用户数据(如通过用户手机权限授权后,搜集用户的位置、通讯录、消费记录、浏览记录等数据),可以了解用户的喜好和需求,这样一来,用户通过搜索获得的内容就更加精准。通过智能算法,用户在浏览信息时,也将接收到符合用户喜好的信息内容,如字节跳动旗下的今日头条、抖音等均已实现该功能。

(二)电子商务让购物变得更加便利

电商(电子商务)企业是搜索引擎企业的重要合作对象,他们通过搜索引擎获取用户数据,利用搜索引擎广告宣传的方式来提升自己的排名。电商自身也拥有搜索技术,提供站内搜索引擎等服务,为了获取更多利益,电商在平台内设置搜索排名购买服务,商家可通过付费吸引更多的潜在客户。但是,电商的出现的确使购物方式与过去大相径庭。

电商实现了购物在线化、便利化。在电商出现以前,购物的场景必须在线下,最便利的是楼下24小时不打烊的便利店。要购买更多生活用品,不得不前往周边的大型超市,这是一个烦琐且耗费时间的过程。首先,消费者需要花一定时间到达超市;其次,用户还得在数量众多的陈设商品中找到心仪的产品,假设成功找到,还需要移步到收银台排队付款。电商(特别是移动电商)出现后,购物的过程大大简化,消费者只需在电商平台软件上搜索心仪的产品—点击购买—付款—等待快递—收货即可,极大地节省了往返实体店、挑选商品、排队付款的时间。

电商确保了交易的安全顺畅,优化了人们的购物体验。随着电商的飞速发展,大型电商平台提供的服务范围更加广泛。

一是电商汇聚了品类更为丰富多样的商品。电商平台的产品种类远超任何一家线下实体店,消费者可以在不同电商平台之间选择,难以在线上购买到的产品越来越少。

二是电商提供了站内搜索、比对服务。电商平台价格的透明化,消费者可以通过比对选择到更物美价廉的商品,遏制部分商家利用信息不对称进行高价售卖的行为,但仍然存在互联网大数据"杀熟"的问题。

三是电商提供了线上支付服务。电商为线上支付提供了购物流程保障和技术支持。一方面,电商作为中介方,收取消费者购物的货款,待到消费者确认收货后,再将款项汇入商家账户;另一方面,通过加密算法等技术手段,防止支付链接被恶意篡改、劫持,从而确保了支付安全。

四是电商提供了售后平台服务。如快递查询、退货、纠纷处理等服务。

正是由于这些贴心的服务,越来越多的人选择网络购物。根据2024年6月28日发布的《互联网助力数字消费发展蓝皮书》,我国网络购物用户规模超过9亿人,购买国货"潮品"、绿色商品等的用户规模分别达到5.3亿人、2.3亿人;"90后"和"00后"网络购物使用率分别达到95.1%、88.5%,在个性化消费、国货消费、智能消费等领域较为活跃。

不仅如此,电商模式也在不断推陈出新,线上线下联合、社交电商、直播电商、社区团购电商、金融理财电商等新模式层出不穷。随着电商进一步占据销售行业的每一个角落,在取得巨大经济效益和社会效益的同时,人们对它的态度也变得复杂起来。

(三)社交媒体使沟通进入数字通信时代

在人际交流层面,人们已习惯借助各种社交媒体平台进行交流。社交媒体平台实现了一种强大的功能——哪怕人们相隔千山万水,只要有移动互联网,就能进行数据传播。除了传统电话的语音对话功能,人们还能通过语音、文字、图片传输乃至实时视频通话等方式交流,通信技术已从模拟电话时代跃升到数字通信时代。

这是一场巨大的变革,它为人类社会带来了一次新的进化。要知道,如何实现更高效的沟通一直是横亘在人类社会面前的难题。在人类社会发展早期,智人凭借语言走出了非洲,战胜了其他物种,成为当今人类的祖先。在此之前,智人虽也有简单的语言,但难以表达复杂的意思,就如其他动物一般,仅能进行简单地示好、预警等。这种简单语言无法实现具体沟通,那时的智人只是松散的族群。当智人第一次走出非洲时,并未彰显出优于其他猿人的独特之处,因此,那次走出非洲的探索以失败告终。待到智人发展出较为复杂的语言系统之后,族群间的纽带变得紧密了,无论是在日常生活中消弭纷争、促进友谊、分享信息,还是在战斗中精诚协作,语言发挥了关键作用,促使智人成功走出非洲,扩散到世界各地。在数智技术的加持下,借由社交媒体平台提供算法、算力、场景、渠道等,通过智能终端,人类拥有了无视空间距离而即时通信的能力,增加了人与人沟通的便利性。即使是在太空中,天地通话也已成为现实。早在2003年,我国首位进入太空的航天员杨利伟,就曾与地面控制中心进行过多次视频通话;到了2021年,我国空间站的航天员与地面控制中心的视频通话,以全国直播的形式展现,其声音、画面更清晰且不卡顿,这在世界通信史上具有划时代的意义。

这种变化促使人类社会实现了组织结构的全新转变,即由树状结构转向网状结构。在工业生产中,每个人基于自己的专业技能和职级高低处于不同的岗位,共同构成一个高效运转的整体。虽然树状结构是一种有效的组织形式,但存在自身局限——一旦层级过多,便会出现信息传递过程中的衰减和谬误,而且层级相差越大,沟通越困难。互联网诞生后,形成一种更高效的组织形式。这种形式使人们摆脱了地域限制,纷纷会集在网络空间中,数据的加速流动让交流更加便捷。如有的企业通过自己的平台管理,构建了更扁平化的组织结构,在提高工作效率的同时减少决策层次。

社交媒体平台为各类形式的沟通提供了新渠道。除了从传统电话沟通转移到社交媒体平台之外,语音、文字、图片、视频留言,以及语音通话和视频通话等多种形式在一定程度上取代了现场沟通。新沟通形式较之传统电话沟通增添了灵活性和多样性。灵活性体现在及时性方面,在任意时点都能将信息传送给对方,对方也能立即收到。比如,一名医生正在进行手术,无法接听家人电话,待手术结束后翻看手机时,便能立即看到家人留言,免去了回拨电话的等待过程。多样性体现在沟通信息形式的丰富多样,除了传统的短信留言和语音留言之外,凡是能以数据传播的信息都是可选项。仍以家人给医生留言为例,家人通知医生参加一个重要的家庭聚会,为了确保医生准确无误地到达聚会地点,家人将聚会地址以分享地理位置的形式发出,医生便能根据分享内容,依照导航准确到达聚会地点,相比面对面交代的地点更加精确。因此,社交媒体平台提供的多形式沟通相较于面对面沟通有比较优势,如可反复查看、核对、更精准等。

使用社交媒体平台沟通相较于面对面沟通又有比较劣势。一方面,社交媒体平台在呈现信息时受限于智能终端,往往被局限在智能屏幕的单维度之中,无论现实场景多么宏大壮观,最终都只能体现在有限的屏幕上。另一方面,社交媒体平台在触发人的部分感官体验方面存在局限,首先是视觉,其次是听觉。再香甜的美食,人们在社交媒体平台上都无法闻到和品尝到。除非智能终端出现重大创新成果,使人置身于虚拟世界中感受如现实世界一般,才能在一定程度上破解该难题。为了朝此方向推进,元宇宙的应用实践成为当下的热点领域。元宇宙的概念最早源自1992年美国科幻作家尼尔·斯蒂芬森在其小说《雪崩》中的描述,书中讲述了人们只要通过戴上耳机和目镜,找到连接终端,就能以虚拟分身的形式进入虚拟世界。当前,已有社交媒体企业及其他相关企业在积极布局这一领域,如Facebook公司,现更名为Meta,公司在2021年宣布将在5年内致力于把自身打造为一家元宇宙公司,这体现了该公司想借由破坏式创新的特点来巩固自身垄断地位的愿望。

社交媒体平台本身已带来了人际交流的脱实向虚、企业垄断等问题,伴随着元宇宙热点的出现,隐忧加剧了。各行各业蜂拥而入,诱使大量社会资源涌向了这个虚拟领域;同时,各类打着元宇宙旗号的骗局层出不穷,成为掠夺财富的新借口。

二、数字经济不公事件频现

值得肯定的是,数字经济所带来的变革性影响超越了以往工业革命和技术变革,其带来的正面效益巨大,造成的负面影响也层出不穷。算法滥用、大数据"杀熟"、平台经济领域垄断等新闻事件,频繁见诸各大媒体平台,在数字文明时代被无限放大。

(一)算法滥用

算法(algorithm)是指对解题方案进行准确而完整的描述,是一系列解决问题的清晰指令,算法代表着用系统的方法描述解决问题的策略机制。简单地讲,算法是人类发出一系列具体的指令,机器便能够理解和执行任务,从而协助人完成各种复杂运算。如消费者想给家人购买生日礼物,不知道如何选择。传统办法是寻问身边的同事、朋友,但通过手机搜索引擎搜索"生日礼物"后,搜索引擎会启动算法,在无数个网站数据库中搜索所有和"生日礼物"相关的信息,并将结果发送到消费者的手机上。只需短短几秒,就能得到所有与"生日礼物"有关的信息。

算法滥用不仅是指数字经济企业等市场主体开发出的算法产品,还涉及算法在实际应用中的不当使用和潜在危害。算法不合理应用的行为影响了正常的传播秩序、市场秩序和社会秩序,给维护意识形态安全、社会公平公正和网民合法权益带来了严峻挑战。简单地讲,算法滥用是数字经济企业在设计算法时,为了进行不合理的牟利,添加了不公平规则的行为。仍以消费者使用搜索引擎给家人购买生日礼物为例,当消费者以"生日礼物"为关键词在搜索引擎上进行搜索时,获取的相关信息却是以广告为主。出现该结果的原因是搜索引擎企业在设计搜索算法时,除了以相关性为关键原则,还添加了将付费商家优先展示的原则。于是,消费者需要仔细甄别、排除广告,从众多无用信息中花费时间找到可用信息。在这一过程中,搜索引擎企业得到了商家付费收益,消费者的用户权益却受到了侵害。如果不幸碰到了无良商家,消费者甚至有上当受骗的风险。

在现实生活中,不乏类似的事例,"魏则西事件"便是典型。2014年4月,西安电子科技大学的大二学生魏则西被诊断出滑膜肉瘤,这是一种恶性软组织肿瘤。在辗转北京、上海、天津和广州等各大肿瘤医院却都被告知无有效治疗手段后,魏则西一家人通过搜索引擎找到一家推广医院,该医院医生宣称拥有从美国斯坦福引进的生物免疫疗法,并且保证10年甚至20年没问题。但实际情况是,从2015年9月开始,魏则西先后4次前往该医院治疗,花费20多万元,治疗效果并不明显。2016年4月12日,魏则西去世。该事件使涉事的搜索引擎企业、医院以及医院背后的资本背景等成为被批评的对象,同时推动了搜索引擎企业的整改、监管以及法律的完善。

目前,搜索付费排名在各搜索引擎中仍普遍存在,为了将付费广告与正常信息相区别,搜索结果页面会将广告链接作出标注。除了搜索付费排名之外,还存在致瘾性推荐、大数据"杀熟"等算法滥用的情况。

(二) 大数据"杀熟"

大数据"杀熟",指的是数字经济企业等市场主体以所搜集的用户数据为基础,通过歧视性算法欺骗、诱导、误导消费者,损害消费者权益的行为,包括但不仅限于价格歧视。一是价格歧视,利用大数据恶意制定区别性价格,如老用户价格比新用户更贵、不同地区价格存在差异等,通过有选择地卖高价欺骗消费者。二是编造虚假评价。由于消费者在网购时经常以商品评价为选购标准,评分越高、差评越少的商品更容易受到青睐。因此,部分平台和平台经营者通过刷单等不正当方式,掩盖真实评价,误导消费者的选择。三是制定虚假排名,平台经营者通过制定非公正的排名,误导消费者的决策。四是夸大获得概率,部分线上经营者进行有奖销售时,虽然标明了中奖概率,但在消费者购买后,实际中奖概率却不符合预期,存在暗箱操作之嫌。五是一些平台利用所处的优势地位,在流量分配、搜索排名等方面限制平台内商家,消费者在平台中难以找到被限制的商家,影响了市场的公平竞争。

大数据"杀熟"的本质仍是算法滥用,其利用算法不透明、难以被全面监管的特点,通过智能算法和大数据相结合,以信息不对称欺骗消费者。大数据"杀熟"的危害至少体现在两个方面:一方面是损害了消费者的利益;另一方面是部分数字经济企业凭借自身优势地位,影响了平台内商家和平台外商家的公平竞争。因此,大数据"杀熟"的危害本质不仅在于技术乱用,还在于平台经济领域垄断。

(三) 平台经济领域垄断

平台经济领域垄断,是指互联网平台以及平台经济领域经营者采用经营者集中、滥用市场支配地位、垄断协议等方式,或滥用行政权力排除、限制公平竞争的行为。

经营者集中,是指通过企业合并或取得控制权的形式,从而拥有对市场的更大份额或更强控制权。在平台经济领域,经营者集中若具有或者可能具有排除、限制公平竞争的效果,会成为《中华人民共和国反垄断法》禁止的行为。如2015年2月14日,滴滴和快的两家数字打车公司合并之后,占据了超过95%的市场份额,属于典型的经营者集中。经营者集中是垄断的开始,也是巩固和扩大垄断的方式,其目的是通过垄断获得支配地位,谋取超额利润。

平台经济领域滥用市场支配地位,是指通过滥用市场支配地位,妨碍公平竞争、损害消费者权益的行为。当企业取得足够的市场份额之后,将市场份额转化为实际收益的冲劲,以弥补之前付出的成本并获取更大的收益。互联网平台对商家提出的"二选一"要求,属于常见的滥用市场支配地位行为。所谓"二选一",是指商家只能在多个互联网平台之中选取一个进行经营。如果商家在多个平台上同时开展业务,将受到平台的严厉处罚,该要求妨碍了公平竞争,违反了《中华人民共和国反垄断法》。如2021年4月10日,市场监管总局对阿里巴巴集团的"二选一"行为进行了行政处罚,罚款金额高达182.28亿元,占该集团2019年中国境内销售额的4%。一般来说,企业市场占有率越高,其支配市场的能力越强,盈利的可能就越高。因此,提高市场占有率是企业一贯追求的目标,平台企业更是如此。当企业的支配力不足时,通过与其他商家共谋,也是一种常用手段。

平台经济领域垄断协议,是指经营者之间达成排除、限制公平竞争的协议、决定或者其他协同,包括书面、口头或其他协调一致的行为。垄断协议是实现垄断的常用形式,为了达成协议价格、沟通信息,不同企业的负责人需要通过会议、电话等形式沟通。如2002年4月至2006年2月,荷兰马丁航空公司的副总裁弗·约翰内斯·德琼和其他航空公司的高管通过会议以及其他形式会谈,导致美国航空业机票集体涨价,因违反了反垄断法而受到重罚。随着数字经济的不断发展,算法共谋成为可能,经营者之间无须任何沟通,便可形成价格同盟。如某品牌新型手机涨价,商家之间在没有任何沟通的情况下,其他品牌新型手机价格也随之上涨,造成了手机价格集体上涨的局面。虽然其中固然有原材料上涨的原因,但如此一致的步调,确实存在算法共谋之嫌。由于算法共谋非常隐蔽,这对反垄断监管提出了更大挑战。

滥用行政权力排除、限制公平竞争,是指行政机关和法律法规授权的具有管理公共事务职能的组织,对平台经济领域滥用行政权力排除、限制竞争的行为。如某行政单位规定,单位采购的商品只能在某互联网平台上购买,否则不能报销,这便属于违法行为。

互联网平台具有网络效应,天然带有垄断特点,数据要素具有低成本的可复制性,使不少互联网平台成为横跨多个行业的庞然大物。重塑这些行业,互联网平台带来蓬勃生机与活力的同时,也因其垄断地位引发了诸多问题。

总体上看,算法滥用、大数据"杀熟"、平台垄断等新闻事件,都直接或间接对消费者利益产生影响,成为民众的痛点。但从问题的整体角度来看,这些仅仅是众多问题中的冰山一角。

数字经济产生的变革极为巨大,其影响也极为深远,因此带来的问题远非几个简单的词语能够全面概括。这些问题,有的已为公众所熟知,但未受到足够的重视;有的处于隐蔽区,或处于学术研究阶段,并未能普及至大多数民众;有的尚处于未知区域,有待学者们进一步挖掘、总结和研究。总之,这些问题在不同程度上都与公平有关。

第二节 数字经济中公平与效率的关系

发展数字经济不仅取决于效率,也取决于公平。从理论层面上看,是否重视公平、是否在数字经济发展的整个流程中实现公平,将是数字经济健康发展的关键要素。唯有如此,方能以公平促效率,实现高质量发展,进而体现社会主义市场经济的优越性。

一、公平与效率具有同等重要地位

公平的对立面是不公平,效率的对立面是无效率,公平与效率是一对矛盾统一体,两者既相互对立又相互统一。从公平视角来看,公平本身是社会主义的本质要求,其重要性与效率同样重要。在不同发展阶段,又需要根据主次矛盾变化,执行不同的公平与效率策略,但这并不影响两者在根本意义上的同等地位。

(一)公平是社会主义的本质要求

社会主义高度重视公平问题。社会主义的本质是解放生产力、发展生产力、消灭剥削、消除两极分化,最终实现共同富裕。这些要求都是从公平的视角出发提出的,是在对资本主义进行深刻反思的基础上,为了促进人的全面发展,对未来美好社会所作出的构想。

解放和发展生产力,并未否定公平的重要作用,具体体现在以下三个方面。

一是解放和发展生产力针对的是提升效率,打破平均主义。平均主义忽视了市场机制的作用,无法通过价格传导信号,这极大地打击了人们的劳动热情。在平均主义的分配模式下,生产要素无法根据信号优化配置,进而降低了效率。

二是平均主义不是真正的公平,反而损害了公平。在平均主义的分配模式下,劳动者的劳动未得到同等报酬,其他生产要素的付出也未获得相应回报,这种分配方式否定了劳动价值，无视了其他要素在价值创造过程中的贡献，破坏了等价交换原则，恰恰是一种不公平。

三是解放和发展生产力需要相对公平的环境。市场期待公平竞争，这就需要政府打造市场化、法治化和国际化的营商环境，坚决打击垄断和不正当竞争。如小孩在未形成生产力之前，有一个漫长的成长期，需要政府提供良好的环境，予以教育、医疗等方面保障，使他们健康成长，未来成为优秀的劳动者、价值创造者。

消灭剥削，旨在实现资本家和劳动者之间的公平，具体体现在以下几个方面。

一是资本家无偿占有了劳动者的剩余价值，这对劳动者而言是一种剥削。资本家发现活劳动这种"商品"后，通过不等价交换，从劳动者那里榨取了过多价值，却并未支付对等报酬，这显然是一种不公平。

二是我国并未否定企业家的劳动创造，并未否定企业家精神。企业家在管理、经营企业过程中，承担了风险、付出了劳动。我国历史上曾出现过不少敢打敢拼、为民族解放作出贡献的爱国企业家，他们所展现出的企业家精神值得肯定。根据企业家付出的劳动和资本等要素，在价值创造中作出的贡献，他们获得相应的报酬、一定的利润，符合等价交换原则。

三是消灭剥削是使企业家和劳动者都获得相对公平的报酬。消灭剥削并不是要消灭企业家，而是在肯定企业家作用的同时，也肯定劳动者的重要作用，使两者获得的报酬实现一种微妙的平衡，并积极保护劳动者这一弱势群体的合法权益，如工资权益、休假权利等。

消除两极分化，是为了避免出现极端不公的局面，具体体现在以下几个方面。

一是打击非法收入。坚决打击各类非法行为侵害民众合法权益、非法占有民众财富的行为。如某些数字金融平台打着P2P的旗号，以高息利诱民众存款，通过违法犯罪手段实现暴富。

二是调节过高收入。通过税收等手段对高收入群体进行征税，将征收的税款用于再分配，以保障各类人群（尤其是弱势群体）的生活水平。同时，国家鼓励先富带动后富，如鼓励成功企业家带动家乡人民致富，积极参与慈善等社会公益事业等。

三是增加低收入者收入。利用再分配等手段保障低收入者，他们拥有勤劳致富的机会和能力。如精准扶贫，是针对处于绝对贫困线以下的农村居民实施的有效政策，并取得了巨大成功，我国已历史性地解决了绝对贫困问题。

四是持续扩大和巩固中等收入群体。使更多低收入者通过个人努力,成为中等收入群体的一分子,同时巩固现有中等收入群体等。

最终实现共同富裕是我国必将实现的目标,这一目标是通过机会和过程公平,逐步实现结果公平。

一是我国将在21世纪中叶基本实现共同富裕。我国在全面建成小康社会,踏上全面建设社会主义现代化国家新征程后,共同富裕时间表更加明确,不再是虚无缥缈的设想。习近平总书记指出,到"十四五"末,全体人民共同富裕迈出坚实步伐,居民收入和实际消费水平差距逐步缩小。到2035年,全体人民共同富裕取得更为明显的实质性进展,基本公共服务实现均等化。到21世纪中叶,全体人民共同富裕基本实现,居民收入和实际消费水平差距缩小到合理区间。

二是共同富裕不仅是物质层面的共富,也是精神层面的共富,这对数字经济发展提出了新要求。数智技术使文化传播更加便捷,为精神共富提供了新工具,数字经济中的文化产业发展也将迎来更多机遇。同时,数字文化产业中的低俗、暴力、致瘾性部分,又会阻碍精神共富的实现。因此,需要加强社会主义核心价值观的引导。

三是共同富裕对数字经济中公平问题提出了新期待。随着共同富裕时间表的明晰,以及物质和精神共富的客观要求,对数字经济健康发展需求更加迫切,对数字经济中的公平问题将予以更加重视和相应监管。

(二) 不同阶段的效率与公平策略

在不同发展阶段,效率和公平作为主要问题和次要问题交替转化。只有经济、社会发展到一定程度时,方能实现效率和公平的有机统一。

当生产力发展不足时,效率不够是主要矛盾,过度重视公平无助于快速发展,具体原因有以下两个方面。

一是提升效率需要以市场为导向的充分激励,市场配置资源是最有效率的形式。市场配置资源,就是通过价格、供求、竞争、风险等机制,引导市场主体有序运行。如早点摊主每天起早贪黑的忙碌,主要目的是养家糊口,但在市场机制的作用下,这并不妨碍早点摊主为顾客提供物美价廉、品种丰富的早餐。

二是由于认知局限,无法以重视公平确保真正的公平。公平重要性凸显的标志往往是大量不公事件出现后,引起了大众和政府相关部门的关注与重视。在生产力还未发展起来前,没有人拥有如此丰富的经验重视公平,并制定和执行好公平政策。如早点行业,只有在大量早点摊位出现后,方能根据问题找到合理解决方案。譬如,解决占道经营、环境污染、早点摊主恶性竞争、早点行业公平秩序等,只有通过不断试错,才能探索出系统、完整、行之有效的方案。

待生产力发展到一定程度,重视公平将有助于保障和提升效率,主要体现在以下两个方面。

一是不公平将成为效率的绊脚石。如果持续无视不公平事件,忽视不公平问题,一味地强调效率,就会出现贫富差距拉大、社会动荡不安等问题,损害经济社会稳定和发展的基石。因为市场经济正常运行依赖稳定的社会环境。如南非、巴西等国,由于没有妥善解决公平问题,使富者愈富、穷者愈穷,出现了大量犯罪、动乱等社会问题,经济增长停滞,从而陷入中等收入陷阱。

二是公平有助于提升效率。较为公平的政策环境将缩小贫富差距、稳定社会,为经济社会发展提供优质劳动力以及良好的发展环境,使效率得以充分释放。如我国在某一时期,坚持执行对防控新冠肺炎疫情病例的清零策略,采取了封城、封锁局部区域、暂时限制人员流动等措施。从短期来看,这些措施确实影响了效率,降低了经济发展速度;但从长期来看,效率得到了有效保障。2020年,我国成为世界上唯一实现正增长的主要经济体;2021年,经济增长形势也优于世界其他绝大部分主要经济体,甚至不少生产订单由东南亚回流至我国。这正是我国重视公平的具体体现,优先保障每一个人的生存权,将大量资金投入到医疗等防疫抗疫环节,创造出健康、安全的发展环境,使市场主体得以健康发展。

即便生产力已十分发达,在新产业新业态新模式中,也需要根据新领域的发展程度,灵活调整效率和公平策略。

一是为了鼓励创新,不宜从公平的角度对新产业、新业态、新模式施加过多约束。在新领域中,传统公平模式难以适用,如果执行看似公平的政策,可能既阻碍了新产业、新业态、新模式的发展,也无助于公平的真正实现,如英国汽车产业的发展。1865年,英国通过了《红旗法案》,该法案规定一辆汽车在行驶过程中,必须得有一人在汽车前方举着红旗,提醒行人注意安全。《红旗法案》极大地恶化了英国汽车产业的发展环境,错失了汽车产业的先发优势,也使英国民众无法享受到新型交通工具的便利。

二是新产业、新业态、新模式发展到一定程度时,也应因时因势逐步增加公平的权重,以确保新产业、新业态、新模式的健康发展。由于资本的逐利性,随着新产业、新业态、新模式的不断发展壮大,引发的问题也将越来越多。此时,政策导向应适时调整,防止问题朝着不良的方向发展。

三是新产业、新业态、新模式健康发展的政策需要随时观测,及时调整。由于人的认知存在局限,即便在准确判定新产业、新业态、新模式趋于成熟后出台的相关政策,可能依旧无法达到实现公平的预期目标,依旧有待实践检验,政策误判随时都有可能会发生。因此,应根据实际情况及时调整,以确保政策达到预期效果。

(三)确保公平成为现阶段重要任务

历史的发展并非一帆风顺,而是充满了曲折和艰辛。我国经历了重视公平、平均主义、兼顾公平、更加重视公平等阶段,对效率和公平之间的关系把握更加透彻。

新中国成立以来,中国共产党领导中国人民致力于打造一个社会主义国家,高度重视公平,并在诸多方面取得巨大成就。如在医疗卫生方面,我国在城乡建立了妇幼卫生保健制度,这一举措使得全国特别是农村婴幼儿死亡率和致病率大幅减少,妇女儿童的生命安全和身体健康得到有效保障。又如,在教育和人才培养方面,基础教育的普遍建立,使我国人力资本大幅提升。改革开放以来,教育所累积的人力资本与资本这一生产要素相结合,产生了巨大能量,创造了长期快速增长的世界奇迹。

党的十一届三中全会以来,我国破除了平均主义,引入了市场机制,开始了社会主义市场经济的探索征程,并提出了"效率优先、兼顾公平"的理念。从深圳蛇口那句响亮的"时间就是金钱,效率就是生命"到明确"效率优先、兼顾公平",我国经历了从破除平均主义、高度重视效率到既重视效率又关注公平的重大转变,意味着条件变化过程中,我国基于问题导向进行了及时调整。效率提升后,公平方面的问题逐渐显现,引出不少社会问题,触发了我国政策及时调整,公平再次受到高度重视。

党的十八大以来,随着生产力的进一步发展,我国将公平摆在更加突出的地位。强调再分配公平到明确初次分配也要兼顾效率和公平,再分配更加注重公平;从大力推进精准扶贫、精准脱贫到全面实施乡村振兴;从单纯重视经济增长到更加关注居民收入增长、实现发展成果由人民共享;等等。这些举措都是在社会主义市场经济发展过程中,随着经济增长,为了朝着共同富裕的目标所提出的方针政策,也是对公平与效率之间关系的再调整,致力于实现公平与效率的高水平有机统一。

二、数字经济中公平与效率相互促进

事物在矛盾中不断演进发展,公平与效率这一对矛盾统一体相互影响、相互促进,推动着我国经济、社会不断发展,这一现象在数字经济领域中亦有所体现。

(一)以公平促效率

坚持和完善以公有制为主体、多种所有制经济共同发展的基本经济制度,为数字经济发展提供了多元动力。

一是以移动、联通、电信为代表的国有企业,为数字经济发展构筑了基建基础。数字经济发展以移动互联网覆盖为重要基础,这需要足够的移动信号基站。由于我国较早的布局并坚持贯彻互联网战略,在移动、联通、电信三大移动运营商的不懈努力下,在幅员辽阔的国土上,无论是城市还是乡村,基本实现了4G网络的全面覆盖,充分体现了国有企业在贯彻重大国家战略过程中的担当作为,为数字经济发展筑好了基础条件。

二是相对公平的民营企业发展环境,为数字经济发展打造了多元化动能。我国将民营企业置于与国有企业同等重要的地位,持续为民营企业发展打造良好的公平环境。正因为如此,民营企业以其独特优势在数字经济领域取得了巨大成功。前期有百度、阿里巴巴、腾讯,后期有华为、京东、美团、拼多多、字节跳动等,拥有民营背景的创新型数字经济企业如雨后春笋般不断涌现。

三是外资企业同样受到公平对待,为我国数字经济引入新动能。如上海引进特斯拉后,濒临破产的特斯拉"起死回生",一跃成为新能源汽车的龙头品牌。上海特斯拉超级工厂生产的电动汽车不仅在国内销售火爆,还远销欧洲等地区。特斯拉的引进也带动了我国其他新能源汽车品牌的"比学赶超",极大地提升了我国新能源汽车产业整体的智能、质量和服务水平。

按劳分配为主体、多种分配方式并存的基本分配制度,为数字经济发展提供了多元保障。

一是保障了劳动者的合法劳动权益,确保了劳动者的积极性。试想,如果劳动者在市场中付出劳动,却无法得到相应回报,那么在短期内,会给劳动者传递错误的价格信号;从长期来看,还会激化劳动者和企业家之间的矛盾,破坏社会稳定,如此一来,数字经济也无从发展。

二是其他生产要素根据贡献获得相应报酬,确保了其他生产要素市场的发展。其他生产要素(如资本、土地、知识、技术、管理、数据等)虽不直接创造价值,但在劳动创造价值的过程中有所贡献,按照公平的原则,它们理应获得相应报酬,这也使得其他生产要素市场蓬勃发展,进而促进劳动生产率的提升。

三是再分配通过税收、社会保障和转移支付等手段,调节收入差距、促进社会公平和共同富裕。如数字经济中的从业者收入普遍较为可观,政府通过税收的方式,将高于免征额部分的收入征税,以转移支付的方式对获得的税收进行再分配。又如,持续投入基础教育和高等教育,以此不断培养出大量高素质人才,反过来服务于数字经济,为数字经济创新提供源源不断的人才。

四是第三次分配为数字经济发展提供支持和补充。慈善等社会公益事业属于第三次分配,体现的是社会力量,是市场、政府力量之外的又一重要方面。如不少慈善机构参与了抗击新冠肺炎疫情,在疫情防控、资金帮扶、人员救治、创新形式等多方面发挥着重要作用,为数字经济乃至整体经济发展提供了安全、健康的环境。

社会主义市场经济体制作为基本经济制度的重要组成部分,为数字经济发展打造了更加公平的市场环境。

一是防止数字经济中出现"劣币驱逐良币"的现象。通过打击垄断、侵害消费者权益的各类违法犯罪行为,部分数字经济企业就无法通过"歪门邪道"获利,也为合法、合规的数字经济企业创造良好的发展环境。

二是促进数字经济健康发展。全面实施市场准入负面清单制度,并辅以典型案例示范,使数字经济企业切实了解不能做什么、可以做什么,从而将主要精力放在合法、合规经营上,促使数字经济企业发展走上正确轨道。

三是激发数字经济企业的创新活力。通过正反两方面的引导,数字经济企业可以创新驱动实现跨越式发展,以创新获得先发优势,以创新得到合理的巨额回报,营造数字经济争先创新的良好环境,进一步提升数字经济乃至整个经济、社会的效率。

(二) 以效率促公平

效率并非总是破坏公平,也时常促进公平。一方面,效率的提高使可供分配的"蛋糕"增大,才有可能使人们分得较大的"蛋糕"份额,实现社会的公平。另一方面,效率工具成为实现公平的有效手段,使公平更精准、高效。

数字经济为劳动生产率的提升开辟了新路径。数字经济中的数据要素与其他生产要素产生乘数效应,使劳动获得更高效率。如智能导航系统为用户提供准确的导航指引,计算出最短路径和最优路线。智能导航系统之所以能够实现这一功能,依靠的是地理信息数据、算法和算力。智能算法在云服务器中运行,寻找数字地图中的可行路径,同时避开拥堵和其他设置条件。因此,数字经济为经济增长提供了巨大的推动力,社会总财富快速增加,更多财富能够用于分配。随着财富的快速增长,全民素质也将整体提升。正所谓"仓廪实而知礼节,衣食足而知荣辱",随着人的素质的提升,在分配环节也更有道德和智慧,能够将公平分配做得更好。反之,如果社会财富很少,无论怎样寻求公平,都很难做好平衡。

数智技术为更公平分配作出了新贡献。

一是数智技术使远程公共服务更为可行。通过视频、远程操控等方式,公共服务的提供者无须到达现场,就能远程提供服务。如远程教学已越来越普遍,通过视频、声音等数据的实时传播,授课人与学生远程就能实现实时互动。依靠此项技术,边远地区的学生也能接受到更丰富的教学内容,进一步提升基层学校的教学质量。

二是数智技术促进再分配政策精准投放。根据大数据的分析,再分配能更精准地投放到最需要的个人、群体和地区。如针对相对贫困的学生,可不再依赖学生的申请;可以根据学生的家庭消费等数据,进而了解学生是否需要帮助,并提供助学金,使助学金的分配更加精准。

三是数智技术优化了再分配监管。大数据能实时监管再分配执行情况和再分配资金的使用情况,防止各类违规行为,保障再分配资金的安全。如在过去的脱贫攻坚战中,对扶贫资金的智慧监管,惩处了一批贪污、腐败分子,有效挽回了扶贫资金的损失,也起到了更好的震慑作用。

公平与效率具有同等重要的地位。在不同的时期,由于发展条件的不同,公平与效率在主要矛盾和次要矛盾之间相互转化,也相互促进。发展数字经济的目的是在更高水平上实现两者的有机统一。这就要求数字经济不仅要大力发展,还要健康发展,即朝着为人民的美好幸福生活做贡献的方向发展,尤其是数字经济在发展到现有程度后,公平成为一个至关重要的方面。

第三节　数字经济健康发展中的公平

古往今来,公平问题一直客观存在,伴随着数字经济的出现,该领域的公平问题也随之而来。公平问题追本溯源,在于发展具有阶段性,同时市场主体和个人存在局限性。从机会公平、过程公平和结果公平的角度出发,结合具体领域,可将数字经济中的公平问题分为起始条件公平、公平竞争、个人福利和安全等三个方面。

一、起始条件公平

在数字经济蓬勃发展的当下,起始条件公平成为其健康发展的重要基石。基础接入层面,网络基础设施的广泛覆盖与均等化供给是前提,只有确保城乡、区域间实现高速网络、数据中心等基础资源的公平接入,才能避免"数字鸿沟"加剧;数字素养与技能方面,个体对数字技术的认知、应用和创新能力差异,直接影响其在数字经济中的参与度与收益,提升全民数字素养,缩小技能差距,是实现公平竞争的关键;各地数字经济发展程度不均衡,发达地区凭借技术、资金优势先行一步,需通过政策引导、资源倾斜,推动区域协同发展;随着数字经济对社会影响加深,公平的权重日益上升,起始条件公平不仅关乎个体发展机会,更关系到数字经济生态的可持续性与社会整体福祉,只有构建公平的起始条件,才能激发社会创新活力,创造数字经济发展潜力。

(一) 基础接入层面

基础接入层面的差距导致部分民众无法充分享受到数字红利,具体体现在以下几个方面。

一是电信基础设施带来的差距。在我国,行政村的光纤网络和4G网络基本实现了全覆盖,处于全球领先水平,也为我国数字经济的蓬勃发展奠定了基础。然后,随着5G网络建设的推进,乃至6G网络研发与落地,区域之间的差异将再次出现。以5G为例,5G基站耗电量是4G基站的3~4倍,建造成本、运营成本相对更高。基于成本效益的考量,5G基站会在人口集中的大城市逐步建设延展,而那些人口密度不足的农村地区,则暂时无法实现5G网络覆盖,由此产生差距。

二是智能设备运用能力带来的差距。我国已实现4G网络的全覆盖,智能设备得到大力发展和普及,就连许多老年人也成为智能手机的使用对象。在网络环境大致相同、智能设备条件相差不大的情况下,老年人与年轻人在智能设备运用能力上拉开了差距。与那些能熟练使用智能设备、充分利用其各功能的人群不同,部分老年人只会进行简单的操作,如聊微信、数字支付、打电话等,但不会网上购物、网上缴费等相对复杂的操作。

三是对数字经济认知程度的差异。与运用能力不同,认知层面上的差距往往决定了个人选择的方向和路径,而这种差距在宏观层面进一步被放大。具体到个人层面,较为保守的认知会增加接纳智能设备的时间,如更晚购买智能手机、更多延续传统生活方式等。从宏观层面来讲,企业即便正在积极推进数字化(包括数字化、网络化、智能化、绿色化)改造,其负责人的认知方面存在差异,也会影响到企业真正的数字化程度,可能表面看起来已经非常先进,但实际内部依旧采用落后的生产方式和沟通方式。总体而言,随着数字资源的供给日益充足,以上所提到的数字鸿沟问题得到了极大程度的缓解,也衍生出一个新的问题——数字沉迷。

数字沉迷作为人们接触到网络空间的阶段性伴生物,对弱势群体具有致瘾性。

一是网络空间丰富多彩,短暂沉迷是现代人的必经阶段。自互联网诞生至今,发展出的网络空间已愈发精彩。就如孩子初来这个实体的世界,总是充满了好奇,连一个石头都能玩耍半天,这何尝不是一种沉迷?当人初入网络空间时,面临类似情况,必然免不了一段时间的沉迷。

二是在网络空间长期"借住"是现代人的必选项。一方面,这是人们的主动选择,一旦领略到网络空间的美好后,很多人会习惯这种便利,并因为接触不到网络而感到不适。另一方面,人们的生活和工作的许多场景已离不开网络空间的运用,如果一个人选择关掉手机,仿佛与这个世界失去联系,而实际上,他仍真实地存在于实体空间。

三是弱势群体的数字沉迷逐渐受到关注。个人的数字沉迷并非需要第三方干预的范畴。对于普通人而言,减少智能设备的使用时间并非难事。但是,老年人和未成年人群体缺少社会经验且自控能力不够,相关程序、电子游戏的致瘾性设计,使他们深陷其中无法自拔,处于沉迷状态而难以自救的境地,对此,就需要政府进行干预。如我国政府要求某些手游限制未成年的使用时间,从源头缓解了致瘾的趋势。要解决这些衍生问题,需要包括政府在内的多方共同参与。

(二)数字素养与技能

数字素养与技能,是指数字社会公民学习、工作、生活应具备的数字获取、制作、使用、评价、交互、分享、创新、安全保障、伦理道德等一系列素质与能力的集合。数字素养与技能不足,导致部分民众在数字经济中难以实现充分发展。提升全民数字素养和技能,将在根本上解决大多数民众因为素质和能力差异而造成的巨大差别,给予全民更公平的发展起点,进而破解数字鸿沟这一难题。如在培养医学生的方面,将数字医疗纳入教学体系,未来的医生不仅能在传统医疗场景下治病救人,也能运用新技术、新产品为更多患者提供帮助。

(三)各地数字经济发展程度

各地数字经济发展程度存在较大差异,导致不同区域民众处于迥异的发展环境之中。根据工业和信息化部电子第五研究所发布的《中国数字经济发展指数报告(2023)》显示,东部地区大多处于第一梯队,无论是总指数还是分指数均高于全国平均值;中部地区大多处于第二梯队,其总指数、分指数处于全国平均值附近;西部地区在三个梯队中均有分布,其中川渝地区总指数相对领先;东北地区整体较其他地区有一定的差距。第一梯队的地区依次为北京、广东、上海、江苏、浙江、山东、四川、天津、福建和湖北,共十个地区。

不同地区的发展程度不同,带来机会、要素获取和服务等各方面差异。

一是优质就业机会差异。数字经济正在重塑就业结构,许多重要设计、开发、高级管理岗位主要集中在互联网平台总部所在地区,不少数字人才要么选择迁移工作地,要么面临职业发展"天花板"。

二是数据要素开放共享程度差异。随着数字经济发展程度的提升,各产业数字化外溢效应显著。存储在政府各部门的数据,通过甄别后有选择地开放共享,将带来社会、经济、文化发展的蓬勃发展。

三是数字化公共服务差异。公共服务经过数字化改革后,效率大幅提升,为民众营造出更优越的干事创业环境。如浙江省早在2017年将"最多跑一次"改革列为重点工作,使不动产登记办理能在一个小时内完成,大大优化了营商环境,为民众节省了宝贵时间。

在区域不同的发展程度下,领先地区应继续巩固自身优势,相对落后地区要积极跟进。通过各地实际情况进行差异化分工和精明增长,各地民众会获得更好的发展起点。

(四)公平的权重日益上升

近年来,我国的数字经济虽获得了大力发展,但从国际对比的角度来看,仍存在巨大发展空间。根据中国社会科学院金融研究所、国家金融与发展实验室、中国社会科学出版社联合发布的《全球数字经济发展指数报告(TIMG 2023)》可知,在全球数字经济发展指数(TIMG 指数)方面,美国、新加坡和英国分别排名前三,我国排第八位;在数字技术指数方面,美国位居第一,其次是西欧的芬兰、瑞士、德国和荷兰,我国排第十五位,是唯一进入数字技术指数排名前二十的国家。根据中国信通院的《全球数字经济白皮书(2023 年)》可知,2022 年,美国数字经济蝉联世界第一,达到 17.2 万亿美元;我国位居第二,规模为 7.5 万亿美元;德国居第三,规模为 2.9 万亿美元。面对激烈的国际竞争,我国应始终坚持公平的原则,为加快发展速度、保持当前优势并实现赶超。

我国数字经济经过多年发展,已不再处于"草莽"阶段,对公平的诉求日益增加。以数字经济占 GDP 比重来衡量,从窄口径看,根据国家数据局发布的《数字中国发展报告(2023 年)》显示,我国数字经济核心产业增加值占 GDP 比重 10%左右;从宽口径看,根据中国信通院发布的《中国数字经济发展研究报告(2023年)》显示,2022 年我国数字经济规模达到 50.2 万亿元,占 GDP 比重达 41.5%。随着数字经济的巨大发展,效率在该领域虽仍占据重要位置,但公平的重要性也日益上升。

起始条件公平是公平的开始,只有在起始条件上实现相对公平,才能为竞争领域的过程打下良好基础。

二、公平竞争

公平竞争是企业发展的普遍诉求,也是行业健康发展的保障。只有公平竞争才能在更大程度上保护市场主体,不仅包括企业,也包括消费者。完全意义上的公平竞争仅存在于理论设想中。在现实生活里,只能实现相对公平竞争,即打击不公平竞争行为,包括打击垄断中的违法行为和不正当竞争两个方面。

(一)垄断中的违法行为

垄断是市场中的常见形式,完全竞争市场仅存在于理想状况之中。按照教科书的分类,市场竞争可分为完全垄断、寡头垄断、垄断竞争和完全竞争,前三种是市场中普遍存在的形式。完全垄断,是指由一家企业控制了某个领域。寡头垄断是控制某个领域的企业集中于少数几家。垄断竞争是比较符合公平原则、在现实中常见且接近完全竞争的形式,之所以能形成垄断竞争,往往是因为这些企业形成了自身独有的特质,其提供的产品与同类产品并不具有完全替代性。

完全竞争是一种不受任何阻碍和干扰的市场结构。如东北的五常大米和湖北的国宝桥米,通过品牌化打造,消费者能识别出品质较好的大米,并愿意支付更高价格,农民也能因此获得更高回报。因此,并不是所有垄断都妨碍公平竞争,需要消除的是破坏公平竞争的垄断,而非所有垄断,但在现实市场,垄断无处不在。

垄断是影响公平竞争的常见诱因,垄断程度越高,对公平竞争的影响可能越大。

一是数字经济企业会不断通过扩大垄断范围,获得更多超额收益。如安卓系统作为后起之秀,性能已超过 iOS 系统,成为市场占有率排名第一的移动端操作系统。2005 年,谷歌公司收购了安卓后,从一个单纯的搜索引擎互联网企业,转型为一家提供操作系统、搜索引擎等多种服务的数字经济企业,其市场占有率进一步提升。

二是数字经济企业会压制创新以维持垄断地位。所有垄断企业都是由小到大、由弱变强发展起来的,深知后来者居上的道理。因为垄断企业规模过于庞大,自身缺乏创新转型的紧迫感,所以垄断企业会压制其他创新,防止被超越。美国特朗普政府对华为公司的制裁便是一个例子——看似是美国政府对我国企业的制裁,实则是美国高科技企业对我国企业创新的压制。所有被美国高科技企业认为存在威胁的我国创新数字经济企业,都在美国高科技企业的游说下遭到精准打击,这与当初的美国制裁法国巨头阿尔斯通如出一辙。于是,在美国政府的授意下,谷歌公司顺理成章地将华为排除在安卓阵营之外,垄断企业的本质再次显现。承诺系统开放是为了获取和扩大垄断,不再系统开放是为了巩固垄断。这种本质不仅体现在数字经济企业之间,也存在于数字经济企业和传统市场主体之间。

数字经济企业对传统市场主体既有正向影响,也有利用垄断地位对其进行"降维打击"的行为。

一是数字经济企业重塑了传统行业,起到了极大的促进作用。如农产品销售方面:过去,农产品需要通过层层中间商才能到达消费者手中;如今,农民通过电商、直播等平台能够直接与消费者对接,减少了中间商的剥削,从而保障了农民与消费者的利益。

二是数字经济企业挤压了传统市场主体的发展空间。数字经济企业使传统市场主体尤其是小微企业和个体工商户成为弱势群体。如部分数字经济企业为扩大市场份额进军社区团购市场,通过补贴等形式低成本倾销,打压小商贩。部分数字经济企业的倾销行为也受到了相应处罚。如 2021 年 3 月 11 日,市场监管总局对橙心优选、多多买菜、美团优选、十荟团、食享会等五家社区团购企业不正当价格行为作出行政处罚，前四家分别被处罚150万元人民币，最后一家被处罚50万元人民币。处于垄断地位的部分数字经济企业并不总是公平竞争的破坏者，他们也可能成为受害者。

(二)不正当竞争

除了垄断之外，其他市场主体对互联网平台的不正当竞争行为，同样是影响公平竞争的主要形式。不正当竞争，是指经营者违反《中华人民共和国反不正当竞争法》规定，损害其他经营者的合法权益，扰乱社会经济秩序的行为。市场主体都存在进行不正当竞争的可能性，其中既包括垄断企业，也包括非垄断企业。如互联网平台的低价倾销行为，既属于垄断，也属于不正当竞争。非垄断企业也可能实施不正当竞争。如在"微信群控"不正当竞争纠纷案，有两家公司利用"外挂"技术，将自己开发的运营软件中的功能模块嵌入个人微信产品中运行，为购买该软件服务的微信用户在个人微信平台上开展商业营销、商业管理活动提供服务。这两家公司均危及微信产品数据安全，被法院判定构成不正当竞争，并赔偿腾讯公司260万元人民币。又如，"分时租赁账号案"中，有两家公司通过运营的APP，将购买的爱奇艺VIP账号进行分时租赁，租赁用户无须购买爱奇艺VIP功能即可享受其VIP服务，被法院判定构成不正当竞争。

无论是垄断，还是不正当竞争，都对公平竞争造成了影响，体现了市场主体的逐利性和短视行为，这些问题都有待多方共同参与，积极进行相应的管理和规制，进而营造出良性竞争的市场环境，也是对消费者利益的保障。

三、个人福利和安全

无论是机会公平还是过程公平，其目的都是追求一个相对公平的结果，使更多人能在数字经济中享受经济发展的成果。从公平问题的视角来看，这意味着要梳理个人因为不公所遭受的损失。这里的"个人"包括作为劳动者的个人、作为消费者的个人和作为公民的个人。

(一)劳动者

作为劳动者，个人在数字经济中的工作条件并未得到明显改善，特别是基层劳动者。虽然许多枯燥、重复劳动被智能机器所取代，许多劳动者从繁重的劳动中解脱,但不少劳动者依旧面对各种问题。

一是劳动者就业压力仍然存在。在智能机器取代人力后,需要政策及时跟进,为劳动者提供足够的就业机会和转型支持,让有意愿的劳动者实现充分就业,在工作中获得合理回报,并在能力方面不断得到提升和进步。

二是灵活就业者数量增多,社会保障却存在缺位。越来越多的劳动者通过互联网平台接单,但他们与互联网平台并非隶属关系,无法像过去的"单位人"那样由单位帮助购买社会保障,导致医保、社保、工伤保险等保障托底不足。

三是劳动者受到智能算法管控。机器智能成为新的监工,通过算法监控劳动者的一举一动,不断催促劳动者完成各类任务,使劳动者疲于奔命。如外卖骑手受到外卖平台监管,平台为了提升配送效率,缩短了配送时间,并设置了配送超时惩罚,这使外卖骑手受到疲劳、安全等问题困扰。

(二) 消费者

作为消费者,个人遭受算法滥用、大数据"杀熟"、平台经济领域垄断等问题之外,还存在个人信息和数据泄露的安全问题。

一是消费者的信息不对称。面对数字经济企业,消费者属于相对弱势群体,处于信息不对称的弱势一方。这种不对称不仅是信息不对称,而且是大量信息集合的不对称,即大数据层面的差异。因此,消费者成为弱势群体,弱势地位进一步被强化。

二是消费者的时间被大量占用。为了获得更多超额利润,数字经济企业千方百计抢占消费者时间,消费者更加依赖手机等移动终端,在手机等移动终端消耗的时间增多。

三是消费者的安全受到影响。在数字经济企业面前,消费者毫无隐私可言,为了获取更多利润,消费者数据被窃取和转卖。不仅是消费者,所有公民都面对这些威胁,并对他们造成负面影响,安全问题由线下转到线上。

(三) 公民

作为公民,部分人饱受互联网潜在安全问题的困扰,公民的生存权、健康等可能受到影响。

一是生存权受到网络暴力的威胁。任何一个人都有可能被其他网民搜索出全部个人数据,饱受网络语言暴力,在这种情况下,一些人可能因无法承受而患上精神疾病,严重者甚至选择自杀来逃避这一切。网上施暴者则躲在终端背后,往往得不到任何惩罚,人性中的阴暗面被无限放大。

二是因为公民沉迷数字世界,身体健康受到极大损害,而陷入慢性"死亡"。由于数字经济企业无限抢占用户时间,使每一个拥有智能终端的公民都有可能面对同一种困局,即对手机等移动终端的使用已然成瘾。手机等移动终端的使用时间、频率一再增加和延长,人们对应用程序推送的信息着迷,对手游上瘾等,甚至发展到不睡觉、不运动等境地。线上时间不断增加,线下活动不断减少,人成了数字世界的奴隶,从而影响身体健康。

需要特别强调的是,公民不仅受国家法律保护,也是参与一系列实践的重要主体,具体有以下几点。

一是公民是维护公平的重要主体。公民是构建整个社会的基本单元,个人层面的每一个想法和行动,共同构成了维护整体公平的有机整体。换言之,当前的结果是每个人共同行动后的结果的总和。

二是公民个人和群体的反馈对公平进程产生影响。任何变革都可能引发抗议和反弹,没人确切知道最优解在哪里。公民个人和群体在面对这些变革时,会发表不同看法,甚至会出现强烈的抗议。然而,这些博弈的过程并非毫无意义,正是通过博弈方能到达多方满意的彼岸。

三是公民个人在数智技术、数字产品的帮助下拥有了更大能量,使公民个人在维护公平中的权重不断增加。在过去,公民个人往往需要在群体中与他人合作才能发挥作用。在数智技术、数字产品赋能下,个人的生产力得到巨大提升,甚至可能出现具有强大影响力的"超级个人"。在这种情况下,个人既可能是公平的重要破坏者,也可能成为重要保护者。总之,公民个人在维护公平中的重要性大大增加。

综上分析,我们不得不得出这样一个事实——数字经济在带来效率、便利和欢乐的同时,也引发了各种公平问题,包括起始条件迥异、不公平竞争、个人福利和安全状况的减损等。为了促进数字经济健康发展,需要从基础、产业以及公共政策等层面加以重视。

第二章　优化升级新型基础设施

新型基础设施,简称"新基建",是以新发展理念为引领,以技术创新为驱动,以信息网络为基础,面向高质量发展需要,提供数字转型、智能升级、融合创新等服务的基础设施体系,主要包括信息基础设施、融合基础设施和创新基础设施三大方面内容。

第一节　加快信息基础设施建设

信息基础设施主要是指基于数智技术演化生成的基础设施。比如,以 5G、物联网、工业互联网、卫星互联网为代表的通信网络基础设施;以人工智能、云计算、区块链等为代表的新技术基础设施;以数据中心、智能计算中心为代表的算力基础设施;等等。

一、通信网络基础设施

通信网络基础设施以 5G、物联网、工业互联网、卫星互联网等为代表,互联网是数字经济发展的最基本条件,不仅是实现人与人的互联,还实现了人、机、物广泛互联,以及随时随地连接。

(一)5G 网络建设及应用拓展

首先,重视 5G 网络建设,扩展 5G 网络应用和应用场景。在当今世界,无论是发达国家还是新兴国家,无不对 5G 网络基础设施建设予以高度关注,这背后的实质是以 5G 网络技术为基础的新工业竞争。为了使我国在这场竞争中处于领先地位,其关键在于 5G 基站建设以及随之而来的应用和应用场景的扩展。目前,我国在5G建设速度上已不落后于任何发达国家,处于第一梯队,但在5G应用以及应用场景扩展方面,依旧有巨大进步空间。应围绕城市管理、智能制造、医疗教育、文化娱乐、体育休闲等多个领域,积极推进5G应用示范。

其次,优化5G资费,提升市场占有率,使民众享受到更优质廉价的5G网络服务。目前,4G网络服务已能满足广大民众日常生活需求。在价格差距悬殊的情况下,4G网络对5G网络会产生替代效应,但若价格相差不大,使用更为高效的5G网络便成为可能。5G的速度比4G更快,这意味着5G将以更快的速度消耗更多的流量。因此,即便5G流量套餐价格降到比4G更便宜,只要采用流量计费方式,就显得贵了。从国际对比来看,韩国、美国、芬兰、德国、英国等国家均已推出相对廉价的不限流量套餐,这一设定更符合5G特点,值得我国运营商借鉴。

再次,扩展5G应用场景,特别是个人应用场景,是5G网络建设取得成功的关键所在。从成本、收益的角度进行考量,仅是部分机构应用难以达到规模需求,只有拥有庞大的用户群体,方能弥补5G网络建设所带来的更高成本。在这一领域,机构应用又是个人应用的先导,如医疗机构的5G网络应用为远程医疗提供了便利。通过县级医院与大城市医院的网络对接,患者在县级医院就能享受到更为优质的医疗服务,不仅能进行咨询、问诊、开药,还能通过5G网络和光纤宽带网络组成的双千兆网络进行远程手术。机构的5G网络应用也为个人5G网络应用开辟了前景,如个人通过软件实现在家咨询、问诊等,从而成为基层社区医院的有效补充。

最后,5G网络应用的拓展以便利个人生产、生活为最终落脚点,两者互相促进。3G的普及使手机资讯进入文本时代,4G的普及使手机资讯进入视频时代,每一次网络的进化、迭代,都为民众生产、生活带来了巨大便利。特别是4G的普及,以短视频、直播为主要表现形式的资讯大量传播,带动了网络主播、直播带货、线上教学等一系列新业态。已熟悉使用4G网络的民众,不会再留恋3G网络。同样地,当民众感受到5G网络的便利时,会催生新的模式、业态和产业。人们对此前景不乏预测,但未来只会眷顾符合大众需求的应用形式。这些新的应用形式又会推进5G网络的更广泛覆盖,乃至实现更快、更稳定、更安全的网络。有了这一基础,会有更多的人享受到数字经济的红利。

(二)物联网应用普及

物联网(Internet of Things, IoT)是在互联网、移动互联网和广播电视网的基础上进行延伸和扩展。它采用射频识别技术、无线传感器网络技术、智能嵌入式技术、纳米技术等硬件技术,同时运用信息处理技术、自组织管理技术、安全技术等软件技术,实现了人与物、物与物、物与人之间的沟通。物联网的重要特点之一就是使物体与物体之间能够实现信息交换。

从理论上讲,物联网的应用场景可以扩展到任何物质存在的地方,比4G、5G网络的应用场景要广泛得多。在日常家庭中,物联网的应用需求也非常广泛。如手机、电视之间的无线连接,一般的,通过在同一Wi-Fi下的投屏技术,可将手机屏幕内容投射到电视上,但这种方法并不总能成功,而且在不同应用程序上效果不尽相同。这是因为市场上常用的同一Wi-Fi下的投屏技术只是物联网的浅层次应用,并未在深层次形成硬件的互动。通过一定的硬件设计和软件打造,能实现不同设备之间的高效互动。如使用鸿蒙系统的手机、平板、电脑、电视,可在同一Wi-Fi下快速实现多屏协同,不仅手机屏幕内容可以快速投到电视等其他屏幕端,手机里的文件也能在其他设备上编辑、存储、删除等操作,而这些仅是物联网技术应用领域的一部分。

物联网技术的普及进程并未达到预期的速度,标准不统一是重要原因,有待政府和市场共同协作逐步实现统一。设备可连接已是现今大多数新设备设计、生产的必备要素。蓝牙音箱、智能洗衣机、智能冰箱、智能电饭煲等新设备几乎具备了与手机相连的功能,但这一情况也导致了问题进一步碎片化。不同品牌都推出各自的"万物互联"方案,如华为的"智慧生活"、小米的"米家"等,甚至有的品牌的每一个产品都需要下载一个APP或者小程序,这就使得不同品牌之间产品的互联变得非常困难。在传输层、平台层和应用层形成相对统一的标准,既要尊重市场规律,也要政府积极作为,有待政府、市场双方合力解决。如在平台层的物联网操作系统中,除了华为开源的操作系统鸿蒙(Harmony OS)之外,还有谷歌的Fuchsia、中国移动的OneOS等。这些物联网操作系统在推广方面都有待市场的进一步检验,同时要基于市场发展的实际情况,从国家关键核心技术的角度予以适度支持和标准方向的统一。由于设备广泛联网,安全的问题也逐渐显现,既涉及国家层面的安全隐患,也有关乎人们生活层面的安全问题,还有生产层面的安全问题。

(三)工业互联网

工业互联网是通过先进的传感网络、大数据分析、软件来建立具备自我改善功能的智能工业网络,它是以物联网为基础的更复杂网络——信息物理系统(CPS)的进一步延伸。工业互联网所催生的新模式并不局限于生产制造环节,也包括研发、服务等环节,如通用电气(GE)推出了石油天然气平台监测管理、医院管理系统等产品,这些就属于服务领域。

自2012年工业互联网被提出至今,在消费互联网得到大力发展之后,工业互联网也已运用于不同场景,不少企业已成为运用工业互联网的代表性企业。但从熟悉程度来看,消费互联网贴近消费者,为大众所熟知,大众对工业互联网则相对陌生。从工业互联网建设本身来看,物联网标准的碎片化使工业互联网的底层方案也呈现碎片化,拥有不同缔造工业互联网能力的巨头企业又制定了不同的方向,使工业互联网的构建方案出现了不同分支,缺乏有效整合。从服务对象来看,消费互联网的服务对象是广大消费者,易于被收买和说服;而工业互联网方案的推销对象是广大厂商,厂商选择何种方案关乎生死存亡,难以被说服,因此,工业互联网方案更难推广。对于大多数厂商(特别是小厂商)而言,工业互联网是非常陌生的概念,这些厂商根本不具备加入工业互联网的意识。虽然也有不少厂商拥有了这样的意识,却因自身技术能力不足和高昂的成本望而却步。

面对数字化转型的浪潮,并不存在是否加入工业互联网的问题,但存在如何让更多厂商在符合技术能力和成本的原则下,平稳实现数字化转型的问题。在这漫长的发展过程中,各地厂商都将进行艰苦卓绝的探索。有的厂商面临不加入工业互联网而落后,甚至被淘汰;加入工业互联网又会因成本高而入不敷出的两难窘境。依据不同厂商的实际情况,政府及相关部门予以重点关切和扶持,是使工业互联网得到大力发展,使我国制造业顺利实现智能制造转型的重要举措。

(四)卫星互联网

卫星互联网是以互联网应用为服务对象的网络系统,通常以统一的网络层为承载平台,能够作为互联网系统有效组成的可独立工作的网络系统。目前,比较知名的卫星互联网有OneWeb卫星系统、Starlink卫星互联网星座、LeoSat卫星互联网星座等。

在实践的发展历程中,卫星互联网的设计理念从最初试图取代地面通信信号,逐步转变成为地面互联网系统的有效补充。卫星互联网最早可追溯到20世纪80年代末,摩托罗拉公司提出的铱星计划。在早期阶段,其设想是为了将地面蜂窝网"倒置"在太空之中,以此来为全球提供通信卫星服务。但铱星计划在与地面通信系统的竞争中以失败告终,最终纷纷宣告破产。2000年后的卫星互联网另辟蹊径,它将目标客户群体定位在身处偏远地区的专业客户,并逐步将服务范围推广到个人用户,成为与地面互联网系统相互合作、协同发展的存在。这是因为,无论地面网络基站的布局多么密集,总归有覆盖不到的地方,如偏远的农村、茫茫大海中的岛屿、海上航行的大型舰只等。在这种使用场景下,卫星互联网所具有的优势得到了极大的彰显。

卫星互联网是通信网络基础设施的必要一环,加快构建卫星互联网也是未来国际竞争的重要赛道。随着国内 5G 网络信号的不断普及,没有 5G 网络信号覆盖的地区和局部将成为数字鸿沟的"角落",迫切需要卫星互联网等信息基础设施予以补充完善。在国外,诸如 Starlink 卫星互联网星座等正在迅猛发展,它的下载速率超过 100Mbps 并快于美国 5G 网络速度,这些卫星互联网星座还占用了大量的卫星频率轨道资源,并且具备潜在的军事用途功能。在我国,通信卫星、中继卫星以及正在建设的宽带星座等均独立发展,尚未形成统一的标准体系。由于各系统技术体制不同,难以实现不同网络用户之间的高效通联,迫切需要构建"全球覆盖、安全可控"的信息网络。

二、新技术基础设施

新技术基础设施以人工智能、云计算、区块链等技术为代表。网络仅仅提供了通信的基础,而通信的应用以及数据的分析,都需要新技术的加持,新技术基础设施同样也是新基建的重要组成部分。

(一) 人工智能

一提到人工智能,许多人会望而却步,认为这不是普通人能够掌握和驾驭得了的,也无须去了解。其实,人工智能是与自然智能相对应的一种智能形式,它是由人类所创造出来的智能,也就是机器的智能。自然智能普遍存在于自然界中,从广义来看,包括所有生物的智能;从狭义来看,特指人的智能,又称"人类智能"。如人对不同面孔的辨别,在人工智能上体现为人脸识别。因此,人工智能是基于对自然智能特别是人类智能进行观察、理解、模仿之后的产物,只是人工智能更快、更精准、更有耐力,而人类智能更有智慧,人类是人工智能的创造者。以人脸识别为例,一个人面对摄像头辨别众多头像视频容易产生疲劳,也容易出错,人工智能可替代人工完成这一枯燥的工作,将人从单调、低级的劳作中解放出来,从事更高级的智能活动。

人工智能是国际竞争中的重要领域,我国必须在人工智能领域进行学习和赶超,特别是在人口老龄化大背景下。

一是在中美人工智能竞争中,美国依旧保持总体领先地位,我国局部领先,有学习和赶超的必要。从人工智能公司数量、获得风险投资的规模和研发投入方面来看,美国均具优势。目前的大多数算法是由美国的Meta、谷歌、微软等公司开创。前沿智能企业DeepMind开发的AlphaGo(阿尔法围棋)战胜过围棋高手李世石。Alpha Zero是AlphaGo多次升级后的版本,它在无人工干预的情况下,自学了包括国际象棋、围棋和日本的将军棋三种棋类。它的可怕之处在于拥有更高的洞察力,是更聪明的思维而不是更快的思维,它每秒可以计算6万个位置。换言之,Alpha Zero能够通过自我学习,在短时间内深刻理解棋局,用更高的智慧、更少的机能完败之前的人工智能高手。Alpha Zero不仅能学习下棋,还在向医学领域延伸,帮助病情诊断。美国相关公司还开发了主要工具箱和软件框架,如TensorFlow、Pytorch、Caffe等,世界各地的工业界和学术界将这些框架广泛应用于人工智能的研究。我国在计算机视觉、语音识别和自然语言处理方面拥有世界领先的公司,如商汤科技、Unisound、科大讯飞和Face++等。

二是大模型领域竞争日趋激烈。ChatGPT使人工智能大模型为公众所熟知,也使它的开发者OpenAI进入公众视野。微软与OpenAI合作,运用GPT-4插件与Office办公软件应用结合,提升了办公效率;与搜索引擎NewBing结合,开创了对话式搜索模式。在我国,许多头部数字经济企业纷纷推出自己的人工智能大模型,并尝试商业应用。如百度发布"文心大模型",形成了"文心大模型+行业应用"的多层次生态体系;阿里巴巴发布"通义千问"大模型;华为发布"盘古"大模型;等等。

三是我国人口老龄化的趋势,期待新的经济增长点出现。目前,我国劳动年龄人口总体充裕,较之2018年的9亿人虽有所减少,但预计到2035年,我国劳动年龄人口仍将保持在8亿人左右。然而,从我国人口发展趋势来看,总和生育率的一再下降,以及老龄人口比例的进一步提高,都期待通过提升全要素生产率对冲这一趋势。根据一项预测,2035年我国的经济增速将降到4.7%,如果运用好人工智能,经济增速将比预期高出0.95%~2.68%。譬如,在过去,判断是否怀孕需要经验丰富的中医把脉问诊;现在,运用验孕棒便可快速初步确认。未来,在人工智能的帮助下,确认过程将更加高效,甚至在没有专家验证的情况下,便能完成从初步确认到完全确认的全部过程。

人工智能的另一重要前景是实现平民化、普惠化、无害化,目的是服务于每个人,且不伤害任何人。

一是要减少普通民众对人工智能的学习时间,终极目标是一学即会。在未来,谁掌握了人工智能,谁就掌握了巨大优势。在人工智能的加持下,围棋菜鸟也能战胜围棋高手。但对于普通民众来讲,人工智能的学习门槛较高,人们看到代码便望而却步,因此,创造出更加平民化的人工智能开发工具非常必要。

二是人工智能产品化是普惠化的可行方案。即便人工智能再平民化,依旧需要通过编程为自己服务;人工智能产品则是可直接使用的成品,如智能手机的语音助手,便是一款较为成熟的人工智能产品,民众能通过语音实现部分对手机的遥控。

三是无害化是人工智能的底线。随着人工智能的迭代更新,某些领域的人工智能能力已远远超过人类,这种"超过"不仅是指计算速度上的,也包括思维速度上的。在神经元的层次,人类神经元以毫秒级的速度缓慢运转,而人工智能在神经元层面的速度越来越快。这使得人工智能拥有更强大的创造力的同时,也拥有了同等的破坏力。因此,从道德底线、法律、监管等层面进行规制是非常必要的。

(二) 云计算

云计算是以虚拟化技术为基础,以网络为载体提供基础架构、平台、软件等服务为形式,整合大规模可扩展的计算、存储、数据、应用等分布式计算资源进行协同工作的超级计算模式。云计算的服务分为三种类型,分别为 IaaS(Infrastructure as a Service,基础设施即服务)、PaaS(Platform as a Service,平台即服务)和 SaaS(Software as a Service,软件即服务)。这三种类型的服务属于递进的关系,不少厂商可提供从 IaaS 到 PaaS 再到 SaaS 的多层次服务。IaaS 提供的是最基础的服务,如弹性云计算、存储等,百度云盘就属于此种类型;PaaS 提供了开发语言和工具功能,用户可开发在线应用程序,是专业人士的选择;SaaS 提供的是在线软件功能,如 Email、WPS 云等。

云计算发展到今天,已呈现广泛应用、逐步延伸的趋势。

一是由概念提出到广泛应用。云计算的概念最早由 IBM 于 2007 年提出,从国外广泛应用到国内普遍存在,已是常见事物,譬如阿里云、华为云、腾讯云、金山云、京东云等云服务平台。对于企业而言,构建云平台、运用云计算是普遍趋势。

二是由消费互联网逐步延伸至产业互联网。视频、电商、电子游戏等云计算是互联网消费的应用场景的主要方面。如用户开通某视频网站的视频会员后,便可观看在云端储存的会员专属的视频内容。随着云计算技术的成熟与广泛应用,产业领域也逐步采用这种技术,如厂商运用云计算控制、监管、查看智能设备等运行情况。

云计算的重要发展方向是更安全、更便民。

一是面向民用的云计算一定要更安全。云计算的安全隐患来自多个方面。一方面是来自外部的安全威胁,攻击者会利用系统漏洞等获利;另一方面,不可信任的管理员和恶意云用户也能造成安全危害。因此,云计算安全技术、安全监管等措施非常必要。

二是面向民用的云计算一定要更加便民。随着云计算与其他数智技术的进一步融合,产生了各种眼花缭乱的术语和新兴技术的应用组合,这会弱化云计算的目的本身,即服务于客户。部分云服务提供商会打着科技的旗号欺骗消费者,损害消费者的利益。如视频网站在一定程度上方便了网民观看视频,促进了正版消费,但反复收费有欺骗消费者之嫌。

(三) 区块链

区块链肇始于一篇论文,化名为"中本聪"的个人或团体于 2008 年发表了 *Bitcoin:A Peer-to-Peer Electronic Cash System*,在论文中提出了一种基于点对点技术实现的电子现金系统,构成一种新型的去中心化的交易系统。由此形成的区块链技术具有非凡的重要性,如麦肯锡的研究报告中指出,区块链技术是继蒸汽机、电力、信息和互联网科技之后,目前最具潜力触发第五轮颠覆性革命浪潮的核心技术。区块链作为一种重大技术创新,其"双刃剑"效应更加明显。

区块链是一种数据记录方式,它像一个分布式的电子账本。其中,每个区块可以看成账本的一页,从第一页"链接"到最新一页。每个区块包含了当前一段时间内的所有交易信息和区块元数据,一旦被确认,几乎不能做修改操作。又由于区块链技术采用了分布式账本技术和共识机制,使得多个节点存有一模一样的账本,哪怕存在个别节点"做假账",通过各节点之间对账操作也能识别恶意节点,确保节点间达成共识,业务可以被顺利处理。区块链技术采用了智能合约技术,交易双方可在没有第三方干扰的情况下,实现点对点的交易,提升了交易效率,降低了交易成本。为了确保交易的安全性、切实保护隐私,以及数据的完整性和真实性,区块链技术还采用了加密算法,如非对称加密算法、哈希算法、数字签名算法等。

区块链技术的横空出世,本质上是利益驱动下的技术集合创新。运用区块链技术的比特币、狗狗币、Libra等数字货币，实际上是打着"去中心化"旗号的财富掠夺的行为。无论怎样实现点对点、去中心化，比特币等数字货币的使用依旧需要平台，平台的拥有者、规则制定者以及利益相关方，共同形成了一个庞大的利益链条。比特币开创了一个先河，它绕过了各国央行，成功创造出一种通用货币，由于没有国家信用背书，这种货币本身是毫无价值的。但它被创造出来之后，拥有者便可用它来购买世界上的实物商品，这无疑是一种一本万利的财富掠夺手段。创造比特币、狗狗币、Libra等数字货币的企业都来自美国，毋庸置疑，无论这些货币如何宣称"去中心化"，它们都将优先使美国相关企业获益，并服务于美国的国家利益。如在2022年3月8日，号称全球最大的数字货币交易所之一、美国第一家持有正规牌照的比特币交易所Coinbase，为了响应美国政府对俄罗斯的制裁，封锁了2.5万个俄罗斯用户的钱包，使他们的纸面财富毁于一旦，这种行为显然于当初号称的"安全""去中心化"相悖。因此，在此之前，世界许多国家就开始探索独立自主的数字货币，如数字人民币。数字人民币中有一部分使用了区块链技术。

区块链技术确实为经济社会发展提供了更好的前景，表现在以下几点。

一是从数字人民币的国内使用体验来看，它比日常线上支付更加便利。虽然线上支付已成为当今时代的主流交易方式，但线上支付依旧存在一定局限。线上支付背后涉及线上支付平台企业的一系列转账操作，特别是在使用银行账户时，线上支付严重依赖网络。有了数字人民币之后，不仅背后的操作流程简化了，由于采用了NFC技术，也能实现离线交易，即在没有网络的条件下也能正常使用。

二是数字人民币为跨境支付提供了新手段。数字人民币采用了分布式账本技术，是一种中心化的可追溯、不可篡改的货币，它与"去中心化"的区块链数字货币相似，但又不同。采用数字人民币，可绕过既有的SWIFT系统，从而减少潜在的政治风险。它还能实现更高效、更低成本的跨境支付。一般传统电汇需要2~5个工作日到账，通常收取汇款金额千分之一的手续费，加上150元的电信费。采用了数字人民币后，转账速度大幅提升，手续费也将有所降低。

三是区块链技术应用前景广阔。随着区块链技术的不断推广，应用场景也不断扩展。譬如，在版权保护领域，每一个创意、故事、剧本或角色都被记录在区块链上，将被一直追踪，确保版权清晰；在社交领域，每个用户将能自己控制数据，有效防止个人信息泄露；在慈善领域，捐款的流向更加及时、透明。

三、算力基础设施

算力基础设施以数据中心、智能计算中心、超算中心等为代表。算力基础设施是将这些设备集合到一个大机房,使人们通过网络就可调用这个设备集合及服务。随着网络的普及和人工智能的快速发展,算力基础设施的重要性日益凸显。

(一) 数据中心

数据中心是数据传输、计算和存储的中心,集中了各种软硬件资源和关键业务系统。搜索引擎、线上办公、网络游戏、线上购物等线上操作,都离不开数据中心。数据中心为互联网和云计算提供了基础支撑,承载着各类核心业务。如网络云盘,从云计算的角度来看,它提供的是数据的上传、下载和线上读取、操作等功能,而从数据中心的角度来看,该云计算功能离不开网络云盘数据中心的有力支撑。数据中心使数据相对集中存放,在数据中心的加持下,搜索、交易等行为响应更快,大幅提升了用户上网体验。

"东数西算"战略是实现区域协调发展,促进资源优化配置的基本国策。

一方面,从数字经济的发展情况来看,东部优于西部,客观地讲,即便西部奋力追赶也很难在短期内超越东部的经济,但这并不意味着西部地区无法获取数字经济的契机。"东数西算"属于差异化发展的一个重要方面,实行差异化发展未来可期。

另一方面,从东部和西部的资源优劣势来看,东部土地资源、电力资源更紧张,西部则相对充裕,在布局数据中心等新型基础设施方面更具优势。以贵州省为例,贵州省从2013年开始布局算力基础设施,截至2024年,投运及在建的重点数据中心达到47个,堪称"中国机房",并利用多山的地质结构和凉爽的气候条件,在隧道中建设数据中心,实现了安全、环保与绿色的兼顾。

绿色低碳对数据中心发展构成约束。

一是逐步降低PUE(电源使用效率)值。PUE值,是国际上比较通行的数据中心电力使用效率衡量指标,其数值越接近1,表示数据中心绿色化程度越高。2013年以前,全国超大型数据中心的平均PUE超过1.7,到了2022年初,平均PUE降到了1.46。2024年2月发布的《贵州省算力基础设施高质量发展行动计划(2024—2025年)》提出,到2025年,贵州省新建大型以上数据中心PUE值将低于1.2。

二是大力提升绿色能源利用率。数据中心的运营成本中电费占比较大,如广东省韶关市的华韶数据产业园,运营成本中电费约占九成,光伏、风力等将成为世界能源和电力的主要来源。

三是东、中、西部要进行更好的算力对接。在"东数西算"的提前布局下,西部算力存在闲置,提高利用率成为关键,如在分工上,冷数据占比较高且调度不频繁,适合放在西部。

(二)智能计算中心

智能计算中心(简称"智算中心")是以最新人工智能理论为基础,采用领先的人工智能计算架构,为人工智能应用提供所需算力服务、数据服务和算法服务的新型公共算力基础设施。它通过算力的生产、聚合、调度和释放,高效支撑数据开放共享、智能生态建设、产业创新聚集,有力促进了AI产业化、产业AI化及政府治理智能化。智算中心是在政府主导下的政企合作的产物,由政府出资指导建设,企业负责承建运营,与超算中心、大数据中心有所区别,智算中心主要功能在于运用人工智能进行计算。超算中心主要服务于各种科研场景,由政府科研单位投资运营。大数据中心主要提供数据的存放与处理服务,其投资建设主体更加多元,既有政府投资企业建设的模式,也有企业自建的模式。

智算中心主要提供的是人工智能计算服务,及时识别用户语言哪怕用户使用的是方言,及时分析用户以及外部环境的变化,对涉密信息进行区别存储并加密等,这些都需要智算中心提供更高的人工智能算力。譬如,在语音交互领域,用户需要的是智能语音服务更加精准地识别语音命令、执行命令、进行恰当互动、主动发起服务、适应用户习惯以及严格保护用户隐私。如用户A要求智能语音助手提醒他每天早上7点起床,8点左右服药,并将这些个人隐私予以保密。这时,智能语音助手将每天主动提醒用户A及时起床、及时服药,并根据情况变化提出改进建议,还会将以上信息存储在用户A的个人隐私数据库中。

第二节 稳步推进融合基础设施

融合基础设施主要是指深度应用互联网、大数据、人工智能等技术,支撑传统基础设施转型升级,进而形成的融合基础设施,如智能交通基础设施、智慧能源基础设施等。

一、把握网络化、智能化、服务化、协同化大方向

融合基础设施由传统基础设施改造而来,打造方向为网络化、智能化、服务化、协同化,即可联网、更智能、更突出服务公众、与其他设施要素更联动。

(一)网络化是基础

基础设施网络化是基础,只有实现网络化方可用好"数据"这一生产要素,进而实现信息互通、实时监控以及动态调整等操作。以交通信号灯为例,传统交通信号灯的红绿灯时间已预先设定好,无论车流量和人流量大还是小,都必须按照预设的红绿灯时间依次显示。在没有联网的情况下,每个交通灯都是独立的个体,无法及时接收外来指令,也无法根据路况进行及时调整。现代交通信号灯的网络化主要是通过物联网、大数据、云计算、人工智能等技术实现的。借助摄像头、传感器以及显示装置,根据车流量、人流量来自我调节红绿灯时长,从而提高交通效率和安全性。

(二)智能化是关键

基础设施的智能化是现代社会发展的重要方向。只有更智能,才能使数据要素发挥更大作用,从而实现资源优化配置、提升效率。仍以交通信号灯为例。马路上的交通信号灯、摄像头进行联网并智能化后,根据摄像头拍摄的视频信息,通过人工智能识别道路交通情况,交通信号灯可及时作出调整,如在无车辆的情况下,及时将人行横道上的行人放行。将交通灯、摄像头联网并智能化处理,仅实现了局部智能。依据更多信息进行综合路况分析、预判,需要将更多数据纳入智能计算的考量范围,以减少诸如绿灯损失时间等问题。绿灯损失时间,是指未能供车辆有效利用的绿灯时间,其中包括绿灯信号开始时的第一辆车启动延误时间,绿灯结束后黄灯闪烁时车辆减速停车损失时间,以及短车流长绿灯等情况都要考虑在内。要使道路交通系统更智能,还需要考虑工作日、周末、节假日的车辆通行大数据,各道路的一般情况以及常规堵点数据,道路的实时监控数据,交通信号灯灯芯的使用寿命年限等,再结合人工智能算法的运用,可以实现行人通行更便捷、安全,使车辆停车次数减少、通行时间缩短、绿灯损失时间减

少、红灯等待时间缩减。

(三)服务化是目的

建设融合基础设施的最终落脚点和根本目的是服务民众。这意味着,融合基础设施的建设标准不是一味求新、求奇,并非越先进、越智能就越好,需要总体考虑民众需求,既要从紧迫性、重要性的角度综合判断、分阶段建设,还要充分考虑到各地财政资金的可承受能力,让钱花在"刀刃"上。具体而言,基本公共服务的七个"所"是重点着力方向,即幼有所育、学有所教、劳有所得、病有所医、老有所养、住有所居、弱有所扶,尤其教育和医疗两个领域是重中之重。

如在教育方面,由于各地经济发展水平不同,优质的教学资源,诸如校长、教师、资金、设备等更易向经济发展程度好的地方集中,校长、教师队伍在那里能获得更好的待遇。一位优秀的校长能掌握办学规律,将学校治理得井井有条;一位出色的教师能带领学生在某门课程上取得更优异的成绩。联合办校、优秀教师线上课程,能让更多学校受益,特别是在农村地区。通过构建在线学习设施可在一定程度上缩小城乡之间、区域之间的教育质量差距。譬如,在农村地区的学校中添置电脑、智慧大屏幕以及投屏设备,并连接光纤宽带,教授录播、直播课程,让这些学校的孩子们也能享受更多元的优质课程资源,进而提升教学质量。

(四)协同化是侧重

融合基础设施的建设并不是局部的、孤立的,而是广泛协同的,各融合基础设施之间协同联动,进而产生聚合效应。

仍聚焦于交通领域举例,交通中的广泛协同在数智技术的加持和数字经济的发展中不断得到探索。在车路协同领域,构建车联网(Cellular Vehicle-to-Everything,C-V2X)是目前的通用标准。C-V2X 是指运用蜂窝网络(cellular,即移动互联网)实现车辆(vehicle)和万物(X,everything)互联。在国际上,曾有 DSRC 和 C-V2X 两种标准。2020 年 11 月,美国联邦通信委员会(FCC)取消了分配给 DSRC 通信的频段,加之 C-V2X 标准更优的表现,它成为全球车联网唯一的国际标准,该标准也是我国一开始就选择的标准。

车联网在具体运用中,车与车(V2V)、车与基础设施(V2I)、车与人(V2P)广泛互联,使车与车之间避免碰撞,以及车对道路、交通灯、人行横道等更好的感知,提高了交通效率和安全性。在 5G 网络的加持下,蜂窝网络(cellular)变成 5G 网络,变为 5G-V2X;较之过去的 4G 网络,5G 网络数据传输速度更快、更稳定,这意味着车与外界沟通的速度更快、响应程度更高、智能化程度更高。与手机类比,在3G网络和4G网络下,手机的响应速度和智能程度差别很大。车辆在快速行驶中,对网络质量比手机需要的要求更高,因此,5G网络成为车联网运行的一个重要基础。车联网还为更高等级的辅助驾驶乃至自动驾驶提供了保障。

二、推进水、电、气等公共基础设施数字化改造

水、电、气等公共基础设施是传统基础设施中的必备要素,在气候寒冷的北方,还需要加上"热"这一重要设施。水是生命之源,自来水从水源地流进各家各户,就连我国的许多农村地区也实现了基本普及。用电也是人们日常生活中的基本需求,自电气化革命以来,电力通过电网已输送到千家万户。液化气和天然气满足着人们日常做饭、烧水、洗澡乃至供热等生活需求。这些公共基础设施都有待通过数字化、智能化改造,以变得更方便、更安全。

(一) 推进水电气终端数字化改造

水、电、气使用的普遍性和付费的规定性,使水电气缴费成为日常操作。在智能手机普及的情况下,通过手机等智能终端缴费给民众的生活带来便捷,但水、电、气终端的数字化程度不尽相同。目前,电费的缴纳普遍可在手机上完成,通过支付宝、微信等APP,人们可随时查询、缴费。天然气终端的数字化程度参差不齐,有的地区可直接在手机上查询、缴纳费用,但有的地区仍然采用传统IC卡,需要人工定期在天然气表上查看,还需要在特定服务网点机器上圈存,使用起来不太方便。

自来水终端的数字化改造涉及的市场主体更为多元,除了水务公司直接供水以外,还包括二次供水。二次供水,是指单位或个人将城市公共供水或自建设施供水经储存、加压后,通过管道再次供应给用户或自用的形式。在城市楼层越来越高的情况下,二次供水成为高层建筑供水的必然选择。一般情况下,物业公司是居民二次供水的代管方,这让水费缴纳变得既简单又复杂。简单的是,如果业主能按时缴纳物业费,与物业没有冲突,那么水费缴纳属于物业便民服务的一部分;复杂的是,如果业主与物业产生纠纷,或业主不愿意交物业费,则业主的自来水使用或将面临困境。虽然物业这种做法违反法律规定,但此类情况在现实生活中客观存在。由于物业通过代管掌管了二次供水权,对于物业而言,断水非常方便;对于业主而言,维权所耗费的时间、精力更多。为了减少流转环节,将缴

费端口线上化,居民可直接在手机上缴费,极大地保障了居民的用水权益。也有地区通过统筹水、电、气等公共基础设施,构建"一张网"。

打破既有的公共服务壁垒,使水、电、气等终端实现广泛联合,形成"一张网"并实现联合办理,将成为公共服务数字化改造的发展方向。

一是形成"一张网"。将水、电、气等各自分割的计量标准、显示表等统一起来构建"一张网",使水表、电表、天然气表等数据信息统一汇集到"多表合一"的集中器中,如此一来,不仅可以实现一站式智能缴费,而且提供"一站式"服务,即水、电、气缴费均可线上缴纳,检查、维修等也能同步进行,从而降低因水、电、气分割式服务对用户造成的多次用户打扰。

二是联合办理。通过一个线下窗口或一个线上软件,即可申请办理多项基础公共服务业务。如国家电网厦门供电公司实现了"网上国网"水、电、气、网线上联办功能,在厦门的用户要办理水、电、气、广电网络等相关业务,只需在国网APP上操作。

(二)提升水电气智能化服务水平

综合运用水、电、气大数据智能预警,有效服务好老年群体。随着我国人口老龄化进程不断加快和人口流动性增大,家庭成员在空间上分隔的情况越来越普遍,空巢老人、独居老人的数量不断增加。他们在生活中的安全隐患,牵动着远方子女的心。通过对水、电、气使用的异常数据的智能分析,可以尽早发现潜在问题,及时实施救援,化解潜在风险。如深圳市给当地独居老人的家中安装上了智能水表,该水表运用了物联网、AI智能、大数据的新技术。通过智能监测,当12小时用水量小于2升或大于500升时,就会触发预警系统,预警信息将发送到社区工作人员和独居老人的紧急联系人手机上,以便及时提醒他们排查潜在危险。从智能水表的潜在需求用户来看,不仅独居老人需要,独居人士、外出人士也需要。如外出时忘记关闭水龙头,或外出时家里的某个用水设备坏了,导致大量漏水,都可通过智能水表发布预警,从而及时减少损失。

综合运用水、电、气大数据智能分析,有效服务好农村居民。随着人口城镇化进程的推进,大量农村人口逐渐进入城镇,特别是城市群、都市圈。在城镇化率超过六成的背景下,农村人口大量减少,由之带来村庄内人口密度变小,为水、电、气等基础公共服务,特别是自来水的保障带来了难题。在我国农村,自来水并未100%普及。2022年初覆盖率为84%,2023年覆盖率达到90%,到2035年将基本实现农村供水现代化。即便如此,人口少、生活用水需求量小,导致水厂供水成本增高,无法实现24小时实时供水,甚至有的地方一天只供水2小时。同时,自来水供应有成本,导致少部分村民为了省钱或出于既有习惯,仍采用过去传统免费的用水模式,如去水井挑水等,进一步减少了自来水的潜在用户,自来水供应的成本就会进一步提高。因此,解决农村用水问题的方案要因地制宜。供应自来水不是唯一方案,就近取用清洁水源等其他方案也应在考虑之列。这就需要通过对既有的实际情况(如水源数据、用户习惯等)进行客观分析,综合运用专家经验、大数据、智能分析工具等途径,保障农村居民用水安全,并对自然水源进行实时监测。另外,主要采用自来水方式的农村地区,应基于当地居民人数变动,如节假日(尤其是过年期间)大量人口返乡,对用水量、用水时间需求的变化,及时调整供水策略,保障节假日期间的用水供应。

(三)强化水、电、气使用安全监测预警

水、电、气等公共设施在给人们生活带来便利的同时,也存在安全隐患。从用水安全的角度来看,主要分为以下四个方面。

一是城镇二次供水卫生安全风险。随着高层建筑的增加,通常六层以上的居民用水无法直接送达,需要事先将自来水加压输送至楼顶水箱,再通过水箱输送到高层居户家中。二次供水使自来水经历了更多环节,特别是水箱存储环节尤为关键,水箱的洁净程度直接影响终端水质。在日常生活中,在水箱中发现藻类、昆虫、小动物以及其他异物的情况时有发生。除了定期清洗水箱等常规措施之外,还可构建二次供水水质在线监测系统,实时监测水质变化。

二是老旧自来水管道带来的供水卫生安全风险。自来水厂生产的干净自来水,经由老旧管道运输时,面临着二次污染风险。如某镇过去直接抽取江水供给居民,导致不少泥沙滞留输水管道。等到建立自来水厂后,虽然在源头对江水进行了处理,但净化后的水在经过输水管道过程中被二次污染了,使得该小镇居民即便拥有了自来水加工厂,仍无法享用到干净的水。要想确保用水卫生安全,需要彻底改造自来水管道系统,可考虑安装在线水质监测设备。

三是农村水源多样性带来的供水卫生安全风险。除了供应自来水之外,仍有不少农村地区采用其他供水方式,可通过数字化改造强化水质保障。如在浙江省诸暨市状元村,全村共有700多人,由寺坞、坪顶和塘坞3个自然村组成。由于该村海拔较高,当时暂未接通自来水管网,主要依靠一个简易清水池供水。该清水池存在"无人管、无钱管、管不好"的难题,尤其是下雨天,水质便难以保障,还伴有异味。后经过投入资金改造升级,状元村供水站配备了加药设备、PLC控制器(可编程逻辑控制器)等,实现了24小时自动投加药剂、在线监测水质等功能。供水站工作人员通过手机APP就能查看站点运行情况和水质状况,省去了每隔三四天就要上山冲洗机器、查看供水站数据等操作,方便了运营和维护。

四是漏水带来的资源浪费风险。公共供水管网的漏损水量十分惊人,部分城镇地区的漏损率达到了30%。2019年全国公共供水管网漏损水量为95.37亿立方米,这一水量相当于700个杭州西湖的水量,2021年漏损水量为94.08亿立方米,总体情况有所好转。通过数字化监测,可以及时找出问题所在,减少损失,如浙江省龙游县采用了数字"听漏"的方法,借助"智慧水务"一屏监测,通过对水质、流量、压力等数据的实时监测,解决了过去需要人工逐一排查漏损点时不能精准定位、耗时长、效率低的问题。

从用电安全的角度来看,通过数字化改造可保障电网安全运行。如果说网络是数字经济的基础,那么电力便是包括数字经济在内的整个经济的基础。一旦断电,带来的经济社会损失不可估量。贵州省贵安新区通过主站集中型自愈功能、停电信息可视化平台、能源互联网运行控制平台、计量自动化大数据项目用电监控平台等数字化手段,保障了贵安新区的电网安全运行。主站集中型可自愈功能,是指线路故障时,通过自动化的故障分析,快速定位故障、隔离故障,并恢复没有故障区域的供电。在这一过程中,过去需要2个小时才能完成的赶往现场、登高作业等工作被省去了,取而代之的是工作人员站在电脑前操作,大幅提升了安全系数和工作效率。通过停电信息可视化平台,针对各类气象灾害导致的停电,可以让相关工作人员更准确地掌握停电信息、抢修信息和舆情信息,以"复电抢修一张图"使管理人员更全面地统筹、及时调配抢修资源,为抢修提供更安全、更智慧的指导。

从用气安全的角度来看,天然气泄漏带来的风险不容小觑,小则影响生产,大则造成人员伤亡、爆炸等恶性事故。数字化方案的利用能在一定程度上降低风险出现的概率。中新天津生态城在原有燃气安防基础设施上进行了硬件升级,对"场站""管网""用户端"三个环节实施了数字化、网络化、智能化改造,提升了安全监测水平。一是通过检测器及时发现泄漏风险,在"场站"配备了激光气体检测器,激光气体检测器能在1s内准确识别泄漏问题,还在"管网"环节根据其特点配备了激光智能燃气巡检车,在商户和居民"用户端"配备了新一代无线远传气体传感器,使用气的每个环节处于安全监测之中。二是通过数据监测排除隐患,除了对以上三个环节的数据安全监测以外,还在燃气调压站、管网、建设工地等地配备智能燃气设备,实时采集燃气压力、流量、泄漏等方面数据,从更多维度对潜在风险进行预警。三是通过数字孪生技术提升管理可视化、智能化水平。依据实体真实存在的燃气系统,以物理建模的方式构建出对应的数字孪生燃气系统,以模拟仿真的形式在管理端查看燃气系统的运行情况,分析可能存在的问题。四是三级平台联动及时响应。管理平台包括燃气公司、行政主管单位和城市大脑三级机构,分等级实时接收上传的各类监测数据,一旦发现问题,城市大脑将处置策略共享至行政主管单位和燃气公司,并根据实际情况启动应急救援,形成多方联动,问题将得以早发现、快响应、有效处置。

第三节 超前部署创新基础设施

创新基础设施主要是指支撑科学研究、技术开发、产品研制且具有公益属性的基础设施,如重大科技基础设施、科教基础设施、产业技术创新基础设施等。

创新基础设施与前两类新型基础设施有所不同,它既包括数字经济领域的创新基础设施,也包括非数字经济领域的创新基础设施。换言之,创新基础设施是服务于整个科技创新活动的,而数字经济领域的创新只是科技创新中的一个重要部分。譬如,新材料、生物技术等产业领域的创新属于科技创新大范畴,很难被归类于数字经济领域,但新材料、生物技术研发过程中所要用到的数智技术、数字产品属于数字经济领域。下文探讨的创新基础设施,主要围绕数字经济领域展开。

一、重大科技基础设施

(一)重大科技基础设施的概念

重大科技基础设施是为探索未知世界、发现自然规律、引领技术变革而提供极限研究手段的大型复杂科学技术研究装置或系统。作为国家创新体系的重要组成部分,重大科技基础设施是解决重点产业"卡脖子"难题、支撑关键核心技术攻关、保障经济社会发展和国家安全的物质技术基础,更是抢占全球科技制高点、构筑竞争新优势的战略必争之地。

（二）重大科技基础设施的分类

重大科技基础设施所涵盖的内容十分广泛,按照国务院《国家重大科技基础设施建设中长期规划(2012—2030年)》所确定的重点领域可分为七类。第一类为能源科学领域,包括核能、化石能源、可再生能源等方面。第二类为生命科学领域,包括现代医学、农业科学、生命科学前沿和基础支撑等方面。第三类为地球系统与环境科学领域,包括现场探测与观测、基准系统建设、数值和实验模拟等方面。第四类为材料科学领域,包括材料表征与调控、工程材料实验等方面。第五类为粒子物理和核物理科学领域,包括粒子物理和核物理等方面。第六类为空间和天文科学领域,包括宇宙和天体物理、太阳及日地空间观测、空间环境物质研究等方面。第七类为工程技术科学领域,包括信息技术、岩土工程、空气动力学等方面。其中,第七类中的信息技术方面与数字经济直接相关。《国家重大科技基础设施建设中长期规划(2012—2030年)》明确指出：建设未来网络研究设施,解决未来网络和信息系统发展的科学技术问题,为未来网络技术发展提供试验验证支撑。

我国重大基础设施按照不同用途可分为三类。第一类为专用设施,这类设施是针对特定学科领域的重大科学技术目标而建设的研究装置。如北京正负电子对撞机、超导托卡马克核聚变实验装置、高海拔宇宙线观测站、"中国天眼",以及武汉国家生物安全实验室等。这些专用设施研究内容和科学用户群体比较特定、集中。第二类为公共实验平台,主要为多学科领域的基础研究、应用研究提供支撑性平台,如上海光源、中国散裂中子源、强磁场实验装置等。这类装置为不特定大量用户提供实验平台和测试手段。第三类为公益基础设施,主要为经济建设、国家安全和社会发展提供基础数据和信息服务,属于非营利性、社会公益性设施,如中国遥感卫星地面站、长短波授时系统、西南野生生物种质资源库等。

重大科技基础设施对大众而言比较陌生,除了少量曾进入公众视野,大部分设施并不为公众所知。在对重大科技基础设施的基本概念、用途分类进行简单举例后,为了便于人们进一步理解,本书选取了两个重大科技基础设施作为探讨对象。

1. "中国天眼"

被誉为"中国天眼"的国家重大科技基础设施,位于贵州省黔南布依族苗族自治州的500米口径球面射电望远镜（Five-hundred-meter Aperture Spherical radio Telescope），简称"FAST"。它能实现高精度的天文观测，属于空间和天文科学领域，为射电望远镜专用设施。"中国天眼"拥有30个足球场大的接收面积，是目前世界上最大的单口径望远镜。与德国波恩100米望远镜相比，其灵敏度提高约10倍；与美国阿雷西博望远镜相比，其综合性能提高约10倍。在未来至少十多年里，"中国天眼"将保持世界一流设备的地位。"中国天眼"作为国家重大科技基础设施，堪称观天巨目、国之重器，实现了我国在前沿科学领域的一项重大原创突破。

首先，"中国天眼"为数字经济发展拓展了新空间。人类文明发展并非局限于向虚拟空间开拓，更在于走向星辰大海。在大航海时代，指南针等技术工具的广泛应用，使全球人类联系更加紧密。拥有航海技术且抱有强烈好奇心的部分国家取得了领先优势。在新一轮科技革命和产业变革浪潮中，向外太空探索也是国际竞争中的重点领域。人类登陆月球、探测器登陆火星、建立国际空间站、建设"中国天眼"都是在国际竞争中保持领先的重要举措。"中国天眼"建成后，为人类研究、了解外太空提供了更为先进的技术。2017年10月，"中国天眼"宣布发现首批新脉冲星，这是中国人首次利用自己独立研制的射电望远镜发现脉冲星，到2021年5月已达到370多颗，到2024年4月已突破900颗。这些脉冲星可作为将来星际航行中的参照物，为星际航行提供导航。诸如这些发现，使得人类愈加了解外太空，不仅为将来发展空间向外太空拓展提供了更多基础保障，也为数智技术应用提供了新的应用场景，为数字经济发展提供了更广阔的空间和更远的前景。

其次，"中国天眼"运用了大量数智技术，也期待更多数智技术协助。

一是与美国阿雷西博望远镜不同，"中国天眼"在主镜面采用了主动面技术。美国阿雷西博望远镜的主镜面是完全固定的球面，成像不完美，需要通过馈源舱对信号进行二次、三次反射对成像进行改正，复杂的光路使得该设备的整体重量超过500吨。"中国天眼"的主镜面采用主动面技术，每块面板都可以上下运动。通过主镜的主动变形来实现对天体跟踪，随之改正像差，"中国天眼"的主镜面质量更轻。

二是"中国天眼"采用了主动反射面系统、更智能的馈源支撑系统等，主镜面、反射面、馈源支撑系统等大量运用了信息通信、智能机器人等数智技术。如在馈源舱内安装了精调并联机器人用于二级调整，在馈源与接收机系统配置了多用途数字天文终端设备。

三是"中国天眼"积极运用智能机器人进行运营维护。"中国天眼"所处位置偏僻导致招工难,对流程严格把关和精度又都有一定要求,使用应用数智技术的智能机器人成为必然选择。大坡度及高落差下球反射面的激光靶标维护、坡面植被清理、干扰自动检测、周界安防等工作都可由机器人完成。如在排除干扰方面,"中国天眼"在选址时,选择了电磁干扰极少的地方,这样能够避免由人类活动(电视、手机、广播等)产生的无线电信号干扰,即便如此,依旧无法完全杜绝。如"中国天眼"曾检测到疑似外星文明信号时,很有可能是某种无线电干扰,需要漫长的确认和排除过程。因此,运用智能机器人及时、主动排除干扰成为确保"中国天眼"精度和效率的关键。

最后,"中国天眼"接收的海量数据催生出更先进算法和更强算力。"中国天眼"每年产生约20PB的科学数据,如果构建阵列,建设更多"中国天眼",产生的数据会更多,但仅靠现有科研团队难以对这些数据进行有效处理,需打造相应的"中国天眼"科学计算中心。建设"中国天眼"先导阵和数据国家开放云平台,有了这个平台,不同地域、不同部门、不同学科的科研团队甚至爱好者,都可参与海量数据的研究。如某天文爱好者依据清洗加工后的天文数据,用自己的手提电脑进行分析研究。这位爱好者的手提电脑的计算能力(算力)也成为分析海量数据的一部分,进而汇集更多算力,创新出更适用的模型算法,集聚更多智慧,并在实践中推进数智技术向前发展。

2. 未来网络试验设施

未来网络试验设施(China Environment for Network Innovation,CENI)是国务院《国家重大科技基础设施建设中长期规划(2012—2030年)》确定的建设重点之一,其归属于工程技术科学领域的信息技术方面,属于公共实验平台,与数字经济、数智技术直接相关。该项目由江苏省人民政府主管,教育部、中国科学院、深圳市人民政府共建。江苏省未来网络创新研究院作为项目法人单位,与清华大学、中国科学技术大学、深圳信息通信研究院联合共建。建设期为五年(2019—2023年)。未来网络试验设施是一个开放、易使用、可持续发展的大规模通用试验设施,可为研究未来网络创新体系结构提供简便、高效、低成本的试验验证环境,支撑我国网络科学与网络空间技术研究在关键设备、网络操作系统、路由控制技术、网络虚拟化技术、安全可信机制、创新业务系统等方面取得重大突破。设施可验证适合互联网运营和服务的网络场景,探索适合我国未来网络发展的技术路线和发展道路。

突破式创新是未来网络发展的必然方向,它表现在以下几个方面。

一是目前网络创新主要为渐进式改进。无论是有线网,还是移动互联网,都没有实现突破式创新。有线网主要拓展了带宽,移动互联网如4G、5G乃至6G,都是基于TCP/IP协议的渐进式改进,无法在根本意义上解决三网融合、云计算和物联网发展提出的挑战。

二是未来网络突破式创新将为经济社会带来变革式影响。在实践领域,实现机器人远距离同步操控属于技术难题,如远程手术,对低时延、低抖动要求非常高。通过"确定性网络",青岛大学附属医院的远程手术实现了时延范围在5~6毫秒,抖动小于1毫秒,而普通网络的时延为25~30毫秒,抖动为5毫秒。通过技术突破,诸如量子网络等新突破带来的变革将更大。

三是未来网络突破式创新需要以大规模实验为保障。更先进的技术需要在更大范围内进行试验检验,面临各种复杂环境,对于泛在的网络更是如此。因此,未来网络试验设施应运而生,将为我国在网络层面实现自立自强打下坚实基础。

未来网络试验设施是全球首个基于全新网络架构构建的大规模、多尺度、跨学科的网络试验环境,具备以下五项关键能力。

一是未来网络试验设施是超大规模网络,该网络由全国40个城市核心节点、133个边缘节点组成。

二是具备按需定制服务能力,能够基于不同需求,满足试验者对带宽、路由、时延和时延抖动等方面的要求,通过更先进的网络操作系统兼容更多场景要求。

三是具备确定性服务能力,为消费互联网、工业互联网等多个场景提供确定性网络,如网络里的超级高铁。

四是具备多云互联服务能力,将各种厂商的公有云、行业云、私有云联通起来,实现互联互通、云网协同,不仅是公有云、行业云和私有云的整合,还包括异构云的整合。如A供应商提供的云和B供应商提供的云,由于前期积累,A供应商或B供应商都不可能花费大量成本按照另一方的标准完全改变,形成异构云难以调和的局面。在不改变A供应商和B供应商提供的云的基础上,使两个云的数据互相调用、操作,实现整合。

五是具备智驱安全防护能力,不仅中心节点对全网安全进行统筹管理,本地节点也能独立处理,确保安全。

二、科教基础设施

科教基础设施是指各类科研机构和高校,是知识创新、技术创新、知识传播和知识运用的基础平台。有不少学者认为,科教基础设施是指开展科学相关课程教育工作所需要的实验仪器、实验设备、实验室等各种教学资源,如中国科学院内的研究单位、院校、实验室、工程中心、科学装置、野外试验台站等。

综合以上观点,科教基础设施以各类科研教学机构和高校为载体,通过平台打造、设施建设、设备采购、环境营造、人才引进等科教基础设施项目,为科研和教学提供新的基础平台。如武汉大学,其自身属于科教基础设施,经过发展,逐步演变为科教基础设施的载体。通过新的科教基础设施项目,如武汉大学国家网络安全学院,即规模较大、既有的科教基础设施演变为载体,新的学院、实验室、实验设备等成为载体上的科教基础设施项目。无论是载体还是项目,都被归类于科教基础设施。

随着科教基础设施的基本项目逐步完善,它们开始沿着新学院、研究室、研究中心、研发平台等方向发展,如地球和空间科学前沿研究中心、资源与能源绿色转化技术创新平台、新能源技术与材料综合研发平台等。这在本质上是对现有资源进行再整合、再优化以及对新资源的再引进,是进行科研和教学的平台。

从本质上来看,重大科技基础设施和科教基础设施并没有区别。相较而言,重大科技基础设施庞大且稀少,显得更加重要,它发端于科教基础设施。科教基础设施包含的内容更多,更普遍。从科教基础设施项目的建设重点来看,不仅科研机构、高校的建设项目十分重要,中小学的建设项目也同样重要。为方便理解,下文将围绕数字经济选取三个例子展开探讨。

(一) 虚拟实验室

虚拟实验室增加了学生的实验机会,为培养大量创新型人才打下坚实基础。百闻不如一见,实践出真知。诸如物理、化学等课堂教学往往枯燥乏味、难以引起学生感性认识等问题,如果辅以实验,既可以将知识点"鲜活"起来,也培养了学生的实际动手能力。同时,通过实验能培养学生探索世界的兴趣,为探索未知提供实践工具,是培养创新型人才的重要途径。但是,受到成本、空间、实际条件等方面的限制,学生(特别是中小学学生)实验条件和实验机会有限。学生年龄越小,好奇心越强,对实验需求越大。这种供给和需求不匹配的局面,虚拟实室能在一定程度上缓解这一问题,各地学校也有一些探索。

中央电化教育馆中小学虚拟实验(简称"央馆虚拟实验")与部分学校合作,通过线上教学引导中小学生在暑期开展实验。2021年浙江省绍兴市上虞区引进了"央馆虚拟实验"平台,该区的不少学校也进行了探索。浙江师范大学附属上虞初级中学的施军钿教师团队,研发了磁与电基础知识与虚拟实验操作指导系列微课程,结合微课程,该校七年级和八年级学生在"央馆虚拟实验"平台上进行了实验操作。上虞区春晖外国语学校的章丽艳老师,为该校八年级学生设计了主题为"探究二氧化碳"的活动方案。二氧化碳虽存在于空气中,却看不见摸不着,通过在"央馆虚拟实验"平台上观看视频并在课堂上完成模拟实验,再在家中进行实物探究,不仅能提升学生学习兴趣,也可增强学生对二氧化碳的感性认识。陕西省渭南市富平县东上官初级中学的杨红兴老师,运用"央馆虚拟实验"平台,引导学生进行虚拟实验,并运用真实实验器材,鼓励学生进行虚实结合实验。从各学校具体实践来看,均是利用了假期相对闲暇的时光,对小学的高年级(五、六年级)和初中、高中的非毕业班年级(初一、初二、高一等)的学生进行了富有创新性的安排。

中小学开展虚拟实验室探索,需要破解一些难点。

一是避免因创新带来的摊派和负担。对于国内的许多学生而言,中考、高考依旧是悬在头上的"达摩克利斯之剑"。虚拟实验室属于培养学习和创新能力的工具,不能因虚拟实验过多而挤占学生的正常学习和休息时间,或是因硬性要求使创新变为一种新应试。从各地探索来看,将对象设置为非毕业班中小学生,将时间放在假期是明智之举。

二是不应排斥市场化机制。拥有最先进、最系统的数智技术部门,依旧是头部高新技术企业、互联网平台,如华为、字节跳动等。非头部的其他数字经济企业次之,如不少拥有一定数智技术的中小科技企业。虚拟实验室平台的构建,离不开这些拥有数智技术的企业的支撑,甚至由他们作为主导,运用市场化的规则来运作。

三是依托有效的虚拟实验室平台。大多数中小学并无财力,也缺乏能力去独立打造实验平台,选择好的实验平台至关重要。优质的实验平台至少体现在贴合现实、具备公益性、无不良广告等方面。贴合现实是指能在一定程度上正确反映现实,而非背离现实。公益性是指不以营利为主要目的,而是作为辅助公共教育的工具。无不良广告是针对目前部分教育平台,插入的各类不良广告,不利于青少年健康发展。

（二）现代科技馆

现代科技馆又称"科学技术馆",是提升大众科学文化素质的公益性场所。从实际情况来看,科技馆的主要受众为青少年、儿童群体以及学生家长。如黄石科技馆受众以24岁以下群体为主,这一群体占比高达61.7%。从参观动机来看,拓宽科学视野占比为22.9%,陪孩子参观的家长占比为26.9%,休闲娱乐、放松心情占比为23.9%。可见,现代科技馆是寓教于乐的休闲娱乐、科普场所,是非常重要的承载多种功能的公共空间,而恰恰是在这样的放松场景下,最能让人受到科普教育的熏陶。未来,科技馆的发展方向为打造现代科技馆体系。

我国科技馆经过多年建设,已取得一定成效,但并非全地区覆盖,有待根据地方实际进行体系化建设。

一是现代科技馆体系建设颇有成效。2012年,中国科学技术协会启动建设实体科技馆、流动科技馆、科普大篷车、农村中学科技馆和中国数字科技馆"五位一体"的现代科技馆体系,10年来已建成了408座实体科技馆、612套流动科技馆、1251辆科普大篷车、1112所农村中学科技馆和中国数字科技馆,公民科学素质比例由2010年的3.27%上升至10.56%。

二是各级科技馆发展差异较大。并非所有省(市、县)建有科技馆,建立时间也各不相同,如武汉科技馆始建于1987年,湖北省科技馆建于1989年,湖北省科技馆新馆建于2021年11月。由于科技创新日新月异,现有科技馆体系在内容和组织上均存在难题。在内容上,各级科技馆如何吸引更多公众,如何运用优秀的科普资源传播科学思想和方法;在组织上,各级科技馆如何协同发展,做到资源共享。《现代科技馆体系发展"十四五"规划(2021—2025年)》提供了总体路径,也有待各地创新实践。

三是以组织创新构建现代科技馆联合体系。中国科学技术馆被界定为"中央厨房",通过搭建平台实现全国资源共建共享。省级科技馆成为省内科技馆体系的组织者和负责者,负责统筹,实现"省统筹、市调配、县落实"。通过建立"卓越科技馆培育专项",选拔、培育5~10家科技馆,发挥引领示范作用,并在人才队伍、考核、标准化、经费等方面,为现代科技馆体系建设提供保障。

经过多年打造,科技馆已是城市中的常见公益性科普教育机构,但也是容易被忽略的重要公共空间。提升实体科技馆的吸引力和吸纳能力,覆盖更多公众,为他们提供休闲娱乐、科普和其他功能,在大众习惯了数字生活的今天,显得格外重要。

(三)网络安全学院

网络安全学院,也有学校称为"网络空间安全学院",简称"网安学院",是高校中对网络安全人才进行本科、硕士和学历教育博士学位教育的机构,也是近几年广泛设立的新型学院,主要针对我国巨大的网络安全人才缺口。部分高校在2016年获得首批"网络空间安全"一级学科博士点后,将原有相关学科独立出来,设立了网安学院,如华中科技大学网络空间安全学院、武汉大学国家网络安全学院、东南大学网络空间安全学院等。

网络安全学院的成立是以社会对网络安全人才的巨大需求为背景,目前仍存在人才缺口、有待更符合市场要求等问题。这体现在以下几个方面。

一是网络安全需求大幅增加。数字经济发展带来的普遍数字化,使人们置身于由现实社会映射出的数字生活空间——网络空间,成为陆、海、空、天之外人类活动的"第五空间"。在网络空间中,网络安全成为人们新的第一需求。试想,人们设置的密码,在新算法面前可能被快速破解,密码成为摆设。在网络中存储的资金能被随意盗取,何谈便利和幸福可言?因此,安全需求随着数字经济发展而扩大。

二是网络安全人才依旧供不应求。近些年,国家通过多种培养方式,使得网络安全人才队伍不断扩大,但社会对网络安全人才的需求也在不断扩大。2021年上半年,人才需求率较上年增长39.87%,平均供求比约为1∶2。在人才需求量不足的情况下,人才流动性也很大,超三成年轻从业者跳槽周期仅为半年,同时存在资深人才匮乏的问题。根据国务院学位委员会学科评议组、北京航空航天大学等单位于2023年9月13日发布的《网络安全人才实战能力白皮书·人才评价篇》可知,目前我国有277所院校开设了信息安全技术与应用专业,120所院校开设了网络空间安全专业,这些院校每年向社会输送约3万名网络安全人才。但我国目前每年需求的网络安全人才数量近5万人,每年约有2万人的网络安全人才缺口,且随着数字经济的发展,这一缺口有扩大的趋势。

三是网络安全学院的教育模式有待探索。我国高校目前的教育模式属于研究式,学生从学校毕业后,进入企业需要经过再培训、再培养、实践磨炼,经过数年,才能成为成熟专业人才,有待通过攻防演练提升学生的实战能力。由于数智技术的发展,网络安全的技术手段也随之出现变化。如何结合高校自身特点、社会需求、学生未来发展方向等方面,进行前瞻性和应用性的学历培养,有待根据各方反馈及时调整和积极创新。

四是网络安全学院是网络安全高端人才和高端研究的聚集地。网络安全学院不仅是重要的科研机构,也是教育机构,机构内的教师队伍、学生队伍,都为该领域研究提供了智力支持和技术积累。

在学院设置上,各地也有一定创新,如国家网络安全人才与创新基地,既包括网络安全学院,属于科教基础设施,也包括创新产业谷,属于产业技术创新基础设施。

三、产业技术创新基础设施

产业技术创新基础设施,主要是服务于各类企业进行产业技术创新的机构和市场主体,如科技企业孵化器、众创空间、规上工业企业研发机构,以及各类创新中心,如川藏铁路技术创新中心、四川省精准医学产业创新中心,等等。从内涵上看,产业技术创新基础设施既包括相对微观的主体,如企业内的研发机构,也包括相对宏观的主体,如众多企业的集合地——科技企业孵化器。为了聚焦方向,下文主要针对较为宏观的主体,从数字经济的角度举例展开探讨。

(一)国家网络安全人才与创新基地

国家网络安全人才与创新基地简称"网安基地"。2016年4月19日,习近平总书记在网络安全和信息化工作座谈会指出,要"建一流的网络空间安全学院"。网安基地的落户以此为背景,于2016年9月落户在湖北省武汉临空港经济技术开发区(东西湖区)。网安基地采用了"网络安全学院+创新产业谷"的模式,通过多年建设和经营,基地内的网络安全学院已投入运营,并引进了多家知名企业,创新创业也在进行中。

网安基地联合武汉大学、华中科技大学打造世界一流的网络安全学院。

一是网络安全学院已于2020年9月投入运营。该学院于2018年8月开工,2020年9月开学。武汉大学、华中科技大学两所高校的网络安全学院约1300名本、硕、博学生,以及160余名教职员工搬迁至网安基地,并且人数在三年内超过3000人。

二是网络安全学院采用了共建共享模式。武汉大学、华中科技大学网络安全学院在网安基地内各有一栋大楼,两栋大楼中间相连,为共享部分,楼内设有自习室、图书馆等。

三是创新教学设施,创新教学方式。武汉大学、华中科技大学在各自教学楼内布置了满足不同教学要求的教室,既有用于传统教学的教室,也有用于实践的教学场所,如网络靶场、虚拟实验室等。

四是为国家输送一流网络安全人才。我国每年网络安全人才缺口较大且呈扩大趋势,网安基地内的武汉大学、华中科技大学网络安全学院在缓解人才缺口方面发挥了重要作用,网安基地还通过其他培养方式为社会输送优秀人才。

网安基地在培训、引进市场主体、创新创业方面也有探索和贡献。

一是以培训方式培养更多网络安全人才。网安基地内不仅设置了网络安全学院的学历教育区,还设置了专门的在职培训区。2021年3月20日,国家"网络安全万人培训资助计划"在网安基地内正式启动实施,资助总金额达6000万元,通过与认证中心、国测、应急中心、中国电子、360网安大学等近20家优质培训机构进行合作,以培训的方式为国家培养专业人才。如商用密码人才缺口非常大,通过培训能适度缓解该问题。

二是引进网安头部企业推进产业集聚、形成产业集群。网安基地已引入华为、浪潮、新华三、航天科工、中科曙光、360、奇安信、天融信、数字认证等网络安全龙头企业,会集上下游企业220余家,基本形成了覆盖硬件安全、通信安全、应用安全、数据安全的网络安全产业链。下一步,将围绕数据、软件、硬件三大领域,研发和推广安全网关、新一代防火墙等自主可信核心技术产品,提升态势感知、入侵检测、流量分析、漏洞挖掘、隐私保护等能力,打造网络安全、系统安全、数据安全核心竞争力。

三是部署多个孵化器孵化创新创业企业。网安基地内部署了两个孵化器科技园,都主要采用了引进孵化的模式,即先引进、再助力其在园区内发展壮大。一个为启迪控股国家网络安全基地孵化器,是由启迪控股旗下控股子公司启迪网安打造的科技园,包括创新孵化器、写字楼、商业中心、人才公寓等项目。另一个为武汉迪马数智天地,该园区引进并孵化了北京百分点、北理新源、北京祝融、湖北医事联康、博瑞东科技、天乐智能等多家优质企业。

(二)深圳市南山区粤海街道

深圳市南山区粤海街道因中美贸易摩擦而声名远扬,曾遭受美国制裁的华为、中兴、大疆等企业均出自粤海街道,那场令国人愤怒的贸易摩擦也被戏称为"美国和一条街道的战争"。在仅仅23.8平方千米的粤海街道范围内,密集地分布了212个产业园区和超千家高新技术企业,诞生了近百家上市公司,其中仅腾讯一家的市值已超万亿元。该街道依托改革开放前沿阵地的先发优势,通过打造产业技术创新基础设施,营造良好的发展环境,确保充分的金融支持,持续孕育出科技型企业,进而成为国内乃至全球最有活力的区域,在数字经济领域居引领者地位。

粤海街道位于改革开放的前沿,经过多年发展,形成了围绕多家龙头企业的产业集群。

一是粤海街道属于改革开放的最前端——蛇口区。1984年8月,深圳市南头区的一部分被划出设置蛇口区,其中包括粤海门村。到了1990年,南头区和蛇口区又合并为南山区。1991年2月,粤海街道成立,取名为"粤海门村"。如今,粤海街道位于蛇口街道之北。

二是粤海街道因提前谋划产业技术创新基础设施而兴。1985年,深圳科技工业园成立,由深圳市政府和中国科学院共同创办,是我国第一家高新科技工业园区,属于国内早期非常具有前瞻性的产业技术创新基础设施,该科技工业园恰好位于1991年成立的粤海街道辖区内。因此,粤海街道拥有众多高新技术企业,是在几十年前敢于超前谋划取得的成果。

三是国内外龙头企业成为该区域发展的"头雁"。深圳市政府积极作为,通过投入数十亿的财政资金大力招商引资,不仅有像华为、中兴、长城等国内知名企业在此落户,还包括飞利浦、微软、三星等国外企业。围绕着这些头部企业,大量供应链、产业链企业聚集于此,共同构成了共荣共生的创新创业街道。

粤海街道独有的、完整的、体系的发展环境,为高新技术企业发展状态提供了基础。

一是不断细化的基础设施为创新创业人员提供了平台。创新创业人员充分发挥其才能,需要良好的发展平台。早期,从南油集团走出来的任正非创立了华为,该公司在深圳科技工业园逐步发展壮大。随着高新技术产业的发展,相继打造出更新颖、更符合产业细分要求的产业园、孵化器、众创空间等,为从华为、中兴、腾讯等新型"大厂"中出来的新兴力量提供舞台,进而不断诞生出新的市场主体。从科技工业园到产业园、孵化器等,是产业技术创新基础设施的进化和发展过程。

二是为培育和引进高校等科研机构提供智力支撑。粤海街道所在的南山区是高校较为集中的区域,通过本地培育与大力引进相结合,拥有深圳大学、南方科技大学、哈尔滨工业大学(深圳)、清华大学深圳国际研究生院、北京大学深圳研究生院等众多一流高校,而且以大学城的形式将各大高校聚合在一起,学生能享受多所学校的教学服务,实现多元化教学资源的碰撞,便于知识流动。同时,学生能就近实习、就业、创新,为区域发展提供充足的人才、智力资源和活力。

三是为高新技术企业提供了体系化的金融支持。高新技术企业在初创阶段需要大量资金进行创新实践,却为没有成熟产品推向市场而苦恼,导致资金链断裂、创新活动夭折。所以,及时鉴别优秀项目并给予资金支持非常关键。如南山区设立了首期规模为5亿元的"南山小巨人基金",该基金属于中小企业股权投资基金,为初创期资信较差的高新技术企业提供资金扶持,禹创半导体有限公司成为该基金项目的第一家公司。不仅如此,南山区围绕创新创业企业要经历的五个阶段,分别为概念验证、中试工程、初创期、成长、成熟上市阶段,探索构建相应阶段的金融服务体系。

四是政府大力提供资金扶持。政府财政资金投入是企业发展获取资金的一个重要来源。由于深圳市政府财力雄厚,拥有运用大量资金作为引导产业发展的能力,进而采用资金扶持的方式实现了"用之于企业、取之于企业"的循环。如南山区自主创新产业发展专项资金,采用无偿资助的方式,针对节能减排、经济发展、科技创新、人才工作、绿色建筑、文化产业发展、金融发展等七个分项,对符合条件的项目进行普惠性资助。譬如,对企业提供租金补贴,小微企业租金补贴最高达10000元,个体工商户最高达5000元,且简化审批程序、缩短放款时间,部分条款采用了"免申即享、即申即享"的优惠政策,极大地缓解了特定条件下企业经营困难的问题,为企业持续发展提供了有力的资金扶持。

2022年,粤海街道结合近年来的探索,将服务企业的模式总结为党建引领"12345"企业服务新模式。

"1"是以"打造优良营商环境,建设多维新型企业服务平台,为企业赋能、为人才赋智,构建企业高效发展生态圈"作为目标。

"2"是建立两个联动机制,即粤海产业园区联动机制和粤海商协会联动机制,为辖区中小企业提供层次清晰、专业精准的服务,同时推进各领域、各行业的商协会实现跨界交流、资源共享和协同发展。

"3"是实现三个支撑,第一为党建引领支撑企业发展,扎实推进"两新"党建;第二为党建引领支撑产业园区精细化管理和服务,创建多元参与的物业共治联盟;第三为多载体构建"亲清"政商关系,支撑维护有序和谐街区营商环境。

"4"是擦亮四个品牌:一是政策惠企,在推动降费减负政策落地生效方面发力;二是创新助企,在引导企业创新方面发力;三是金融暖企,在纾解小微企业融资难方面发力;四是走进名企,在推动企业间合作交流上发力。

"5"是街道搭建了产业空间信息平台、校企云桥、统计之家、湾区青年空间、粤海商会五个服务平台,助力企业降低产业空间租赁成本,精准对接高校学生就业需求,高效精准地向相关职能部门反馈企业需求,匹配金融机构采购需求等。街道通过搭建多维服务平台,优化服务供给质量,打通企业服务"最后一公里"。为了快速、及时、有效响应企业诉求,街道不仅对热线咨询员进行了专业培训,也根据企业来电构建了纾困热线问题库,便于对已有做法进行经验总结,方便更好解决类似问题,还根据企业诉求,提供贴心的上门服务,如针对视障人士无法申请的难题,社区工作人员主动上门帮其申请补贴。

2023年,在粤海街道高质量发展推进大会暨"我帮企业找市场"活动上,粤海街道发布了"1+5+2"计划。

"1"是指粤海高质量发展行动方案,包括成立粤海街道高质量发展协同推进中心,努力建成"国际创新街区、湾区产业高地、湾畔幸福家园"等。

"5"是指"五位一体"的措施"组合拳",具体包括五大措施。措施一为赋能企业发展新动力,向企业公布街道主要领导电话、微信、邮箱,力争一揽子解决属地保障难题。措施二为护航企业出海新征程,以粤海国际化企业服务交流中心为依托,为企业实施"走出去"战略提供专属服务。措施三为激发后海商圈新活力,推进深圳湾万象城、万象天地、海岸城等知名商圈协同发展,繁荣"夜间经济",助力引进一批国际国内知名品牌首店、首展、首秀等。措施四为集聚创新人才新势能,举办"职引未来"大型招聘会和创新创业主题沙龙等活动。措施五为实现营商环境新跨越,推出"百园千服"行动,优化湾区青年空间"青创工坊"等。

"2"是指两大重点工程。一是后海中心区智慧城市运营统筹试点工程,二是产城人融合发展工程。这一计划旨在进一步激发企业活力,使更多企业"走出去",获得更大的市场发展前景,也通过"引进来"提升区域能级和活跃度,并以创新举措全方位提升企业发展环境。

第四节　新基建的关系与注意事项

三类新基建之间呈现逐层递进的关系,伴随着数字经济的不断壮大而逐步发展,也为了数字经济的持续发展而不断构建。在具体的建设过程中,难免出现这样或那样的试错情况,与过去的基础设施建设一样,应避免一些误区,平衡好供需矛盾。

一、三类新基建和数字基础设施

新基建是相对于传统基础设施而言的,是服务于生产、生活新需求而产生的基础设施。每一轮科技革命和产业变革都会孕育出新的基础设施。从马车到汽车,催生了配套汽车行驶的道路、交通灯,以及方便行人安全通过的人行横道等设施。新一轮科技革命和产业变革的兴起,由数字经济带来的变化对传统基础设施改造的需求更大。平衡好需求与实际能力,既要顺应时代的发展,为数字经济发展提供基础支撑,又要量力而行,不盲目过度超前建设,更重要的是要注重新型设施建设的普惠性,服务广大民众。

将三类新基建做一个形象的比喻——信息基础设施是"做好自己的事",融合基础设施是"改善别人的事",创新基础设施是"做好未来的事"。

信息基础设施是数字经济最初发展起来的设施,是数字经济的初始本体,如果把新基建比作一栋三层小洋楼,信息基础设施应被放在第一层。这就好比是一个拥有先进视野的人,他先改造自己,然后改造别人,这个先被改造的就是初始本体,属于"做好自己的事"的范畴。待自身取得一定发展之后,便会将目光转移到传统基础设施之上,使传统基础设施焕发出新的生机。

融合基础设施是对传统基础设施进行改造升级后的产物,是数字经济本身发展到一定程度后衍生出的产物,它是从数字化的角度对传统基础设施进行了重塑。在新基建三层小洋楼中,融合基础设施应处于第二层。仍以一个拥有先进视野的人打比方,在初步改造自己后,便想着要参与改造世界。一个习惯了网购的人,会期待所有的事务都能通过在手机上点击就能完成,交水电费是这样,管理维护相关设备也是这样,乃至催生出数字孪生管理平台、车联网等。这种改造仅依靠传统技术难以完成,必须拥有更先进的理念和技术才能实现。因此,融合基础设施必定是数字经济发展到一定程度、信息基础设施完善到一定程度后的产物,属于"改善别人的事"的范畴。在对自己和世界做出一定改造后,就要苦修内功、谋划未来了。

创新基础设施是为未来做谋划、奠定基础的重要设施。我国能在数字经济领域国际竞争中取得显著成绩,更大程度上取决于创新基础设施的超前部署。在新基建三层小洋楼中,创新基础设施居于第三层,也就是最高一层。这就好比一个人在改造了自己,也帮助了别人之后,想要取得更好的成绩,便要回去苦修精进。因此,创新基础设施属于"做好未来的事"的范畴。正是由于创新基础设施谋划着未来,对其完整内涵和表现形式才最难描绘。除了传统的高校、科研院所之外,创新基础设施不应仅局限于公立机构,应有许多新形式。

数字基础设施是专门服务于数字经济的基础设施,属于新基建的重要组成部分。结合权威文献对数字基础设施的描述,如《数字中国建设整体布局规划》提出:"打通数字基础设施大动脉。加快5G网络与千兆光网协同建设,深入推进IPv6规模部署和应用,推进移动物联网全面发展,大力推进北斗规模应用。系统优化算力基础设施布局,促进东西部算力高效互补和协同联动,引导通用数据中心、超算中心、智能计算中心、边缘数据中心等合理梯次布局。整体提升应用基础设施水平,加强传统基础设施数字化、智能化改造。"可见,数字基础设施主要囊括了信息基础设施和融合基础设施。三类新基建及其与数字基础设施的关系如图2-1所示。

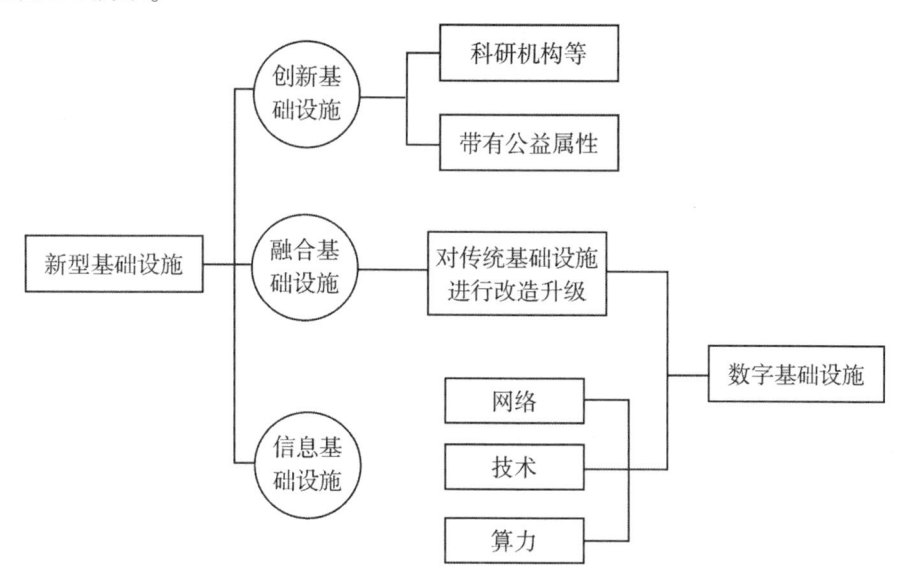

图2-1 三类新基建及其与数字基础设施的关系

二、打造新基建的注意事项

在打造新基建过程中,既要避免传统基建建设过程中曾出现的问题,也要避免新基建带来的新问题,努力使其朝着更优、更有效、更普惠的方向服务于大众。

首先,避免新基建盲目、过度超前建设。在过去传统基建中,各类盲目建设普遍存在,如在道路建设领域,有的道路建得非常宽,大大超出了实际所需,挤占了本就紧张的财政资金。在实际情境中,要想避免类似问题,需要建立系统的机制。

一是离不开科学决策环节。新基建如何建设、怎样建设,需要专业人士进行综合、集体判断。应充分尊重经过集体决策环节形成的规划,避免出现"一言堂"导致盲目决策的情况,也应避免因更换领导出现科学决策的大方向发生转变。

二是离不开小规模实验。实践出真知,在实施大规模推广前,在小范围内进行试点是我国的常见做法,新基建的打造也应充分借鉴这一先进经验。

三是离不开不断迭代更新。好的基建项目应为未来留有发展空间,许多项目并不是一次建成就能达到预期,需要不断根据应用反馈,及时维护、调整、更新,或是分期建设。

其次,避免过度、重复建设。基础设施分布式部署并不属于重复建设的范畴,如数据中心,不同地方建设的数据中心功能定位有所区别,各地都可依据自身需求构建相应的数据中心。在不同地方进行部署,也有利于数据的分布式存放,防止灾难、战争等因素而被摧毁。但局部的科学决策可能导致总体过剩和重复建设,这就需要从更高层级进行统筹安排。各地也应依据自身产业发展需求、自身财政能力,合理安排新基建各类项目,确保后期不出现无法运营而导致浪费的现象。在具体部署上,也应统筹好经济相对发达地区和相对落后地区的关系,在人才和资金支持上对后者适度倾斜,从而实现均衡发展。

再次,避免政府"唱独角戏"。在新基建的资金来源上,政府资金起着主力作用,没有政府资金的主导或引导,社会资本很难主动投入。但仅依靠政府资金,一方面新基建的打造效果将大打折扣,另一方面缺乏企业等市场主体的参与,也将缺乏足够的活力。

一是更多引入社会资本、支持多元主体参与是大方向。根据机构预测,到2025年,5G、特高压、城际高速铁路和城际轨道交通、充电桩、大数据中心、人工智能、工业互联网等七大领域直接投资达10万亿元,带动投资累计或超17万亿元,因此社会资本是非常重要的一个方面。

二是不同地方对新基建打造的具体模式是多元化的。简单地讲,在经济相对落后区域,特别是非营利项目,引入社会资本很难,因此以政府资金为主导;在经济相对发达区域,引入社会资本将更简单,政府资金引导也成为可能。如新基建项目杭台高铁的股本结构中,社会资本占到了51%,其余国有性质的资本占49%,社会资本控股的局面显然颠覆了人们对铁路等自然垄断行业中社会资本只能当配角的认知。

三是在社会资本参与过程中实现盈利是关键。社会资本的逐利性决定了引入社会资本的前提——盈利,失去了这个前提,社会资本将没有动机进入新基建领域。对于可盈利项目,将其作为一个重要的考量是非常重要的,这决定了更多基建项目能否实现政府资金和社会资本的良性互动和循环。

从次,避免创新但不便民、惠民。新基建带来的新奇体验,使每个人不禁憧憬未来,然而新基建完成后的"骨感"又往往将人拉回现实。因为想象总是完美的,现实却总有缺憾。但是,具有创新属性的新基建,要避免与设想背道而驰的情况,毕竟新事物带来的成效难以预料。

一是离不开建立有效反馈机制。新基建的效果如何,需要使用者有合适的渠道及时反馈,甚至主动向使用者了解具体情况。如在全国范围内,我国4G网络已基本实现全覆盖,但哪怕在城市中,也存在4G网络无信号甚至信号差的关键区域。通过合理调整,能在更大程度上满足民众之所需。

二是离不开采用传统方式查漏补缺。新基建的打造不必是暴风骤雨式的,因为总有无法适应的"遗民",特别是老年群体,他们已习惯了传统方式,对新方式存在不会用、不想用的情况,需要适度保留传统方式的渠道,或以人工服务进行补足。无论数字化、智能化进行到何种阶段,总需要人工方式作为备选项。

最后,及时建立、用好容错机制。创新带来的负面影响会让人们趋于保守,甚至故步自封。无论局部出现了怎样的问题,合理、有效打造新基建依旧是大方向。为确保创新受到鼓励,需要对非主观故意、没有造成危害的决策,或是非人为责任的情况,进行提醒和免责处理。反之,如果对敢于创新者进行过于严厉的处罚,将在局部乃至更大范围内,对创新活动产生负面示范,对创新意愿构成现实打击,不利于新基建的打造及其运用。

第三章 用好数据要素推动经济持续发展

马克思主义基本理论认为,运用先进的生产工具和生产方法,能够生产出更多的物质财富,进而满足人民群众对美好生活的向往。习近平总书记深刻地指出:"数据是新的生产要素,是基础性资源和战略性资源,也是重要生产力。因此,要构建以数据为关键要素的数字经济。"数据作为重要的生产要素,在经济发展与质量提升中作用重大。如何发挥市场功能、保障数据供给能力,关系到能否用好数据工具,能否提升经济发展质量。

第一节 新生产要素的关键作用

生产要素在经济社会发展中扮演着关键的角色,劳动要素是价值的创造者,围绕劳动要素,其他生产要素也发挥着重要的作用。随着产业革命的不断演进,新的生产要素为劳动创造价值提供了更大推动力,特别是新一轮科技革命和产业变革中的数据要素。

一、新生产要素与产业变革

科技的桎梏和生产要素的单调使传统封建社会陷入治乱循环往复的状态。在第一次产业革命(又称"第一次工业革命")爆发之前,由于科技尚未在本质上突破,传统农耕社会主要围绕劳动和土地两大生产要素运转。虽有技术上的迭代升级和发明,如在农业生产工具上的进步,但较之工业文明,生产力依旧相对落后。一方面,相对落后的生产力无法承载规模更大的人口,一旦人口规模达到一定量级,社会便会出现动乱。另一方面,劳动要素与土地要素的结合情况也对王朝兴衰造成影响。在王朝兴起阶段,统治者往往会推行休养生息政策,均分土地,百姓可以恢复生产、安居乐业,此时,劳动与土地实现了充分结合。在王朝的中后期,开始出现土地大量兼并,气候变化等情况导致农业歉收,农民流离失所,不得不四处乞讨解决粮食问题,此时,劳动与土地出现了分离。生产活动受阻,加之腐败现象日益严重、战乱频繁,王朝便陷于风雨飘摇之中,直至下一个王朝建立,开始新一轮循环,这便是所谓的"王朝周期律"。在第一次产业革命之后,这样的局面出现重大变化,世界发展的速度也随之加快。

第一次产业革命带来了巨大变革,以技术突破和新生产要素为代表性标志。第一次产业革命带来这样的变化:从农业中游离出来的人口被吸纳进了工业部门,在和平时期大量增长的人口有了安置之处。同时,由新技术、新生产要素带来的生产力提升,又为呈加速度增长的人口提供了丰富的物质需求,诸如粮食、衣服以及各类日常生活用品等。当然,这一过程在第一次产业革命的发源地——英国,是以十分血腥、残暴的方式进行的。农业人口不是自愿离开土地的,而是被驱赶出去的;从事工业的工人们所处条件十分艰苦,遭受资本家的广泛压榨。对此,马克思在《资本论》中进行了详细、系统的论述,马克思的批判也促进了社会主义的兴起和资本主义的改良。需要特别指出的是,第一次产业革命的代表性技术——蒸汽机技术,并非英国首创,早在古埃及时期,该技术就曾被应用于庙宇门的开关,但那时资本要素并未被激活。在第一次产业革命时期,资本要素发挥了重大作用。因此,不仅是代表性技术,各类生产要素也在产业变革中发挥着重要作用。随着科学技术不断革新,再次出现质的突破,新的科技革命和产业变革不断出现。

目前,对于世界正处于第几次科技革命和产业变革,国内外尚无定论,不同学者持不同观点。中国科学院中国现代化研究中心主任何传启教授提出,人类经历了"两次科学革命和三次技术革命"。"两次科学革命"是近代科学诞生、相对论和量子论革命,"三次技术革命"是蒸汽机和机械革命、电力和运输革命、电子和信息革命。他认为,当前人类正迎来"第六次科技革命"。清华大学的刘兵教授对何传启的观点提出疑问,他认为"革命"不能泛化,"科学革命"就是范式转换,科学史家们普遍认同的"科学革命"只有两次——牛顿经典力学、相对论和量子力学。中国社会科学院的冯昭奎教授认为,"科技革命"是"科学"与"技术"的相互融合转化。因此,瓦特改进蒸汽机带来的第一次产业革命只是一次"技术革命",而非"科技革命"。达沃斯世界经济论坛创始人和执行主席克劳斯·施瓦布提出"第四次工业革命"的观点。美国未来学家杰里米·里夫金提出,人类正迎来"第三次工业革命"。

可以明确的是,自第一次产业革命之后,后续的几次产业革命同样给人们带来了翻天覆地的改变,新的代表性技术和新旧生产要素相互作用。如电力技术和技术要素,在电磁感应原理的指导下,发电机被发明出来,特别是1866年德国西门子发明的自励式直流发电机被视为电力革命的重要标志。发电机的发明和广泛应用本就是技术要素在显著发挥作用,并且技术专利制度起到了很好的激励效果,这使得发电机被一再改进,从直流电转向交流电,直到今天,电力通过特高压技术可实现远距离、低损耗传输。回溯历史,英国在18世纪已建立起相当完善的保护知识产权法律,技术要素在第一次产业革命时期就开始发挥作用。仅从专利保护制度来看,这一制度安排使技术创新者的成果不会被他人窃取,并能够获得高额回报,激励更多人加入技术创新活动中,进而形成良好的创新氛围,推动当地经济快速发展。随着技术要素逐步大放异彩,人们对技术要素的认识也进一步深化,将其细分为知识、技术、管理等生产要素。管理要素也被重视起来,被视作与科学、技术同等重要的存在,使管理要素在企业经营中发挥更大作用,让企业更加有效运转。以此为基础,新一轮产业革命浪潮正逢其时。

二、数据要素与新一轮产业革命

数据要素并非简单的数据资料,而是大量数据的集合,又称"大数据"(Big Data)。

一是数据要素是数字化后的信息和知识。提到数据,人们先会将其与阿拉伯数字0、1、2等联系在一起,但数据要素包含的范围比这个广,既包括数字,也包括各类声音、图像、音频、视频等。这些电子数据是在信息技术诞生之后的伴生物,但那时,数据要素并未形成气候。

二是数据要素是大量数据的集合。在信息技术诞生初期,无论是数据的生产能力,还是数据的存储和传输能力,都不具备生成大数据的条件。在生产端,将信息和知识转换为电子数据的技术尚不成熟,缺乏更智能的输入法乃至识别设备,以及庞大的产业应用人群。从国内来看,五笔输入法是一次重要的技术迭代,智能拼音联想输入法是另一次。有了更智能的拼音输入法,更多人能以更低的门槛参与创造事物。更大容量的电脑硬盘、网络云盘,以及更快、更稳定的网速,也为大数据存储和传输奠定了基础。更重要的是,大量数据聚合后,人工已无力解决,需要人工智能辅助,这些都离不开在信息技术基础上迭代出的数智技术。

三是新一代信息技术为数据要素提供了技术支撑。大量数据的聚合存储本身,就是新一代信息技术中的大数据技术在发挥作用,即运用一定架构将数据存储起来,形成大数据中心。它是大数据的存储和运算机构,拥有一定的存储能力和计算能力(算力)。大数据的处理又需要人工智能、云计算等新一代信息技术手段的助力。因此,在首次信息技术革命中,电子数据虽已开始萌发,但尚未形成数据要素。直至各方面条件成熟后,新一代信息技术使电子数据实现要素化,数据成为新一轮产业革命的重要生产要素。

新一轮产业革命在科技革命的引领下,是包括新一代信息技术在内的多个代表性技术交叉融合的结果。以人工智能、量子信息、移动通信、物联网、区块链为代表的新一代信息技术加速突破应用,以合成生物学、基因编辑、脑科学、再生医学等为代表的生命科学领域孕育新的变革,融合机器人、数字化、新材料的先进制造技术正在加速推进制造业向智能化、服务化、绿色化转型,以清洁高效可持续为目标的能源技术加速发展将引发全球能源变革,空间和海洋技术正在拓展人类生存发展新疆域。

总之,信息、生命、制造、能源、空间、海洋等领域的原创突破,为前沿技术、颠覆性技术提供了更多创新源泉。学科之间、科学和技术之间、技术之间、自然科学和人文社会科学之间日益呈现交叉融合趋势,科学技术从来没有像今天这样深刻影响着国家前途命运,从来没有像今天这样深刻影响着人民生活福祉。历次产业革命、代表性技术与生产要素见表3-1。

表3-1 历次产业革命、代表性技术与生产要素

历次产业革命	代表性技术	生产要素
第一次产业革命	蒸汽机技术	劳动、土地、资本、技术
中间几次产业革命	电力技术、信息技术等	劳动、土地、资本、技术(包括知识、技术、管理)
新一轮产业革命	新一代信息技术、生命科学、先进制造技术、能源技术、空间和海洋技术等	劳动、土地、资本、技术、数据

新一代信息技术中的人工智能、移动通信、物联网等技术,每个技术都能单独发挥作用。但在数字经济发展的实际使用中,这些技术由使用者"捏合"在一起,产生了与数字经济专门对应的技术——数字技术,并经历了从数字技术到数智技术的再跃升。ChatGPT等人工智能大模型及生成式人工智能被广泛应用,使

人工智能技术的重要性大大凸显。由此,数字技术跃升为数智技术。通俗地讲,新一代信息技术好比散落在地的"零件",数字技术将这些"零件"根据需要进行了有效利用,而数智技术将这些"零件"中人工智能"零件"的比例增加了。

一开始是新一代信息技术,接着是更加聚合成产品状态的数字技术,乃至数智技术,它们与数据要素相互推动发展。在实际应用中,数据要素的乘数效应得以显现。

三、数据要素与乘数效应

数据要素的乘数效应通过协同优化、复用增效和融合创新三种作用机理得以实现。

一是数据要素通过协同实现全局优化。在网络连接中,数据生成和传递形成互联互通,再根据数据进行全局优化,进一步提升全要素生产率。如打通制造业产业链数据,能够实现供应链上下游零部件厂与主机厂的高效协同研发制造。可以有效缩短研发周期,降低供应链成本,制造出更高质量、更好性能的产品。

二是复用增效充分利用了数据低成本可复制的特点。数据集都可以用极低的成本不断进行复制,在各个需要的领域被重复使用,还能够通过挖掘形成新的高质量数据。以气象数据为例,它在农业生产、应急管理、保险产品创新等场景中被重复使用。如婚礼天气保险,因为大暴雨等恶劣天气使露天婚礼无法举行,相应地,投保人可以获得规定金额的补偿,这笔补偿金可用于组织室内婚礼。通过对气象数据的挖掘和再利用,也能得到一些新的启发性内容。

三是将不同品类、不同来源的数据汇集到一起产生融合创新,催生新技术、新产业、新业态、新模式。比如,虚拟主播就是融合数据要素,通过虚拟现实、增强现实、人工智能、动作捕捉、实时渲染等技术手段制作出数字化人物形象。

四、数据要素与高质量发展

首先,数据要素是我国高质量发展的重要生产要素。高质量发展更多依靠内涵型增长,但也包括外延型增长。从扩大再生产的角度来看,可分为外延型扩大再生产和内涵型扩大再生产,在此基础上逐渐演化形成外延型增长和内涵型增长这两类主要的经济增长方式。外延型增长主要是通过增加生产要素的数量投入来扩大生产规模,进而推动经济增长。内涵型增长主要是依靠技术进步、提高劳动者素质、提升全要素生产率、降低环境成本等方式来提高生产要素的质量和效益,从而实现产出数量增加和生产水平提升。数据要素作为新生产要素,一方面可持续投入,促进大数据产业的发展,使新动力更加强劲,促进外延型增长;另一方面,数据要素通过与其他生产要素共同发挥作用,实现生产要素的创新性配置,进而提升全要素生产率,实现内涵型增长。

其次,在数据要素驱动下,产生了新的增长点,为我国经济高质量发展提供了新动力。我国经济发展可以划分为四个阶段。

第一阶段:马尔萨斯贫困陷阱阶段。这一阶段经济以农业为主,民众生活水平提高,出生率上升,但过多的人口又导致生活水平下降,陷入循环往复的困境。

第二阶段:经济高速发展阶段。这一阶段农业人口逐渐从农村转移到城市,从事第二、第三产业,为第二、第三产业提供了大量低成本劳动力,也称"人口红利",其间经济保持高速增长状态。

第三阶段:经济高质量发展上半场阶段。此阶段面临刘易斯拐点,劳动力供给大不如前,部分行业出现用工荒。不过,我国的劳动力数量依旧处于高位,预计到2035年,我国劳动年龄人口能维持在8亿人左右。通过供给侧结构性改革,既在需求侧方面(投资、消费、出口)有所作为,更在供给侧(劳动、资本、土地、知识、技术、管理、数据等生产要素)方面提高全要素生产率。在第三阶段,我国经济发展速度虽低于第二阶段,切换为中高速增长,但相应速度下民众的收入分配水平将同步提升。在收入分配环节中更加重视公平,这包括初次分配、再分配和第三次分配。这一过程中,供给侧的数据要素也将发挥重要作用,通过推动制度创新和科技创新,在做大蛋糕的同时分好蛋糕,并为下一阶段打好基础。

第四阶段:经济高质量发展下半场阶段,也称索洛"新古典增长模型"阶段。此阶段已无人口红利,经济发展主要依靠生产率的提高、科技的进步和创新。提高全要素生产率变得更加迫切,数据要素也大有可为,民众生活水平的提升也更加依赖这一要素。

第二节 均衡利益提高数据要素市场运行质量

均衡各方利益,实现发展成果由人民共享,是提高数据要素市场运行质量的终极目标。为实现这一目标,须从数据要素贡献与收入分配公平、数据产权界定与公有制为主体的角度理顺各方关系,并从政府数据、人才、数字素养这三个方面实现均衡利益的长效路径,使之形成良好的利益分配机制,以更优化的数据要素市场配置格局,助力经济高质量发展。

一、数据要素与收入分配公平

数据要素带来的收入分配差距变化具有两面性。从历史来看,历次技术变革使不同程度的收入分配差距扩大。从制度安排上看,一方面,数据要素市场发展带来了财富增量;另一方面,可通过合理的体制机制设计,降低其对收入分配的不利影响,强化有利影响,使更多民众能够享受改革发展的成果。

数据要素市场化提供了新的促民众增收、降低收入分配差距的机会。

一是提供了新的阶层跃升通道,可形成发展成果由人民共享的经济社会发展良性循环。每次生产活动在纳入新的生产要素时,就会产生大量财富。第一次产业革命使资本成为新生产要素,与劳动、土地要素结合,生产效率实现飞跃,大量物质产品被前所未有地创造出来,不少人(特别是资本家)因此受益,完成了财富积累。随着数据生产要素化,其特有的低成本可复制性被放大,产生了与资本要素相似又截然不同的特点。相似的是再次提高了生产效率,不同的是数据可共享,作为生产要素和产品,受益面更广。

二是在数字经济的发展过程中,民众收入在同步增长,收入差距呈波动性下降。我国数字经济规模已发展至占GDP的四成以上,在这一过程中,我国的中等收入群体大幅度增长,超过4亿人,是世界上规模最大的中等收入群体,人民收入实现了与GDP增长同步,基尼系数也在波动性下降。其中,共享理念以及相应的体制机制功不可没。只有在培育数据要素市场过程中时刻关注收入分配公平这一重大问题,实现数字经济发展中效率与公平的有机统一,进而推动低收入群体增收、中等收入群体持续扩大,通过社会稳定、经济高质量发展等良性循环,才能最终实现共同富裕。

数据要素因贡献获得相应报酬,报酬由边际产品决定,受益人由权属决定。

一是数据要素由市场评价贡献、按贡献决定报酬。劳动创造价值,土地、资本、知识、技术、管理、数据等生产要素虽未直接创造价值,但在劳动创造价值的过程中发挥了作用,因此需要按照贡献给予报酬。

二是在竞争市场,要素价格由要素的边际产品决定。根据对要素价格的边际分析,在完全竞争市场中,厂商为了利益最大化,会找到边际收益和边际成本的平衡点,这个平衡点就是厂商再多生产1元产品时边际收益和边际成本恰好相等的点。以此类推,只要是在要素竞争市场,就仅考虑单个要素。在这个平衡点,要素价格由要素的边际产品价格决定。如劳动者的工资由劳动要素的边际产品决定公式(3-1),劳动者付出劳动,理应获得相应的工资,劳动者的工资取决于他们的单位劳动生产率和劳动时间。同理,在竞争市场中,地租由土地要素的边际产品决定公式(3-2),地租的分配取决于土地的权属。在我国,土地实行公有制,厂商需要缴纳土地出让金及相关税费,采用批租的方式获得一定年限的土地使用权。政府将这些资金用于土地补偿和再分配,投入基础设施建设等再分配环节,从而增进该地区民众的福利。在土地私有制国家,地租流入私人囊中,为了促进收入分配公平,许多国家采用了税费方式实现收益共享,如日本的房产取得税、印花税、固定资产税、继承税和赠与税等。

三是数据要素价格由数据要素的边际产品决定,产权决定了数据要素收益的归属。同样作为生产要素的一分子,数据要素的价格由数据要素的边际产品决定公式(3-3)。数据要素的分配刨去税费,其余收益根据数据要素的权属进行分配。

$$劳动者的工资=劳动要素的边际产品 \quad (3-1)$$
$$地租=土地要素的边际产品 \quad (3-2)$$
$$数据要素价格=数据要素的边际产品 \quad (3-3)$$

二、数据产权与"三权分置"

数据产权是事关数据要素市场健康发展、国家安全稳定、促进共同富裕的重大问题。从数据要素市场角度看,权属不清可以导致数据要素无法有效流动、隐含诸多争议等问题。从国家安全角度看,保障国家安全有待明晰数据权属,以防止出现重要数据流失、外泄。从共同富裕的角度看,合理的数据产权制度安排,能使做出贡献的各方取得合理报酬,防止弱势方遭受损失。总体上,数据产权制度应贯彻以公有制为主体、多种所有制经济共同发展的制度安排,应依据民众需求、市场需要,以及各地探索的先进经验进行合理设计。

(一)生产要素产权与数据产权

生产要素产权向来是关系根本的重大事项。合理的产权制度设计能促进生产要素的优化配置,化解各类社会问题。不合理的产权制度将束缚经济社会发展,甚至引发社会动荡、政权颠覆,历史上类似的例子屡见不鲜。

生产力的发展始终期待上层建筑做出相适应的改革。从奴隶社会过渡到封建社会,其本质是在生产力发展后,对劳动这个生产要素的产权制度的一次革新,即解放劳动者,使之成为自由人,而非某个奴隶主的个人财产。在漫长的过渡阶段,由于制度落后,坚持奴隶制的地区逐步被击败,非奴隶制的地区则逐步扩大,形成封建制乃至郡县制,汉朝时实行的就是郡县制和封建制相互混合的一种体制。这一过程也伴随着另一个生产要素——土地的产权制度革新。从本质上讲,就是让土地与自由人充分结合,特别是在王朝建立初期,为了大力恢复生产,通过各种方式将土地交到愿意种田的人手里。为了确保生产的粮食满足食用需求,防止粮食过多流向其他用途,甚至禁止民众私自酿酒,汉朝初期就制定了这样的规定。但在王朝更迭的周期律中,总免不了出现这样的现象——土地兼并,即百姓的土地逐步被大地主占有,致使百姓流离失所。这从土地产权制度上来看,是因土地私有制天然的弊端,即大地主在财富积累过程中不断吞并更多土地,确保家族财富不断壮大引起。制度的缺陷及时代的局限,使封建王朝无权也无力推进改革,进而改变土地兼并这一现状,这也是一代代封建王朝不断陷入治乱循环的一个重要原因。

进入现代社会,随着生产力的不断发展,生产要素产权制度也在不断改进,这种改进举措不少来自基层智慧。仍以土地产权制度为例,农村土地产权制度经历了诸如家庭联产承包责任制、"三权分置"等多次重大改革。在家庭联产承包责任制改革过程中,为激发农村活力发挥了重要作用。这次改革在坚持农村土地归农村集体所有的基础上,确立了承包经营户的相应权利。农村集体中的村民根据自己的意愿,主动承包一块土地,自负盈亏,除了一小部分收益交给集体之外,其余的收益统统归自己所有。在这一制度安排下,承包户的主观能动性被大大激发。自1978年小岗村率先进行这一改革探索后,家庭联产承包责任制得到党中央肯定并予以推广,有力推动了农村改革,最终上升为我国农村基本经营制度。

在家庭联产承包责任制的基础上,为了进一步激发农村活力,优化农村土地资源配置,农村土地"三权分置"成为又一重大改革举措。"三权分置"是指形成农村土地所有权、承包权、经营权三权分置,经营权流转的格局。在"三权分置"之前,农村土地采用的是已运行多年的家庭联产承包责任制的传统做法,这是一种"两权分置"的制度安排。这一制度运行多年之后,为了稳定农村秩序、确保村民权益,落实的是农村土地承包经营权长期不变的政策。随着时间推移,原来承包土地的承包经营户出现了诸多变化——有的离开了农村、有的不再从事农业生产,因此出现了大量承包经营户有权却不种地的情况。但是,不种地的承包经营户不愿意将这个权利转让出去,或是出于对故土的眷恋,将其作为一种乡愁;或是作为一种生活的保底保障。为促进农村土地流动,又不剥离集体内村民的这份权利和保障,在土地产权制度上做了这样的探索:将农村土地承包经营权一分为二,承包权归原承包人所有,经营权可流转给有意愿的第三人或经营主体。这既解决了"谁来种地"的问题,也促进了农村土地适度规模经营,还能推动新型农业经营主体大力发展。不少专业大户、家庭农场、农民合作社、农业产业化龙头企业等新型农业经营主体如雨后春笋般涌现,他们从事各类农业种植以及经营活动,为农业农村增添了巨大活力,也为广大农民拓宽了营收渠道。农村土地"三权分置"的改革探索同样来自基层实践,其中,武汉农村综合产权交易所(简称"武汉农交所")是较早开展这项系统性改革的主体之一。这项改革经过党中央的肯定后,上升为国家的顶层设计,并在重要文件、相关的法律法规中体现出来。家庭联产承包责任制与"三权分置"的区别如表3-2所示。

表3-2 家庭联产承包责任制与"三权分置"的区别

家庭联产承包责任制		农村土地"三权分置"	
土地所有权	农村集体所有	土地所有权	农村集体所有
土地承包经营权	承包经营户所有	土地承包权	承包户所有
		土地经营权	承包经营户或各类流转经营户所有

类似地,数据产权也将采取这样的改革方式,即通过对数据产权进一步细化,既保护了原有权利人的充分权利,又引入了新主体使之发挥更大作用,实现多方共赢。从数据的来源看,按照细分,非常多样。一方面,既有自然产生的数据,如气象数据、地质数据、水文数据等。这里虽有人为因素,但主要是自然因素,人仅是其中的一个参数,或根本与人为无关。另一方面,也有由人产生的数据,如个人信息数据、个人聊天数据、个人微博内容等;也包括各类由人组成的主体产生的数据,如政府、企业、社会组织等。无论是自然产生的数据,还是人为产生的数据,都需要由人进行采集、汇总,生成电子数据,并运用一定的科学工具使这些数据为人们所用。根据数据来源方、数据生成方、数据分析方的不同,数据产权也需要随之细分。

又由于数据要素的虚拟性、低成本可复制性,数据要素和其他生产要素又有所不同,其中最大的不同点在于多主体同时持有。数据自产生以来,在流动中不断被不同主体同时持有,并在流动中不断变化,由之生成新的数据,呈现错综复杂的同时持有格局。譬如,消费者用数字支付方式购买了一件物品,这项购买记录同时保存在消费者的支付 APP 中和店家的售卖记录中,如果使用的是银行账户,还将记录在银行系统中。店家可将这些售卖记录进行汇总、再分析,产生新的消费者偏好数据,支付 APP 平台商家也可进行这样的操作。由此,在原始消费数据上,又生成了新的数据。支付 APP 平台商家将这些分析后的消费数据进行脱敏处理卖给厂家,厂家将这些消费数据与自身数据进行综合分析。如此庞杂的数据流动链条,仅通过传统权利框架难以有效破解。

正因如此,2022 年 12 月,《中共中央 国务院关于构建数据基础制度更好发挥数据要素作用的意见》提出,根据数据来源和数据生成特征,分别界定数据生产、流通、使用过程中各参与方所享有的合法权利,建立数据资源持有权、数据加工使用权、数据产品经营权等分置的产权运行机制,推进非公共数据按市场化方式"共同使用、共享收益"的新型模式,为激活数据要素价值创造和价值实现提供基础性制度保障。可见,这是一种将数据产权由笼统的不界定转变为较为清晰地界定为三类的提法,以解决市场主体遇到的实际问题为导向,创新数据产权观念,淡化所有权、强调使用权,聚焦数据使用权流通,创造性提出建立数据资源持有权、数据加工使用权和数据产品经营权"三权分置"的数据产权制度框架,构建具有中国特色的数据产权制度体系。

(二) 数据产权"三权分置"

数据产权"三权分置"是对数据使用权的进一步细分。"三权分置"中各类权属以及受益方的排列组合是多种多样的,从产权所有人和收益分配来看,尚未有明确归属,有待探讨和实践探索。同时,淡化所有权并未否定所有权,数据产权"三权分置"仍绕不开对数据所有权的探讨。

首先,数据所有权遵照以公有制为主体、多种所有制经济共同发展的基本经济制度安排,并由所有权衍生出持有权。但拥有持有权不代表拥有所有权。

一是个人信息所有权归个人,而个人信息的集合数据归全民所有。个人信息由个人天然携带或创造而来,所有权理应归个人,也归个人天然持有。譬如,个人的身份证信息是由个人向公安机关申领后获得的,虽有国家机关参与,但归个人所有,也归个人持有。为了记录和管理,每个人的身份证信息,也就是身份证信息的集合由公安机关持有。作为大众的财富,其在所有权上属于全民所有。形成了局部个人所有并持有、集合全民所有、政府机构持有的格局。

二是非个人信息所有权按照数据来源进行辨别,分别属于全民、集体或企业等所有。如交通运输数据属于全民的财富,虽由交管部门记录、保存,但所有权归全民所有。村集体的财务数据属于集体财产的范畴,归集体所有。企业在生产过程中保存的数据,若来源于企业的,理应归企业所有,其他市场主体的数据也大致按这种逻辑进行判定。

三是企业持有、加工的数据不代表企业拥有所有权。所有权应主要依据数据来源而不是实际占有来判断,如企业对个人提供的基本个人信息进行了再处理和加工,形成了二次开发的个人信息数据集合。企业虽付出了成本,并实际持有这些数据,但并不代表企业可以随意处置这些数据,因为这些二次开发的数据所有权并不属于企业。更具体地讲,这些数据包括基本个人信息,以及衍生的伴生个人信息、预测个人信息。以伴生个人信息为例,个人的交易记录由企业负责记录、存储,并作为第三方凭证供个人使用,个人没有技术能力做这种有效的记录和保存;从企业的角度来看,企业付出了成本,似乎理应归企业所有,但企业记录是以个人授权为前提的,是企业在个人认可条件下的代为保管。

四是所有权代表所有者拥有撤销权。相关主体的数据持有权、加工使用权、产品经营权,都是在数据所有权拥有者或代表授权的情况下进行的,所有权拥有者保有撤销的权利,这在个人信息方面表现得尤为突出。

五是撤销体现为两种形式。一种为撤销后,所有基本数据和衍生数据都被删除并不可恢复;另一种为撤销后,基本数据不可再被使用,但衍生数据依旧可被持有和使用。从实际情况来看,后一种存在的情况更为常见。由于数据作为新要素,在既定所有权下,其他权利的复杂情况要多于传统生产要素。

其次,数据资源持有权存在多种持有情况,既有非常明晰的排他性持有,也有较为模糊的同时持有。

一是排他性持有。排他性持有主要是指数据的法定持有方,如某个区域的气象数据由国家气象部门持有。虽然这些数据成果有的共享给了第三方,但法定的持有方始终是国家气象部门。第三方拥有的是另外两项权利——数据加工使用权和数据产品经营权。

二是数据被同时持有的可能性更大,并且能同时持有数据的全部内容。由于数据具有低成本、可复制的特点,同时持有非常容易发生。这种同时持有和共同持有不太一样。共同持有是指多个主体完整地持有该数据,如夫妻对房产的共同持有,夫妻双方都可以完整使用房产,但两人不可能同时持有房屋产权的100%,一般是双方各占一定比例;而数据可以完整复制,每个持有主体都可以拥有这个数据的100%。

三是数据被同时持有存在天然持有、代持、授权持有等多种情况。譬如,个人的人脸面部信息,法定的持有人一定是个人,个人天然拥有自己的个人生物信息。但是,个人缺乏技术手段提取自己的人脸面部信息,也没有提取的能力。政府、各类商业机构出于辨别的目的,需要提取并运用这个数据,因此人脸面部信息也被政府相关机构和各类商业机构持有了。政府相关机构的持有是一种"代持",即出于公共目的代广大个人持有,也是一种法定的持有。个人持有和政府持有情况大为不同:个人仅持有自身的、单个的人脸面部信息,天然地携带;政府持有大量个人的人脸面部信息,在使用中汇集成一个庞大的数据库,进而便于各项工作的开展。人脸面部信息不仅有政府代持的情况,商业机构也在搜集,形成一种事实上的"代持",处于模糊地带。有的商业机构在搜集人脸面部信息时经过了用户许可,有的则在用户完全不知情的情况下完成了搜集。即便获得了用户许可,该数据在商业机构持有过程中,也可挪作他用,非常难以监管。

四是数据合法持有与非法持有同时存在。合法持有是指拥有持有权的持有,非法持有是指没有持有权的持有,与实体生产要素不同,虚拟数据持有难以实现排他性,因此,合法持有并不能杜绝非法持有。譬如,一块土地,拥有经营权的 A 能有效阻止他人非法耕种,因为耕种是看得见的,而数据的非法持有要隐秘得多。譬如,书籍的知识产权,书籍必须经过作者的授权才能印刷、出版。在书籍尚未电子化之前,由于知识产权的易于复制性,并不能有效排除盗版;而在书籍电子化之后,复制书籍变得更容易了,个人只要找到正确的下载路径,便能相对轻松地获取电子版的盗版书籍。

五是数据知识产权的非法持有既是个人化的,也是平台化的。个人化是指授权、编辑、上传、下载等依旧由个人完成,离不开个人操作,也指盈利来自个人。由于存储、管理这些数据需要大量资金,平台仅依靠自有资金难以持续运营,需要个人在使用平台中付费,进而实现盈利,这种付费方式有直接收费、间接收费等,如会员费、广告商支付的广告费、企业付费等。平台化是指无论是合法持有还是非法持有,大量数据都会以集合的形式出现于平台之上。如电子书的集合都汇集在互联网平台上,由互联网平台以私有云、公有云、混合云等方式进行运营。由于数据要素量级庞大,需要一定的技术能力和经济实力,个人不具备存储的条件,只有平台可以将这些数据要素化,把少量的、单个的数据积少成多,成为可供使用的大数据。这种合法持有和非法持有并存的局面,也延伸到加工使用权和产品经营权层面。

再次,数据加工使用权本质上是一种使用权,是市场主体拥有的对数据进行加工、使用的权利。

一是数据加工使用权强调的是"用"的权利。对数据进行加工,就是使用数据的一种方式。加工、使用都是使用权的具体表现形式。使用权属于用益物权,包括对数据享有占有、使用和收益的权利。

二是数据加工使用权是一种有限的处置权利。使用权不是所有权,如仅拥有房屋的使用权,就不能进行出售、抵押、赠与、继承等操作,但可以自住、适度装修、租赁等。同样,数据加工使用权意味着企业可以对获取的数据进行再加工以供自己使用,或在获得许可的条件下对数据进行转让,但无权出售、抵押、赠与、继承等。

三是加工后的数据依旧是数据本身,没有转化为其他事物。"加工"二字,强调的是对数据权属的界定,如装修后的住房,并没有因装修改变了住房的权属,依旧归属于原所有人。因此,经过加工后的数据,并没有成为新的产品,依旧不能出售、抵押、赠与、继承等。

四是数据加工使用权来自数据所有权、持有权。一方面,拥有数据所有权、持有权的市场主体,天然拥有数据加工使用权。另一方面,通过授权、共享、转让等方式,其他市场主体也可拥有数据加工使用权。具体地讲,如客户授权企业可对个人信息进行加工和使用。政府大数据中心对公开数据进行共享,所有企业可对这些公开数据进行加工和使用。企业通过购买获得的数据加工使用权,若自己不再使用,可以将剩余时间内的权利有偿转让给其他企业等。

五是须通过一定契约来保障数据加工使用权交易双方的权益。数据持有权可撤销,数据加工使用权也可撤销。相对而言,持有数据付出的成本较小,被撤销后损失也较小;而进行数据加工和使用花费更多成本,被撤销后损失会更大。因此,需要让企业拥有的权利更为稳固,避免出现大的政策、交易变化。譬如,对租用的店铺,租户刚刚装修不久准备开始经营卖服装,便被店铺所有人要求退租,这将给租户造成巨大的沉没成本损失,不仅装修的钱无法收回,备货的服装也积压在手里无法卖出。类似这种租户和房东的关系,在数据加工使用权交易的过程中同样存在。即便是无偿共享的数据,也应充分考量共享政策的稳定性。

最后,数据产品经营权本质上是一种经营权。和使用权略有不同,它强调的是交易,比使用权的权限更大,数据产品经营权权限有以下几点。

一是将数据变为数据产品更充分地实现了数据价值。对于普通人而言,数据是枯燥的、具有潜在使用价值;数据产品是按照用户需求制作出的商品,可用于交换、买卖,具有商品价值。这一过程凝结了企业的付出(特别是劳动者的劳动),这种劳动更多是脑力劳动,是发展数字经济、惠及民众的必要步骤。如毛线具有潜在价值,织成毛衣后可作为商品进入市场交换。

二是数据产品经营权赋予了企业更大权限。数据产品经营权是指对数据产品这种财产享有占有、使用和依法处分的权利,数据产品经营权中包括了使用权。企业不仅可以自用,还可以将其进行市场买卖。通过这种制度安排,认可了企业在将数据变为数据产品所付出的成本,赋予了企业充分的交易权利,为企业在灵活运用数据要素过程中解除了束缚,也激发了企业对数据进行深度加工、运用的动力。譬如,企业依据个人信息对个人进行了大数据画像,形成画像数据,并生成产品,用于服务个人与企业研判,同时通过共享的方式提供给第三方使用,既提高了企业的服务水平与研判能力,也为企业获取了更多的收益。

三是数据产品既可以是对数据的简单加工产物,也可以是将数据作为关键要素,充分运用算法、算力制作的复杂产品。数据产品是指可以降低用户使用数据的门槛,提高数据使用效率,发挥数据价值,辅助用户决策或行动的一类产品,其形态分为平台类型产品、系统功能模块、移动 APP、小程序等。由于数据产品产业链条的延伸,不同企业负责不同部分,如有的是对数据采集清洗、数据计算、数据存储、数据分析展示等复杂加工,有的是对数据进行简单加工,无论是对数据的加工还是提供相关的服务,都可视为数据产品。以数据作为关键要素,生产出的复杂产品也多种多样,如人民日报官方网站、微信 APP、中国移动小程序等,都不仅仅使用了数据要素,还将数据作为其中一个关键要素,并采用了一定系统架构、人工智能程序、云计算等多种手段。从服务对象来看,数据产品不仅可以服务于消费者,也可以服务于企业自身、其他企业、政府部门等。

四是数据加工使用权和数据产品经营权可以同时被拥有,或选择性拥有其中一项。由于使用数据的需求不同,以及数据自身属性不同,会出现三种排列组合的情况,即同时拥有数据加工使用权和数据产品经营权,单独拥有前者或后者。对于第一种情况,同时拥有两项权利的情形概率更大。因为制作数据产品离不开对数据的加工,无论是简单加工还是复杂加工。如对原始数据进行统计分析,并生成数据报表产品,若没有数据加工使用权,产品的生产链条就断了,无法有序生产对应的产品。因此,对于许多场景来说,同时拥有两项权利是顺理成章的,但这并不意味着其他情况并不存在。对于第二种情况,单独拥有数据加工使用权也是一种经济实用的选择,原因是"只能"拥有这个权利或"只需"拥有这个权利。"只能"拥有,是指由于数据过于敏感或其他缘故,企业只能从数据所有权人、持有权人那里获取到数据加工使用权,如国防数据。"只需"拥有,是指从成本或其他角度考虑,数据使用方只需要数据加工使用权,如获取的数据仅用于自用,并不用于生产数据产品,而生产的数据产品并不需要此类数据。对于第三种情况,单独拥有数据产品经营权同样存在,如数据产品是某种工具性的存在时,数据的加工使用者是数据产品的使用者,而不是提供者。譬如,图片编辑程序,这个程序由厂商提供,其作为数据产品的经营权归厂商所有,但图片是由用户提供的,图片数据的加工使用权便归用户所有。

五是须监管部门、第三方权威机构,有效判定数据与数据产品的区别与联系。数据的可复制性使得区分数据和数据产品显得尤为重要。譬如,装修后的奶茶店和奶茶有着本质区别。装修后的奶茶店,其权属依旧归房东所有,租户虽有奶茶店的使用权和经营权,但无权售卖奶茶店本身,毕竟装修并没有改变奶茶店的权属。但租户可在店内制作奶茶售卖,因为奶茶是在店铺内制作,是脱离了店铺的产品,不是店铺本身。类似地,如果将数据进行简单改头换面,并没有对数据进行实质性改动,就将其作为数据产品售卖,是对消费者的一种欺骗,对数据所有权、持有权方权益的损害。譬如,政府部门免费共享的图片,所有权、持有权归政府所有,企业将该图片加上自己的标志,就拿到市场上售卖,便构成了侵权行为。对于消费者而言,原本可以免费获取的图片,却花了冤枉钱。因此,需要监管部门、第三方权威机构有效辨别企业对数据加工的程度。如果并未脱离数据本身,数据所有权方、持有权方依旧享有一定的利益分享权利。对于官方免费共享的数据,官方有权对加工后的数据收费情况进行规范。如果经过复杂加工后,形成了新的数据产品,并不包含原数据,那么,在事先支付一定加工使用费后,数据产品经营的收益应由拥有经营权的一方所有。农村土地"三权分置"与数据产权"三权分置"的类比见表3-3。

表 3-3 农村土地"三权分置"与数据产权"三权分置"的类比

产权	农村土地"三权分置"		数据产权"三权分置"	
所有权	土地所有权	农村集体所有	数据所有权	个人、全民、集体、企业等
使用权	土地承包权	承包户所有	数据资源持有权	个人、政府、商业机构等
	土地经营权	承包经营户或各类流转经营户所有	数据加工使用权	政府、企业、其他市场主体等
			数据产品经营权	事业单位、企业、其他市场主体等

(三)"三权分置"的复杂性与实践性

在初步探讨了数据要素权属的分类后,仍无法穷尽在数据要素市场中出现的数据权属划分的各种具体情况,其复杂性是不可估量的,远远超出了理论的范畴,毕竟数据是如此有价值的新型财产。在数据要素市场的具体实践中,理论和实践犹如一对"双生花",互相推动着向前发展。

数据权属复杂性产生的原因大致可归纳为以下四条。

一是数据价值极具吸引力。但凡能成为生产要素的资源,都具有庞大价值,都将引发广泛的博弈和争夺。比如,国与国之间因土地引发战争,对劳动力人口展开激烈争夺,皆是如此。传统生产要素在分配上争夺并获益的成本更高、收益更少,而数据作为新生产要素,权属上尚有大量未明确界定的"空地"。因此,在这一领域引发的数据权属"圈地"和博弈将是空前的,正在现实生活中频繁上演。

二是与数据要素相关的法律法规、权属划分尚有待明晰。数据要素被界定为重要资源和新生产要素的时间不长,数据要素市场伴随着数字经济的发展而发展。对于这种新生事物,虽有数据产权"三权分置"的总体方向,但相关的法律法规以及对数据权属的具体划分仍在跟进。

三是数据的共享具有广泛的好处与潜在具体的害处,厘清和监管数据权属依旧十分重要。与知识要素进行类比,知识普及具有公共的好处,但这并不意味着它没有坏处,如错的知识、不良知识的普及就是潜在具体的害处。数据通过开放共享具有巨大正面意义,但涉及国家、企业和个人安全就产生了潜在具体的负面影响,如在数据共享过程中,个人信息被不法犯罪分子利用,导致个人财产的损失,类似这样的负面影响是每个市场主体都难以避免的。

四是数据的可复制性、可编辑性、可变性、流动性增加了数据要素市场监管的复杂度。数据的可复制性意味着,无法穷尽的市场主体可以同时不同程度地拥有某类数据。如用户的电话号码数据,通信公司拥有区域内所有用户的电话号码数据,快递公司拥有使用了该公司快递业务的用户电话号码数据,银行拥有储蓄用户的电话号码数据。这些企业的用户群体既有重叠部分,也有不同部分,所以这些企业各自的用户电话号码数据库并不完全一致。可编辑性,意味着在原有数据基础上,被编辑后数据变化无穷无尽,如某公司在用户电话号码数据库基础上,添加了用户的地理位置信息。可变性,意味着数据处于随时变化之中,如用户地理位置的快速变化。交通越发达,用户就可在多个位置上频繁变动,新数据和旧数据的价值也就完全不同。流动性意味着,数据如水一般在市场"河流"中流动,从源头到终端,流经不同的市场主体。特别是数据潜在的巨大利益,使得数据产权"三权分置"在实践过程中,将出现理论无法估量的变化与混乱,这对传统监管手段提出了挑战,也为监管与服务水平的提升提供了实践机会。

数据产权"三权分置"为数据资源的优化配置提供了产权层面的制度保障和松绑,其有效性有待在实践中进一步检验。

一是为数据要素的光明正大分权实践提供了理论遵循。在数据产权"三权分置"提出之前,并非没有数据市场和交易行为,但许多数据的所有权天然地归属于用户,使所有权之下的其他权利运用在"只做不说"中进行。这些"只做不说"的实践为"三权分置"提供了"养分"。"三权分置"的提出又使这些权利的运用能以更加公开的方式进行,实现"能做能说",也便利了更多市场主体加入其中,从而活跃整个数据市场。

二是数据产权"三权分置"的各方权利在博弈中探索边界。"三权分置"中有些权利非常明确,但更多权利处于模糊地带,需要在实践中探明边界,甚至有的可能将长期处于模糊地带。譬如,过去可以任意搜集用户信息的APP,现在需要用户授权才能使用对应的信息,这是在实践探索中的进步。又如,某动物园为了便于会员管理,对用户采集了人脸数据,被用户诉诸法律。然而,更多的公共场所,如健身馆、办公楼、小区等,都采用了人脸识别的方式。显然,用户有权拒绝被采集,但代价是带来更多麻烦。有的用户为了避免麻烦,只好选择忽略潜在的风险,这便是仍存在的模糊地带。这也意味着数据产权"三权分置"实践和农村土地"三权分置"类似,一些具体的探索具有局域性、长期性。也就是说,越是具体的探索,有的地方很好地开展了,有的地方仍在探索,有的地方尚未开始。

三是数据要素的权益分配。从权益的分配来看,当前主要有免费授权、奖励式授权、分级式会员制、单次付费等多种形式。免费授权是指交易双方都采用了免费的形式，如用户使用某APP时免费将部分个人信息授权给APP，相应地，APP免费供用户使用。但在这种免费模式下，商家为了维持运营，依旧采用了一定的间接盈利的方式，如让用户观看广告等。奖励式授权是指为了获得数据，商家采用了间接付费的方式，如促使用户下载使用某APP，商家通过赠送礼品的方式作为对用户授权数据的奖励。分级式会员制是指商家对拥有的数据乃至服务采用了打包收费的方式，如某视频平台APP上部分电影可免费观看，但有些电影需要用户购买会员后才能观看。随着数据要素市场的发展，越来越多商家采用了这种收费形式。单次付费是指针对某一具体数据内容，采取了单次收费的形式，如某电影在影院下线前，就在视频平台APP中同步收费播放，用户单次购买后就能观看。在实践中，数据要素市场、数字经济消费市场，已由无序的免费转变为较为有序的分级式收费模式，体现了数据权益在市场分配中正逐渐走向成熟。

四是数据权利对应的责任落实。权利和责任应匹配，拥有怎样的权利，就要承担相应的责任，这涉及两个方面：一方面是理论上的责任，另一方面是划定的责任如何落实。譬如，用户授权给商家的人脸数据，商家获得了持有权，也随之承担起确保用户人脸数据不被泄露、滥用的责任。不仅商家要花费一定的成本落实该责任，政府也要肩负对应的监管职责。

五是政府基于各地具体情况的差异化实践。理论上，政府肩负时刻保护公民权益、监管各类市场主体的责任。然而在实践中，政府囿于认知、能力、人力、经费，只能实施有限的监管。这种监管大致可分为三类：第一类为"无为而治"式的监管，第二类为局部的弱监管，第三类为较全面的强监管。这三类监管模式没有好坏之分，只有是否适宜之别。对于数字经济发展程度不高的区域而言，政府对数字经济的认知也有限，与其盲目胡乱作为，不如给予相对宽松的环境，给数据要素市场、数字经济充分的发展空间。对于数字经济发展程度较高的区域而言，因经济发达获得了更多税收，也以更高福利聚集了大量人才，所以政府有能力开展较全面的强监管。这些区域往往也是互联网头部平台的总部所在地，通过对这些头部平台的引导、监管，可惠及到头部平台提供服务的所有区域。不同区域之间也在互相学习中各自进步，推广可行经验。

六是数据产权"三权分置"实践应遵循一定底线。"三权分置"是社会主义市场经济下的改革实践，而不是以资本主义市场经济为背景。在目标层面，要解放生产力、发展生产力，实现人的全面发展，最终实现共同富裕。在分配层面，应坚持按劳分配为主体、多种分配方式并存,特别是要在改革中保障公众的利益不受损害。在所有制层面,应坚持以公有制为主体、多种所有制经济共同发展。一方面,通过分权激活更多市场经济主体,激发市场活力;另一方面,公有制的主体地位不可动摇,并通过探索数据要素的公有制实践形式,惠及更多的市场主体、民众。

三、数据产权与管理主体

在数据要素市场中,数据产权的主体多元化,既有公有部门,也有私有部门;在实践中的表现形式更为复杂,这些主体在不同所有制下各自发挥作用,共同促进数据要素流动。国家数据局作为国家层面构建数据基础制度、统筹数据管理的关键机构,为数据要素市场、数字经济、数字中国建设起到重要的推动作用。

(一) 公有制为主体与多种所有制

公有制为主体、多种所有制经济共同发展使公共部门数据大有可为。

一是政府数据规模庞大。政府公共数据占到全社会数据量的七成左右,尽管随着全社会的数字化转型浪潮的推进,这一比例有所下降,但政府公共数据依旧是全社会数据中极具权威且高质量的部分,这为数据要素市场以公有制为主体提供了基本前提。

二是政府公共部门扮演着个人数据权益、隐私权保障者的重要角色。当个人权益在数据要素市场中遭受损害时,往往无力与互联网平台相抗衡,甚至在权益损害过程中毫不知情,需要政府相关部门出面来维护市场秩序。因此,许多数据虽来自个人,但这些大量个人信息的集合(数据,又称"大数据")的管理方实际为政府,形成事实意义上的"民有国管"(人民拥有,国家代为管理),这为数据层面的全民所有制探索打下基础。

三是政府部门、事业单位、国企等是大量数据的管理与运营方。大量的政府数据、"民有国管"数据等,由政府部门、事业单位、国企等主体负责管理和运营。有的用于辅助政府进行决策,有的用于辅助政府进行数字化管理工作,有的用于提升政府的数字化服务水平,还有的在经营中发挥作用,另外一部分则面向社会开放共享。总之,在全面数字化的大背景下,这些旧有的、新产生的公有数据都成为新的生产要素,间接、直接地服务于国家、社会和广大民众。

公有制为主体、多种所有制经济共同发展为数据要素市场发展提供了充分的活力和空间。

一是个人所有、民营企业所有、混合所有等数据规模迅速膨胀。人们在日常生活和工作中都会创造出大量数据,如个人在行走中不断更新、变化的步数信息,个人在工作中编辑的文档、视频,等等。企业在运营中也是如此,如企业从生产源头到销售端的运行数据,每时每刻都在变化,这些数据不断累积出企业的经营状况。多种所有制形式中民营企业、混合所有制企业都拥有大量类似数据。这些数据不仅在数量上快速增长,而且由于多种所有制的市场主体数量日益增多,在整个社会中,这些数据的比例也在增长,成为创造社会数据资源的重要组成部分。

二是多种所有制经济共同发展为各类市场主体提供了合法占有、使用数据要素的制度保障。随着相关法规的陆续出台,数据要素产权探索已有了大致方向,但在具体界定层面仍有不少争论。多种所有制经济共同发展的制度安排为培育数据要素市场提供了实践空间,是传统意义上多种所有制经济共同发展的进一步延伸。通过肯定和保护包括个人、民营企业、外资企业、混合所有制企业等主体合法合规的数据财产,这些数据资源和公有数据一起,在数字经济、数据要素市场中可以充分发挥应有的作用。通过保护这些新的合法合规的虚拟私有财产"神圣不可侵犯",个体经营户、民营企业等主体便可以安心地为社会主义市场经济做贡献,进而创造更多社会财富。

三是允许多种所有制下的各类市场主体拥有合法合规的数据使用权、收益权。企业聚合、使用数据已成为常态,允许企业在合法合规的框架内促进数据聚合、流动,并实现其价值,获得相应的合法收益,是保证数据要素市场充满活力的关键。企业天然偏好利润,引导企业通过合法经营持续获取利润,就如使生态系统中的生物有序获得养分,进而保障生态系统的良好运转。当市场中的企业运转正常,就业就会通畅,社会财富得以逐步积累。

四是应保障个人的数据所有权、隐私权和数据收益权。基于个人对数据所拥有的所有权,个人对数据处理享有知情权和决定权。个人隐私数据也受到国家保护。个人在网络空间中创造的具有价值的内容,理应享有获得相应收益的权利,如个人在平台上创作的文字内容,可能得到其他用户的"打赏",或享受相应流量带来的分成收益。

多种所有制下的数据要素市场构成,公有制下的"公有为民"和新型的"私有为民"相得益彰,都是社会主义市场经济的重要组成部分。

一是公有制下的"公有为民"在数据要素市场中起到重要的主导作用。公有是相对私有而言的全民所有,在社会主义公有制下,将政府公共数据进行开放共享,构成新型的且数量庞大的公共品,起到为民众、为各类市场主体服务的作用。

二是小型的"私有为民"在数据要素市场同样发挥作用。在市场经济中,小型市场主体以利己为目的的经济行为往往起到为民的作用。如早点摊的摊主们,他们作为个体经营户,目的是能养家糊口,客观上,正是这些勤劳的摊主们起早贪黑,为消费者提供了丰富可口的早餐。在数据要素市场中,这些分散的市场主体依旧不可忽略,如负责数字图画创作的个体经营户,以及一些新型的数字小微企业。

三是大型的"私有为民"是数据要素市场的新"巨无霸"。在市场经济中,大型企业一贯有之,随着数字经济的发展,新的大型企业孕育而生,即互联网平台。与传统大企业相比,互联网平台企业属于轻资产、服务型,它们无须将门店开遍大街小巷,但大多数民众离不开它们,日常生活基本要用到且难以替代。有的以庞大的用户黏性取胜,有的以高效的物流体系取胜,有的以先进的技术、算法取胜,等等。客观地讲,虽然这些企业以盈利为目的,但这些企业的服务已成为民众日常生活的必备品,发挥着不可替代的服务民众的作用。这种有效的民营性质服务,是社会主义市场经济中不可或缺的存在。因此,在数据要素市场、数字经济中,也要牢牢坚持"两个毫不动摇",即毫不动摇巩固和发展公有制经济,毫不动摇鼓励、支持、引导非公有制经济发展。

(二)国家数据局与地方数据局

国家数据局作为国家统一管理数据的核心机构,极大地改变了以往各部门分散管理数据的局面,在一定程度上解决了"九龙治水"的问题,对各地各级数据局的管理发挥着重要的指导作用,有利于数据资源的集中统一管理和优化配置。

国家数据局是我国新组建的机构。2023年3月16日,中共中央、国务院印发的《党和国家机构改革方案》中,正式提出了组建国家数据局。该机构由国家发展和改革委员会管理,其职能包括负责协调推进数据基础制度建设、对数据资源进行整合共享和开发利用,以及对数字中国、数字经济、数字社会规划和建设进行统筹推进等。在该机构的组建过程中,将中央网络安全和信息化委员会办公室承担的研究拟订数字中国建设方案、协调推动公共服务和社会治理信息化、协调促进智慧城市建设、协调国家重要信息资源开发利用与共享、推动信息资源跨行业跨部门互联互通等职责,国家发展和改革委员会承担的统筹推进数字经济发展、组织实施国家大数据战略、推进数据要素基础制度建设、推进数字基础设施布局建设等职责,一并划入国家数据局。

国家数据局的组建对于我国数据要素市场、数字经济、数字中国发展具有重大意义。

一是从顶层设计的角度明确了数据相关领域的主管机构。过去,数字化路径主要由各部门垂直落实,由于数字化具有普遍性,不少部门都制定了数字化规划或在规划中布局数字化内容,但缺乏专业部门统一协调。在宏观上,与数据相关领域的规划主要由两个机构负责,分别为网信办(网络安全和信息化委员会办公室)和国家发展改革委(国家发展和改革委员会)。通过组建国家数据局,网信办与国家发展改革委中的数据相关领域职能得到了整合,各部门的数据管理、数字化也有了统一的指导机构。

二是各地各级数据局纷纷组建。为落实中央关于深化地方机构改革决策部署,各地各级地方政府积极行动,纷纷组建了数据局。以湖北省为例,2024年1月25日,湖北省数据局正式挂牌成立。该机构主要负责协调全省数据基础制度建设,统筹全省数据资源整合共享和开发利用,推进数字湖北、数字经济、数字政府、数字社会规划和建设,对推动数据要素赋能、加快数字湖北建设具有里程碑意义。2024年2月29日,武汉市数据局正式挂牌成立。该部门将进一步理顺职能职责,聚集专业人才,着力推进数据资源整合共享和开发利用,打通数据流通使用的堵点、难点,充分挖掘数据要素潜能,做好数字武汉、数字经济、数字社会等方面的规划和建设工作,促进数字经济与实体经济深度融合,为发展新质生产力提供强有力的数据支撑。

三是国家数据局成为构建数据基础制度的主导机构,有力推动更好发挥数据要素作用。2022年12月19日,中共中央、国务院正式对外发布《中共中央 国务院关于构建数据基础制度更好发挥数据要素作用的意见》,又称"数据二十条",这是国家最新的关于如何用好数据要素的关键文件。在"数据二十条"中,数据基础制度被分成了四个方面,分别为数据产权制度、数据要素流通和交易制度、数据要素收益分配制度、数据要素治理制度。2023年3月组建的国家数据局肩负着推动这四项制度建立和完善的重要使命。如数据的确权工作是一项关系各方权益的基础性工作,其重要性堪比农村土地的确权工作,且覆盖范围更广,涉及所有拥有数据的各个群体。

四是国家数据局成为推动《数字中国建设整体布局规划》实施的主导机构,将以数字中国建设推进中国式现代化、构筑国家竞争新优势。由于数字化的广泛性和普遍性,不仅经济领域正在经历数字化浪潮,从"五位一体"总体布局的角度来看,经济、政治、文化、社会、生态文明建设等领域都面临这一浪潮。因此,迫切需要在全域层面进行建设规划统筹。正是在这一大背景下,2023年2月27日,中共中央、国务院印发了《数字中国建设整体布局规划》。按照国家数据局的职能分工,该局成为推动《数字中国建设整体布局规划》的重要部门和主导机构。无论是遵循规划的具体落实方案,还是各部门统筹协调、整体推进、督促落实,都少不了国家数据局的主导和参与。

五是国家数据局在职能分工以及机构设置上有延展空间。从国家数据局目前的职能分工来看,并非像省级大数据管理部门那样,以数据运营管理为主,而是负责包括数据要素在内的数字中国建设,其管理范围要广泛得多,但数字中国囊括的范围更为广泛。可以预见,国家数据局在组建并成熟运行多年后,将承担更大的责任。

通过对各省市在数字中国、数字经济、数据要素市场等方面的实践经验的总结和归纳,国家数据局在基础制度构建、规划实施引领、方案落实推动等方面会发挥重要作用,也将更好地推进数据资源优化配置、数据要素开放共享、数字红利合理分配等多个方面的工作,进而实现以数据要素的高效流通促进高质量发展、中国式现代化建设。

第三节　保障数据要素安全维护社会稳定

保障数据要素安全意义重大、刻不容缓,是维护社会稳定、保护人民生命财产安全的必要举措。有助于保护隐私、遏制数据滥用,促进数据价值实现,助力经济社会安全发展。这离不开多方参与式治理和"依法用数",必须统筹好发展与安全、发展与规范的关系,致力于发展数据安全产业。如果没有数据要素安全,就无法形成全民共享的高质量数据要素市场。

一、隐私保护与数据安全

随着数字经济的发展,数据要素市场已然存在。在这个市场中,隐私泄露、数据滥用等问题也存在。如何规范相关市场行为,维护数据要素市场秩序,需要明确市场边界,构建公正、有序的公共治理格局。

(一) 隐私保护与数据价值实现

隐私权,是指个人或群体隔离自己或自己的信息,从而有选择性地分享自己信息的权利。隐私权对于每个人来说都是神圣不可侵犯的。出于隐私保护目的,将信息封闭是最好的办法。然而,数据价值的实现又需要数据流动、开放与共享,因此数字化使隐私保护和数据价值实现面临两难。

数据要素使隐私保护面临巨大挑战。

一是数据要素中含有大量个人隐私。数据来源于市场主体,而市场主体中数量最多的是个人,因此数据不可避免地含有大量个人隐私,如社交媒体平台中的聊天记录。人们每天会发送大量消息,每条私聊信息都属于隐私。

二是数字化加大了隐私保护的难度。在信息化、数字化之前,信息传播受媒介限制,隐私尚未如此大面积以数据的形式展现。在数字化时代,数据在快速传播的同时,隐私也随之快速扩散,使旧有的隐私保护办法难以奏效。如个人身份证信息,为了方便办理相关手续,通过即时通信应用传递身份证照片已成为居民的常规操作,由此也带来了个人身份证信息泄露的隐患。

三是个人隐私数据隐含经济价值。正因如此,个人隐私数据存在被恶意挖掘、恶意售卖、恶意转用的风险。从分类来看,人具有自然属性和社会属性。围绕自然属性的个人隐私数据(如个人生物数据)一旦泄露,除了财产安全难以保障,甚至生命安全也会面临威胁。围绕社会属性,个人隐私数据中的通讯录信息、定位信息等是高价值数据。通过通讯录、定位等信息,能对个人进行更为精确的数字画像。一旦这些数据落入不法分子手中,也将对个人安全构成严重威胁。

数据价值实现应以隐私保护为基础。

一是数据价值实现有赖于数据流动。为加大隐私保护力度,最简单的办法是将所有数据"锁起来",这显然是"因噎废食"。数据作为生产要素,适度地开放共享、流动才是使其实现价值、服务人类的正确方向。如基因组数据就面临如何平衡好隐私保护和遗传信息共享的关系这一问题。即便通过行政力量将其"锁起来",但由于数据自身具有价值,市场力量也会通过各种"地下渠道"来实现价值,如数据黑市、非法挖掘个人信息进行网络暴力等。

二是数据价值实现使隐私保护刻不容缓。如果个人隐私数据保护不当,造成大量个人隐私泄露,会带来严重的社会影响。到那时,以信任为基石的数字经济将面临底层结构的崩塌——民众对互联网平台产生广泛的不信任,由此带来民众对既有生活方式的摒弃,这必将影响数据要素市场的发展进程,甚至造成倒退。从这个角度来看,数据价值实现并不仅以发展为前提,还有以保护为基本前提,而且这个前提尤为紧迫。

三是保护好网络暴力事件中当事人的权益是实现隐私保护的重要标志。网络暴力是数据流动中最恶劣的形式,它影响到个人的基本生存权,是个人隐私保护中的紧急事件。在备受网民关注的争议性事件中,一旦涉事人员成为关注点,该人员的个人隐私数据就会被恶意挖掘,迅速暴露在公众面前。又由于网民进行恶意评论的代价极小,大量恶意评论在短时间内对涉事人员造成精神冲击,产生巨大精神压力和社会压力,极易导致精神疾病甚至萌生轻生意愿,严重影响个人的基本生存权。如果相关部门能及时响应并采取行动,将涉事人员的个人信息尽快保护起来,并使其远离网络上的公众视线,使个人不再受到物理和精神上的双重伤害,将极大提升公众对于个人信息网络安全的信心。因此,在新形势下提升管理、监督、治理能力,确保隐私权得到充分保护,数据安全得到保障,是数据价值实现的重要前提。

(二) 数据安全风险的主体

数据安全,是指通过采取必要措施,保障数据得到有效保护和合法利用,并使数据持续处于安全状态的能力。

从数据安全风险的主体(责任方)来看,可分为政府、企业、团体和个人。企业层面导致的数据安全风险表现形式十分多样,既有显性的甚至违法的行为,也有难以取证的隐蔽行为,给数据安全监管带来了很大挑战。

一是过度索取授权获取数据。在互联网时代,免费成为大多数网络应用的常用模式。为实现变现,通常采用两种方式:一种是以广告盈利,另一种是过度索取授权套现。过度索取授权,是指许多手机应用程序向用户索取本不需要的授权,如通讯录、地理位置、短信权限等,再通过运用、买卖这些数据进行牟利。

二是通过聚合数据获得市场支配性地位,随后采取有碍公平的行为。由于聚合大量数据需要巨量资金,在取得支配性地位后,在资本逐利性驱动下,企业会运用数据带来的"超能力",巩固并拓展支配性地位,弥补前期投入并获得超额利润。如大数据"杀熟",即在某互联网平台上,熟客价格更贵,生客优惠更多。

三是较为隐蔽的数据滥用行为。如运用数据对用户进行"画像",进行广告推送;又如,按用户喜好进行新闻推送、产生致瘾性等。这会使用户长时间沉迷于该应用中而不自知,导致用户的大量正常时间被占用,正常生活节奏被打乱。

特别需要指出的是,这种推送手段使用户处于围绕自己感兴趣话题的信息茧房中,思维向单一化、极端化发展,对事物的认知更加片面,反而违背了兼听则明的初衷。

企业导致的数据安全风险与用户接触最多,最为大众所熟知。然而,政府、团体和个人层面导致的数据安全风险也客观存在。先从团体和个人层面来看,具体体现在以下几个方面。

一是违法盗窃、获取数据。如网络黑客利用技术手段窃取数据、运用间谍软件非法爬取数据等。网络黑客在获得这些数据后,由于获取成本低,他们往往以极低的单价批量出售这些数据,如平台上的大量个人账号、密码数据。不少用户在不同平台上使用同样的账号、密码,因此,所有涉及用户都面临账户被冒用、篡改、勒索的风险,带来的潜在影响极大。

二是运用数据进行电信网络诈骗。诈骗团伙以个人的联系方式、社会关系、网络订单、快递单等为突破口,进行电信网络诈骗。随着数字经济深化发展,人们日常生活的无现金化,日常社交的网络化,使传统诈骗团队生存空间一再压缩。电信网络诈骗呈现高发、多发态势,带来新型违法犯罪下的人民生命、财产安全损失。

从政府层面来看,数据安全风险发生的原因主要体现在以下三个方面。

一是无意识导致的风险。在政府的相关新型活动中缺乏经验,没有意识到伴生的数据安全风险,从而导致了风险的出现。如在新冠疫情期间,流调信息的披露未进行合理的隐私处理,使被披露人成为网络关注对象,甚至被网友恶意搜索,遭到网络暴力。又如,政府部门在搭建了新的内网系统后,相关操作人员仍使用原始密码,或更改为较为简单的密码,导致内网系统信息存在泄露的风险。这些情况往往是在风险意识不足,或面临新问题尚未建立相关意识而产生的,这也与缺乏体系化防控机制有关。

二是缺乏体系化数据安全风险防控机制导致的风险。诸如缺乏规范文件、完善机制和安全保障等体系化防控机制,其中任何一个环节的缺失或问题,都有可能导致风险暴露。如内网系统密码问题,如果一个单位内有多个内网应用系统,各个系统之间未打通使用,那么操作人员可能为了省事使用原始密码。倘若将这些应用系统合并为一个,再辅以加强员工保密意识培训,促使员工及时更改密码,并设置更多识别方式,在保障安全性的前提下简化流程、增强易用性,便能在更大程度上保护数据安全。又如,政府构建的对外开放系统中,若存在安全漏洞,未及时发现并更新,也将使数据存在泄露风险。

三是极少数政府内部工作人员有意造成的风险。受到数据价值的诱惑,不排除极个别政府工作人员监守自盗,将数据有意贩卖、暴露给第三方等。如在保密电脑中,插入第三方提供的带有数据爬取功能的U盘,使保密数据以较为隐秘的方式被泄露、传播,带来国家和人民生命财产安全的损失。又如,受他人唆使,篡改相关数据,进行数据造假的行为。类似这些情况,有待政府相关机构的监督和监管。

(三)数据安全风险的客体

从数据安全风险的客体(受害方)来看,主要包括服务对象、第三方人员、工作人员和合作方。

一是服务对象是常见的数据安全风险受害方。由于服务对象是提供服务主体的直接接触者,最有可能直接受到反向影响。如某款手机应用程序的使用者是企业的服务对象,企业通过该应用程序违规搜集用户信息,用户的权益便会受到损害。又如,政府在为群众服务时,采集的数据未妥善保管,导致数据泄露,也会给服务对象带来潜在的不良影响。

二是第三方人员可能成为受害方。数据安全风险不仅使服务对象受损,也可能使并非服务对象的第三方受损。如用户的通讯录信息泄露后,使用户的亲朋好友成为被骚扰对象,甚至被卷入诈骗分子的骗局中。又如,在信息披露中,披露信息中的涉事人员及与涉事人员有交集的第三方人员,都有可能面临风险,有提前预防、保护的必要。

三是工作人员和合作方容易成为被忽视的受害方。数据安全风险主体(责任方)内的工作人员同样可能成为受害方。与数量庞大的服务对象不同,这些工作人员在数量上相对较少,即便面临损害,也难保受到重视。如企业在日常管理过程中,对员工及合作人员运用大数据、人工智能等手段进行过度监督和操控等。具体而言,企业对员工在上班期间进行监控,随意查看他们使用电脑、手机的情况,以及外出时的行动轨迹,虽然员工在上班期间被支付了工资,但这些监控是否已超出企业的职能范围,将监控之手伸到了员工的隐私领域?如果员工起诉单位侵犯隐私,员工在等待正义的过程中,将面临被辞退的风险。又如,互联网平台对外卖员的监管,从双方关系上看,外卖员并不从属于互联网平台,并非互联网平台的员工,而是自由职业者,是互联网平台的合作方。但从实际情况来看,外卖员看似相对独立,实际上却是弱势的一方,是受到互联网平台用人工智能操控的"员工"。互联网平台有大量手段对这些看似独立的"员工"进行奖惩，促进他们服务于平台的工作，这些监督、奖惩的手段不乏数据滥用的行为，这些也是数据安全风险的重要表现。类似这些问题，日益成为数字经济发展中的伴生问题。

随着人工智能技术的进步，政府部门、企事业单位拥有了更多、更先进的监控手段，个人在互联网中几乎无所遁形，个人和社会的边界愈来愈模糊。在线会议、在线教育等方式使得家庭私人空间与办公空间、课堂空间等公共空间无限融合，也带来隐私暴露的问题。鉴于此，人们也期待更有效的治理方式、更匹配的治理技术以及更现代化的治理体系。

二、数据安全与依法用数

数据要素对其他生产要素具有乘数效应，并体现为功能通用性，使拥有数智技术的企业具备跨界能力，这对公共治理格局提出了新要求。具体体现为政府与市场的边界进一步模糊，对互联网平台的监管体制提出了新挑战。

（一）数据安全与经济社会秩序

不仅隐私保护是数据价值实现的基础，包含隐私保护在内的数据安全更是数据价值实现的基础。这体现在数据安全是数据要素市场发展的前置条件，也是数据要素市场发展过程中的重要保障。

一方面，数据安全是重大前提。数据安全犹如健康对于人一样，如果人没有了健康，其他方面的发展都将成为徒劳。在使用数据要素时，应将数据安全视为重要的前置环节予以重视和考量。譬如，在采集数据过程中，就要考虑潜在的泄露、篡改等风险，并予以重点防范。数据泄露将导致相关方的不安和面临危险，而数据被篡改所造成的影响也不容小觑。错误的数据，小则影响个人和家庭，大则影响部门决策，甚至造成巨大的经济社会影响。

另一方面，保护数据安全是在风险暴露后的补救措施，是在发展中进行保护。数据安全风险是新型风险，根据事物发展的一般规律以及风险暴露的经验，这种新风险的大致方向可以预测。但是，对于数据要素市场、数字经济而言，发展仍是第一要务，不可能为了安全而过度限制发展；且由于保障力量的有限，政府部门、企业部门不可能将精力集中于所有可能的领域，必有所侧重。这使得保护数据安全在时间上显得滞后，特别是在发展初期，必然是在风险不断暴露的过程中，依据风险的特点强化保护。新的风险暴露出来，新的保护措施就会跟进。

待到数据要素市场发展到一定程度后,数据安全风险不再出现新的巨大变化,保护措施便能发挥长效作用。

积极保护数据安全能在一定程度上维护经济社会秩序。

一是带来社会稳定。数据安全风险暴露带来的影响,既有短期的负面影响,也存在长期隐患。如电信网络诈骗、各类刑事案件等,其中不乏是数据泄露、数据滥用等风险暴露后带来的影响。从长期看,数据安全问题频繁出现,将给民众带来不安定感,经济发展有待于稳定社会环境的支持。

二是增进人与人之间的信任。各类乱象使民众在数字生活空间中由过度信任转为过度警惕,怀疑、不信任感普遍存在。如在社区工作人员为民众提供惠民服务时,不乏民众接到社区电话后表示怀疑,不愿意配合提供相关信息,增加了社区工作人员开展工作的难度。通过治理数据滥用等乱象,能够逐步增进人与人之间的信任,降低人与人之间的交易成本。

三是维护国家安全。政府和企业所拥有的成规模数据库,涵盖了海量的敏感信息,一旦发生泄露、滥用或违规传输等情况,将对国家安全构成严重威胁。如企业在境外上市过程中,将自身拥有的庞大数据库进行共享,就存在被境外势力恶意利用的风险。依据《网络安全审查办法》进行必要的网络安全审查,将极大地降低此类风险。

四是促进数字经济健康发展。通过驱逐不良行为,树立正确导向,引导数据要素市场、数字经济朝着更健康的方向发展。完成这项工作需要多方协同,共同形成高效治理格局。

五是在保护中积累先进经验。保护数据安全是数据要素市场、数字经济的重要组成部分,在此过程中制定的法律规章、具体做法都是宝贵经验,将进一步提升政府治理能力。不仅如此,这些经验能在国际规则制定中成为重要参考,发挥巨大作用,使我国在数字经济领域国际规则制定中成为重要参与者。从具体实践来看,不仅政府居于主导地位,企业和个人也是重要力量。

(二)依法用数与新兴产业成长

法律规章为确保数据要素安全、培育数据要素市场、推动数字经济健康发展提供了坚实的法律保障,是保护公民隐私、惩治数据滥用的根本准则。从国内外发展经验来看,合理的法治基础对新兴产业健康成长具有重要推动作用。

适度宽容有利于新兴产业快速发展。为了鼓励创新,不宜给新产业、新业态、新模式施加过多束缚。因为预设的管制政策是在旧有思维模式下制定的,难以与新产业、新业态、新模式进行有效匹配,既会阻碍潜在的创新,也不利于促进公平。在许多创新领域,我国采用了适度宽容的政策,数字经济得到快速发展,取得了位居世界第二的巨大成就。

法律规章的及时跟进,有利于数据要素市场、数字经济健康发展。

一是《中华人民共和国数据安全法》为统筹数据市场发展与安全提供了专门法律。该法自2021年9月1日起施行,填补了数据安全领域在法律层面的空白,为数据安全提供了法律保障。

二是《中华人民共和国个人信息保护法》从法律层面为个人信息安全保驾护航。该法自2021年11月1日起施行,明确了互联网平台在处理个人信息方面应承担的责任,并针对大数据杀熟问题,提出自动化决策应保证透明、公平和公正等。此外,还有《中华人民共和国网络安全法》《中华人民共和国反垄断法》《中华人民共和国价格法》《中华人民共和国消费者权益保护法》等相关法律,这些法律从不同角度对数据安全和数据经济活动进行规范和约束。

三是法律执行将产生实际震慑效应。法律条文一般是专业人士关注的内容,行政处罚带来的示范效应面向大众,能对潜在违法市场主体起到震慑作用,有效遏制违法行为。如2021年广东省佛山市顺德区监督管理局根据群众举报线索,依据《中华人民共和国消费者权益保护法》,对违规收集人脸识别信息的企业进行了处罚,责令该公司整改,处以警告,并罚款16万元。从实际情况来看,由于数据领域违法的隐蔽性,以及数据安全涉及国内外问题的复杂性,有待更为完备的人才队伍建设和产业配备。

(三)数据市场发展与规范:城市大脑案例

浙江省杭州市在数字经济领域居领先地位,有诸多首创之举。如成立了全球首家互联网法院,首创"健康码"等。杭州市是城市大脑的先行者,并率先提出为促进城市大脑建设和运营立法。2020年3月31日,习近平总书记在杭州城市大脑运营指挥中心调研时指出,运用前沿技术,从数字化到智能化再到智慧化,让城市更聪明一些、更智慧一些,是推动城市治理体系和治理能力现代化的必由之路,前景广阔。为了让城市大脑更好地服务民众,妥善处理好发展与规范的关系,《杭州城市大脑赋能城市治理促进条例》(简称《促进条例》)于2020年10月27日被杭州市人大常委会通过,一个月后被浙江省人大常委会批准,并自2021年3月1日起施行。

《促进条例》从法律层面规定了如何促进与规范城市大脑赋能城市治理工

作,其示范和探索意义重大。

一是《促进条例》较早地对数据采集的知情权作出了规定。数据被隐性采集是常见问题,民众往往缺乏知情权,《促进条例》明确了"保障数据采集对象的知情权、选择权"。2021年11月1日起施行的《中华人民共和国个人信息保护法》明确为"个人对其个人信息的处理享有知情权、决定权"。

二是《促进条例》在数据层面作出了较为系统的规定。有些提法虽非首创,如公共数据质量管理遵循"谁提供,谁负责"的原则,2018年的《上海市公共数据和一网通办管理办法》的提法为"谁采集、谁负责""谁校核、谁负责",但在数据标准化、数据质量、数据安全宣传、数据权属纠纷、数据安全审查等方面均指明了大致方向,较为全面系统。

三是《促进条例》的关键词在于"促进"。它将杭州市在打造城市大脑的具体经验,以法律条文的形式全面地展现了出来,既有发展、促进、鼓励参与和创新的内容,也有较为全面的规范、促进共同治理的方法。如任何组织和个人都可通过市长热线举报违反《促进条例》的行为。这些都是在数据要素、数智技术赋能城市治理的过程中,统筹发展与规范、发展与安全关系的生动实践。

随着数据要素市场、数字经济的发展,在保护隐私、防止网络暴力、治理数据滥用、厘清市场与政府边界、将数据要素治理纳入法治轨道等方面的探索也需要同步进行。中国特色社会主义市场经济的先进性和适应性,体现在既要有活跃、有效的市场,也要有负责、有为的政府,以及社会各方的积极参与,进而形成多元主体共治下保障数据要素安全、维护社会稳定的"多重奏"。

第四章　以实数融合促进经济高质量发展

促进实体经济和数字经济深度融合发展,简称"实数融合",是运用数智技术对传统产业进行全方位、全链条的改造,对应着产业数字化。产业数字化的实现又离不开数字产业自身的发展,即数字产业化。无论是产业数字化还是数字产业化,都需要聚焦重要产业,特别是新的万亿级产业集群。通过创新寻找新的发展突破口,创造大量就业岗位,进而实现经济高质量发展。

第一节　实数融合的合宜与因企制宜

用好数据要素、推动数字化转型,无疑是必然的发展方向,也是推动经济高质量发展的重要引擎。从宏观层面来看,问题的关键并非是否使用数据要素、数智技术,而是怎样运用好数据要素、数智技术,使之发挥更大推动作用,在更大程度上提升效率、促进公平,即提升实数融合的合宜性。从地方具体探索来看,应处理好区域功能定位和产业发展、成本和效益、局部创新和整体突破、发展本地企业和引进外来企业之间的关系,选择合适的探索路径,根据企业实际情况对实数融合进行规划。简而言之,要脚踏实地、因企制宜,不能为数字化而数字化。

一、实数融合中的效率与公平

实数融合在总体方向上要符合效率和公平的原则。通过实数融合来提高全要素生产率,这是提升效率的表现,也是推动实数融合的目的。实数融合既对实体产业进行了全面重塑,也提升了数字产业的服务水平。这种重塑是三位一体的,是采用了数字思维、数据要素和数智技术的重塑。针对具体企业而言,既可以是全面的,也可以是局部的。总之,无论是产品还是产业,都将在实数融合中产生颠覆性变革,这种变革主要体现在效率上,但公平容易被忽视。从公平的角度看,实数融合不能妨碍公平、有序竞争,更不能阻碍人的全面发展。从前景上看,实数融合带来的未来令人无限期待,但也要做好解决衍生的新问题的准备。

首先,从实数融合的阶段来看,大体可分为四个阶段,目前已进入促进实体经济和数字经济深度融合的阶段。

一是"两化融合"及"互联网+"的阶段。"两化融合"是指信息化和工业化的融合发展,这项工作开展较早,如工厂采用数控机床进行生产。推进"两化融合"依旧是我国新型工业化的重要特征和路径,也是一项重要指标。"互联网+"行动计划也是基于我国互联网发展到一定程度后的国家战略,不仅体现在工业领域,在服务业领域也大显身手。

二是数字经济和实体经济融合的阶段。在数字经济发展过程中,数字经济企业特别是互联网平台纷纷涌现,很多时候是数字经济企业主动寻求与传统企业合作,是在数字经济企业主导下的融合。如数字经济企业要求某制造业企业帮忙代工产品,在合作中帮助该企业进行数字化改造。这对于双方来说既是初步的探索,也是初步的融合。

三是数字经济和实体经济深度融合的阶段。两者在初步融合后,不少企业的数字化转型已成为典型案例,更加深度的融合正在进行。在深度融合中,融合的主角也在发生变化。

四是实体经济和数字经济深度融合的阶段。第三和第四阶段正在交叉重叠进行,这使得数实融合和实数融合有太多共通之处。最大的区别在于,从加快形成新质生产力、大力发展实体经济的视角来看,更多企业认识到了两者深度融合的契机,主动求变,积极寻求数字经济企业的帮助,并实现了数字化的转型。展望未来,实数融合也不会止步于这个阶段,既可能出现类似由融合到深度融合的迭代升级,也可能出现类似由"互联网+"到实数融合的跨越发展。

其次,从效率视角来看,实数融合将为实体经济注入新的变革基因。

一是对生产的组织方式产生变革性影响,包括产业链、企业内部等,这是一种基于平台的变革且自身平台化的变革。基于平台的变革,是指在整个产业链、供应链中,企业之间由平台串联起来,就如人由社交媒体平台串联起来形成一个组群,组群内的人不必处于一个位置,形成由地缘到产缘的转变。企业之间则由某个头部平台企业或某个第三方平台企业串联起来,企业的组织方式由平台进行重塑。自身平台化的变革,是指企业也朝着一个小平台的方向转变,更加扁平化,基于泛在的网络,员工与员工之间的沟通更加便捷,在企业平台上能掌握从源头采购到销售运输网络的所有情况。

二是产品生产更加智能化，个人的生产效率得到大幅提升。无论是农业还是工业生产，在网络、人工智能、机器的辅助下，个人需要做的是发出指令、进行生产维护等工作，以确保生产活动有序进行。

三是由产品规模化转变为服务规模化。过去，企业提供的是规模化的产品，如一件衣服，通过规模生产降低成本，提供的主要是硬件；而在数字经济中，产品的服务功能变得更重要，消费者需要的是个性化、差异化、可升级的服务。如衣服销售，通过预售的方式了解消费者需要多少件什么样的衣服，厂家再根据这些不同需求进行生产，此时的厂商不再是单纯的服装生产商，也是服装个性化服务的提供商。又如手机厂商，消费者购买的手机不仅包含硬件，还包含大量软件服务，手机系统升级、基本服务等，手机厂商定制的手机系统被大量用户同时使用。

再次，为提升效率，实数融合需要把握数字化、网络化、智能化、绿色化方向。

一是数字化，将传统的口头化、纸质化、信息化进行新的数字化改造。数字化改造的特点是促使传统数据转化为电子数据，实现数据要素化，并充分流动。譬如，在建筑设计领域，传统设计是在图纸上进行；信息化后，设计人员在电脑上绘制出电子图纸后再打印出来交给施工方；数字化后，设计人员绘制的电子图纸可生成3D模型，图纸无须打印出来，施工方可在移动智慧终端直接查看，整个流程更加互联互通、便捷高效。

二是网络化，确保网络通达且稳定，为数据要素流动提供载体。在实际生产过程中，实现网络化并非易事。如在工厂内，并非所有位置都有强网络信号，且为了防止断网情况，工厂内设备连接还需要有线网、物联网技术辅助，进而构建低延时、高可靠性、强稳定性的确定性网络。对于特殊生产环境，实现网络化难度更高。如在矿井中使用5G信号，可在地面遥控地下设备、监控地下生产情况，确保矿井生产安全。但是，井下缺乏标准化无线传输模型，加上井下有金属支护、井道起伏、分支弯曲倾斜断面、表面粗糙及粉尘潮湿等都不利于无线传输。井下5G天线位置也受限，虽然放在中间可以传得更远，但是井道上会有矿工、行进机械，只能把天线放在井道顶部侧面。这种条件下，5G的优势如大规模天线等都难发挥作用。类似这些情况都有待在实数融合中探索适宜的网络化方案。

三是智能化，运用人工智能辅助生产、经营、服务。人的特点是能够灵活应对多种场景，人工智能的特点是能够稳定地应对某一特定领域，人的智能和人工智能形成一定的互补关系，当然，也有替代关系。在特定的枯燥领域，人工智能已不可避免地开始发挥作用，并将向更多领域拓展。如在仓储物流领域中，不少仓库的快递搬运工作由人工智能指挥的运输机器代劳。运用人工智能、自动化机器,成为不少企业招工难的替代方案。这也客观地带来另一个话题,即新"机器代人"及实数融合中的公平。

四是绿色化,在绿色发展理念下,运用数智技术、绿色技术,整个生产过程可以更加节能、低碳、环保。为求表述简化,本书将这四类转型的集合简称"数字化转型"。

从次,在发展中保障公平是实数融合无法回避的话题,应保障人的发展机会、应有的权益和隐私。

一是在新"机器代人"中保障人的发展机会。工业生产中的机械替代了大量传统工人,产生了"机器代人"的矛盾。随着工业化、信息化的发展,教育水平的提升,就业机会朝着更加体面的方向发展。在不断的阵痛中,人们找到了新的就业机会,产生了新的蓝领及规模更大的白领阶层,电脑成为工作的必备品。随着数字化的深入发展,具有人工智能的联网机器及人工智能本身开始对存量的蓝领及白领构成替代。为了应对该挑战,政府、社会、企业需要积极行动,展现充分的人文关怀。如企业在转型过程中,应考虑员工数量需求减少后的人员转型,进行必要的培训,协助员工转岗或再就业。

二是保障实数融合过程中及之后员工的应有权益。理论上,"机器代人"的简单复杂劳动,可以使人自由地从事更体面的工作。但是,结合企业转型的实际情况来看,出现了机器指挥人、监管人的情况,导致员工的权益反而受损。如亚马逊为了提升仓储物流人员工作的效率,让员工按照手持设备指示的路径进行货物搬运,虽提升了货物搬运效率,但员工被机器操控,成为不用思考的搬运工具,员工在工作中的主观能动性被大大忽略。

三是员工的隐私权应得到切实保障。数字化转型使所有场景处于被有效管理的状态,好处是效率得到极大提升,坏处是员工的隐私数据也在被有效搜集,如电脑浏览使用情况、手机浏览使用情况、员工工作视频录像等,这些都属于员工个人隐私。公司有监督员工的权利,但无权肆意刺探员工隐私。如公司提供给员工工作手机,公司并没有权利对员工的通话进行录音,也没有权利查看员工的聊天记录。在个人隐私受到侵害时,个人可拿起法律的武器积极维护自身权益,相关监管部门、法律机构也应积极予以支持。2019年底,某公司要求李某赔偿公司损失14万余元,理由是该公司从李某工作手机中导出的通话录音显示,李某曾经"飞单",侵害了公司利益。上海市金山区法院判决李某无须向公司支付损失赔偿金,因为法院不予认可该公司提供的证据合法性。

最后,在发展中保障公平,也应在数据、算法层面予以充分重视。

一是防范运用错数据、脏数据产生过程中出现类似情况所带来的损失。如使用假数据进行运算后会得出错误的结果,导致误判。假数据可能来自数据产出方的有意为之,这会带来一系列不良后果。具体而言,有的企业在转型中为了确保环保数据合规,在环保数据采集端或处理端"动手脚",使本来排放超标的项目看似达标,为政府监管带来难题,造成不必要的监控设备重复建设,也会引发"劣币驱逐良币"的现象。

二是防范算法问题带来的效率和公平损失。在数据运行过程中,若采用错误算法或歧视性算法,使之无法得出正确的结果。如在搜索引擎中,搜索某关键词时,排在最前面的往往是付费商家的广告,这是由于搜索引擎采用了歧视性算法,使搜索结果不按相关性排序,而是按照付费多少排列。须指出,算法问题不仅影响公平,也对效率构成重大影响。在生产过程中产生的算法问题,轻则影响企业正常生产,重则关系到企业的"生死存亡"。

三是防范数据获取规则不公带来的妨碍公平竞争。如某公共数据依法有条件授权给了 A 企业,但拒绝了同样具备条件的 B 企业的申请。或是某企业为了维护自身垄断地位,拒绝开放理应共享的公共数据,使后发企业无法在同等市场环境下参与公平竞争。数据、算法层面的不少问题属于公平范畴,但对效率同样构成影响,有的直接影响效率,有的在未来会对效率构成重大影响。推而广之,公平与效率相辅相成,在任何领域,一旦影响了公平,也将影响效率。

二、实数融合中高质量发展的大方向

实数融合终究是为了服务制造业和实体经济,推动实体产业大力发展,实现经济高质量发展,而不是低水平的简单重复。理论上,这个大方向非常好理解,但在具体产业发展中,新兴产业"产能过剩"在全世界范围内屡次重演。

新兴产业"产能过剩"是另一种形态的政策失灵和市场失灵,是各地基于未来预期的生产拥挤,是一种在一定程度上可以减轻却客观存在的市场现象。

一是新兴产业"产能过剩"难以避免,在产业周期的各个阶段都有可能出现。按照产业周期理论,产业发展周期可分为形成期、扩张期、成熟期和衰退期。由于新兴产业自身的不确定性,"产能过剩"可能发生于产业周期的任何一个时期,如在形成期,诸多企业对市场的预期过于乐观,但消费者并不认可,就会造成产能过剩。

二是新兴产业"产能过剩"的最严重阶段发生在衰退期。新兴产业进入成熟期后,就成为一般性产业,市场需求缓慢增长。进入衰退期,市场需求下降,如未及时调整投入,将形成严重的"产能过剩"。对于企业而言,调整投入并非易事。为了巩固既有市场份额,企业仍会维持甚至加大投入保证运转,使债务可循环,避免循环中断带来资金链断裂。一旦竞争失败,便是大量库存、企业破产。从宏观层面看,企业的兴衰、生灭也带有周期性、规律性。

三是新兴产业政策也可能带来"产能过剩"。为发展经济,在各地发展指标的指引和政策激励下,企业将注意力集中于新兴产业并积极增加投入,由此带来总体"产能过剩"。随着万亿级产业数量的减少,新能源汽车产业成为最有前途的万亿级产业,也是最可能导致产能过剩的产业。但从全世界的巨大需求来看,如果我国新能源汽车产品能突破重重障碍实现顺利出海,那么我国新能源汽车产业离"产能过剩"尚有一定距离。

(一) 新能源汽车产业

新能源汽车产业链条非常长,不少地区积极部署了万亿级产业集群,该产业应通过高质量发展寻求更大成长空间,民众就可以享受到更物美价廉的产品。

一是应高度重视新能源汽车领域的高质量发展。在新能源汽车产业链的各个环节,都应统筹总量,防止大量新增投入导致的低水平重复。如新能源电池项目,如果一个省的所有项目都"上马",就能满足全球的新能源电池需求,这将不可避免地带来企业损失、资金和资源的大量浪费。不同省域之间的低效竞争也可能带来这一问题。应通过高质量发展提升产业的核心竞争力,实现降本、增效、提质。同时,应充分预计海外部分国家的贸易保护主义抬头趋势,防止因加征关税、贸易壁垒等因素带来海外销售受阻的影响。

二是智能网联化是新能源汽车的必然趋势。新能源汽车不仅是"传统汽车+新能源",还是更智能、通过联网辅助的新能源交通工具,就如同手机的智能网联化。现今的手机若不能联网,无异于一块"砖头"。手机 APP 的大量计算并非由手机完成,而是由手机发出指令通过云计算完成,手机联网后的智能程度和掌控力得到大幅提升。但是,智能网联汽车与智能手机又有所不同,新能源汽车的智能网联化包含以下几个方面的内容。

首先是建立更为智能的复杂环境感知系统,将车外的环境以及车内的运行情况及时反馈给驾驶员,让其作出更为准确的判断。采用一定数量的摄像头、雷达设备,实现车外各种情况的可感知,避免视觉盲区,如车在前进过程中,帮助驾驶员预警车头前方的视觉盲区。

其次是智能决策与控制。汽车在行驶中对安全要求更高,需要在无论是否有网络的情况下都能作出智能决策和控制,否则只能被称为"新能源汽车",而非智能网联汽车。按照辅助驾驶级别,既可以是L1级别的驾驶,也可以是自动驾驶,在一定程度上辅助驾驶员进行某些操作,控制油门、刹车、方向盘、雨刷等,并在紧急情况下降低交通事故概率,如司机在看手机未注意前方状况时自动采取紧急减速或刹车措施,防止追尾等。

再次是通过联网获取更高算力和外部信息,提升辅助驾驶的智能化水平。如通过路况信息提醒自行改变行进路线,通过红绿灯信息提醒自行启动、停车,通过下载更新车机系统、地图等。

最后是保留驾驶员操控的权利是保障安全的底线。无论汽车智能化到何种程度,总有出错和失灵的概率。如汽车断电后导致车门无法打开,需要保留机械开门装置,驾驶员可以及时逃生。

三是汽车智能网联化需要技术创新和应用。

首先是研发复杂环境融合感知技术,即如何用较少的感知设备充分感知环境。在缺少雷达、摄像头等感知设备时期,驾驶员依靠双眼、直觉和经验驾驶,这些直觉和经验可采用智能算法予以模拟,再结合感知设备进行模拟感知。

其次是制订实现辅助驾驶的车机系统方案,包括汽车操作系统,采用安卓系统深度定制属于过渡方案,应构建专门用于汽车的操作系统,还包括辅助驾驶算法、汽车信息物理系统架构、汽车安全系统等。

再次是车联网、智能交通基础设施等外部环境的完善。汽车智能网联化的终极方向是无人驾驶。真正意义上的无人驾驶,必须有车联网和智能交通基础设施的支持。既要有无所不在的智能网络支持,如5G网络,乃至6G网络空天一体的智能化支持,以及车内智能网联终端的配置;又要有更智慧的道路系统支持,如在公路上安装车联网装置,以及智慧交通系统的大数据决策支持,使公共交通和私家车都有序行进。无人驾驶的推广路径是逐步扩展的,先在条件完备的区域进行实验,再逐步扩大实验范围,这也需要车联网产业和智慧交通基础设施的跟进。

最后是由于基础设施的覆盖总有局限和薄弱环节,从前景来看,在很长时间内无人驾驶依旧无法完全取代人类驾驶。无人驾驶将成为一种选择,而非强制手段。

四是期待新能源汽车的电池技术得到突破。新能源是相对于传统汽油能源而言的,新能源汽车可分为纯电动汽车、混合动力汽车和氢燃料电池汽车三类。纯电动汽车直接采用储能电池提供动力,混合动力汽车一般既有电池动力又可用汽油作为动力,氢燃料电池汽车是采用氢气作为燃料提供动力。

首先,三者各有优缺点。从优点来看,纯电动汽车在运行中基本无废气排放,混合动力汽车续航更强,氢燃料电池汽车排放的是热量和水,且加氢时间很短,类似给汽车加油,续航能力也可观。从缺点来看,纯电动汽车充电时间较长,一般需要一个小时左右甚至更久,且电池生产环节和报废环节都存在污染隐患;混合动力汽车集合了纯电和燃油汽车的部分缺点;氢燃料电池汽车在技术专利上被日本大量垄断,且氢分子小、易泄漏、扩散快,存在一定安全风险,一旦在地下室等室内空间发生泄漏,爆炸范围会更广。从用车成本来看,加氢的价格可能比油价略贵,所以在单次用车成本方面,纯电动汽车最便宜,混合动力汽车次之,氢燃料电池汽车成本最高。三种新能源汽车优缺点分析见表4-1。

表4-1 三种新能源汽车优缺点分析

类型	续航能力	安全	环保	自主可控	充能成本
纯电动汽车	中等	中等	好(运用环节)	较好	较低
混合动力汽车	好	中等	中等	较好	中等
氢燃料电池汽车	中等	广范围安全隐患	好	中等	中等

其次,多元化发展是方向。我国市场规模庞大,仅依靠单一技术路线是非常冒险的战略选择,多路线发展方为上策,应让不同技术路线经历市场检验和洗礼。就实际发展情况来看,电动车是目前新能源汽车市场的主流,既有采用单一路线的纯电动方案,也有采用中间路线的混合动力方案。在采用汽车拥有纯电方案优点的情况下,保证充足的续航能力,避免因节假日时高速休息区拥挤的充电桩导致"路窘"。虽然日本在氢能方面有着长时间的技术积累优势,且拥有大量氢能专利,发展氢燃料电池必然绕不开日本的专利垄断,但是发展氢燃料电池是我国新能源汽车多元化战略必备的一环,我国在发展过程中也能不断积累自己的技术专利优势。因此,氢燃料电池汽车也是我国的尝试方向。如北京冬奥会示范运行超1000辆氢能源汽车,包括氢燃料电池大巴、氢燃料电池小轿车、氢燃料电池特种车等,这些车辆主要来自国产汽车厂家。又如,湖北省随州市积极

布局氢燃料电池汽车产业,不仅建设加氢站,还致力于研发生产氢燃料厢式物流车和氢能源专用车,其车辆加氢仅需5分钟,续航可达每小时400千米。

最后,技术突破是关键。由于数字经济的高创新性,新能源汽车的电池技术方案始终处于快速迭代之中。从三元锂电池发展到磷酸铁锂电池,再到刀片电池、4680电池,而后丰田又提出了固态电池技术方案,使纯电动汽车充电10分钟续航可达到每小时500千米,且使用30年后依旧能维持90%以上的性能。一旦新的电池技术方案发布并趋于成熟,必将对采用旧技术的厂商造成巨大冲击。因此,厂家应在电池技术领域不断寻求技术创新和突破,确保自主创新能力,防止被他国"卡脖子",这是新能源汽车产业高质量发展的关键所在。

五是建设动力电池高效循环利用体系。在我国汽车市场上,越来越多的消费者选择了新能源汽车,主要是纯电动汽车和混合动力汽车。由于电池存在衰减问题,新能源汽车的使用寿命比燃油汽车更短。车辆报废后,新能源动力电池仍具有巨大价值,可进行梯次利用。

首先,动力电池可作为储能和备能设施的重要组成部分,如在电网尚未覆盖的地区建设新能源汽车充电站,将太阳能、风能等所产生的电能储存在动力电池中,为新能源汽车提供覆盖更广的充电服务。又如,在水电站旁建设储能设施,将丰水期富余的电能存储起来。再如,针对那些不能断电的关键部门(核电站、大数据中心等),可以将动力电池存储电力作为突然断电时的后备电力。

其次,当动力电池已无法继续使用时,可通过资源回收企业将其进行再资源化处理,实现有价元素的高效提取,如提取锂、镍、钴等金属材料,使废旧动力电池成为新型城市矿山的重要来源。

最后,这种梯次利用建立在动力电池全生命周期管理的基础上,通过建设动力电池溯源管理平台,实现对每一个新能源汽车动力电池的可追溯。同时,通过研发和应用余能检测、残值评估、重组利用、安全管理等技术,基于科学评判,促进动力电池的高效梯次利用。

(二)新的实体产业

发展制造业和实体经济,是发展和壮大我国经济优势的重要方向,也是防止经济"脱实向虚"的关键方向。为了坚持这个方向,不能只着力发展新能源汽车产业,因为这个赛道已经过于拥挤,还要前瞻性布局未来具有发展前途的产业。主要从家用机器人、VR/AR设备、柔性显示和3D打印设备这四大产业展开分析,它们同样是能形成万亿美元级别的四个产业,并能构建具有较长链条的产业集群。

一是企业高调布局家用机器人领域。在日常生活中,专用机器已成为家中常用物品,如洗衣机、电视机、电冰箱、洗碗机、扫地机器人等。家用机器人是将专用机器朝着下一个阶段进化的产物。在商业领域,具有抓取功能的机械手臂,以及在宾馆中能乘坐电梯、为客人送东西的机器人已屡见不鲜。在工业领域,具备一定柔性制造功能的机器开始崭露头角,这些都为家用机器人提供了技术支持和模式借鉴。不少企业也高调展示自家的家用机器人,如小米在2023年的世界移动通信大会(MWC)上展示了其名为铁蛋(CyberDog)和铁大(CyberOne)的家用机器人。铁蛋是外形似狗的四足机器人,铁大是人形机器人,二者都能实现一定的交互和服从指令功能。又如,在2023年特斯拉股东大会上,马斯克展示了名为擎天柱(Optimus)的人形机器人,该机器人的目标是为人类执行一些危险或烦琐的任务,包括搬运重物、采购杂物等。从未来前景来看,在家庭中,随着我国人口老龄化进程进一步加快,以及家庭小型化、原子化的趋势发展,将会产生越来越庞大的家用机器人需求。不仅是在家庭中,家用机器人在商场、宾馆、企业、工厂、政府部门等场所也存在广阔的潜在使用需求。

二是VR/AR设备逐步迭代向MR/XR设备发展。VR(Virtual Reality),即虚拟现实,使用者戴上VR眼镜后,可以看到虚拟信息,仿佛置身于虚拟世界。AR(Augmented Reality)是指增强现实,是在现实场景中叠加虚拟信息,如在汽车前挡玻璃上显示出当前车速等相关信息。VR和AR各有其自身的优缺点:VR可使人沉浸于另一个世界,感受到全然不同的体验;AR则使人并不会完全脱离现实,只是在现实场景之上添加信息,减少了算力需求和功耗。为了融合两者优点,MR(Mixed Reality)的概念被提出,即混合现实。它能够使虚拟的合成物和现实物实时交互。MR的独特性,在于可通过借助将虚拟影像、声音等投递给没有使用智能设备的用户,使用户误以为看到了真实事物。如通过全息投影和声音设备,用户在室内可以看到海底生物。从MR和VR、AR的关系看,MR介于VR和AR之间,并不能完全替代VR和AR。为了根据需要灵活搭配这三者,XR(Extended Reality)的概念被提出,即扩展现实。目前的相关设备多朝着MR和XR智能设备发展,但这些设备都以VR和AR为基础。为了方便表述,通常将这些设备统称为VR/AR设备。

从产品发展路径来看,不少VR/AR设备通过在游戏、社交媒体、影视等娱乐产业中获得成本和收益的平衡。VR/AR设备需要研发和实践,在市场中根据用户需求不断调整,并收回一定的投入成本,用于后续的研发投入,因此,这些设备在市场上不断有实验性产品推出。仅从VR/AR眼镜设备来看，在商场中，VR设备已是常见娱乐项目，如让消费者坐在一辆车上，戴上VR眼镜和耳机，体验商家提供的"奇特冒险"内容。在市场中，VR/AR眼镜设备也十分常见，如字节跳动旗下的Pico是一款典型的VR眼镜设备，采用左右两个手柄进行操控。Pico不单是硬件设备，还配备了游戏、社交、影视、教育等软件内容，这也意味着其收益来自硬件和软件两个方面，且由硬件的推广可带来软件层面更大的收益。截至2023年，该款产品销售达到了几十万台的量级。又如，苹果公司在2023年发布的新产品Apple Vision Pro，这款眼镜属于MR设备。该设备不需要手柄，仅靠手势操作即可，可在VR和AR模式之间切换，兼具生产力工具、信息终端和娱乐工具等功能。除了传统的游戏、视频等娱乐功能以及类似手机接收信息的功能之外，该设备还能在虚拟空间中使用Office等软件，并通过虚拟空间中的无限大屏进行办公。然而，该设备的主要缺点是费用较为昂贵，并非普通家庭所能负担。

　　VR/AR眼镜设备最大的弊端是对人的视力造成负面影响，这种负面影响比电视、手机的破坏力更大，因为直接将屏幕置于离眼睛最近的位置，这是一个不可避免的问题。正如电视、手机等工具横空出世时一样，人们往往在享受便利和快乐的同时，与随之而来的弊端共存。如今可以通过改进产品、减少使用时间、设定使用规则等办法来减少设备弊端带来的伤害。工具通常是中性的，电视、手机依旧带着各种各样的问题走进了千家万户。从前景来看，不仅是VR/AR眼镜设备，其他VR/AR设备也已成为部分人的娱乐、生活工具，未来也极有可能成为更多人的娱乐、生活和工作工具。

　　三是柔性显示应用范围不断扩展。为了适应更多的显示场景，显示技术由刚性显示迭代为柔性显示，使显示器可以弯曲、卷曲和折叠。如曲面屏手机、可折叠手机都采用了柔性显示屏幕。柔性显示的发展方向可概括为具有可伸缩、更低的功耗、更护眼、更低的价格、更耐用、更轻薄、更多的功能以及更广泛的应用场景。可伸缩是柔性显示最大的优势，通过弯曲、卷曲、折叠等方式，屏幕可以多种形态展示。如京东方的十字双向折叠屏，既可纵向折叠，又可横向折叠。这种多变的特性使消费者既可根据需要使用不同形态的大屏幕，又可根据需要进行折叠方便携带。更低的功耗是柔性显示大屏幕所带来的需求，因为更大屏幕耗电量更大，迫切需要降低功耗。更护眼也是电子产品普及后显示技术发展的重要方向。人们在不得不使用屏幕的情况下，在购买电子产品时会倾向于选择更护眼的屏幕，如专门用于阅读的电子墨水屏产品，又如采用降低蓝光、频闪、反射等技术减少对眼睛伤害的OLED屏。更低的价格是保证柔性显示得以推广的基础。过高的价格会令消费者望而生畏,使产品叫好不叫座。更耐用是针对柔性显示的脆弱性而提出的要求。如消费者希望柔性显示屏更耐摔,因为更换折叠屏的成本较高,多次折叠后的屏幕折痕不明显,这就需要材料和铰链技术产生修复效果,使折痕可以自动恢复。更轻薄是柔性显示的必然要求,因为柔性显示需要高挺度、低疲劳、可弯折、透明等特性的材料,高强度的超薄玻璃恰好符合这些互相矛盾的需求。超薄的柔性显示屏加上配套设备组成的产品(如手机),消费者对其总体上也有着更轻、更薄的需求。更多的功能与产品更轻薄是内在统一的。柔性显示屏幕犹如千层饼,由多层屏幕叠加而成,可以集成多种传感器和其他器件,如屏下指纹识别、屏下摄像,使屏幕可以延展到整个手机。又如,NFC功能内置、屏幕发声等,随着功能逐步集成进入屏幕,使柔性显示不仅是显示设备,也是具有更多功能的智能设备,由此带来更轻薄的效果。

柔性显示是人与设备交互的关键新设备,是未来万物互联的基础。人通过眼、耳、手等感官系统与智能设备进行交互,必然要求智能设备带有交互功能的显示设备。为了实现更好交互效果,柔性显示设备将逐步取代传统显示设备,就如手机屏幕的更新迭代那样。不仅是手机,还包括众多智能设备、新能源汽车,如笔记本电脑上的屏幕、新能源汽车内的控制屏等;以及更多、更广泛的应用场景,如仿生材料、智能衣服、家用机器人等。随着智能设备、新能源汽车、家用机器人等新产品逐渐走进千家万户,与之相配套的柔性显示也随之走进千家万户。

四是3D打印设备应用前景广阔。与其他产业不同的是,3D打印在经历一阵热潮之后,渐渐淡出了大众视野,给人感觉这个产业已进入暮年。实际情况截然相反,3D打印产业正在蓬勃发展,在实体产业中占据的市场份额越来越多。3D打印属于增材制造的范畴,与传统减材制造相对应。增材制造是根据设计好的模型,将原材料一层层堆积起来,构建出相应结构的产品,类似生长的过程。减材制造则相反,如将一块木头雕刻成雕塑,就需要削去多余的部分。由于与传统制造相反的制造路径,3D打印具有不少优点。如减少废弃物的产生,因为采用的是原材料堆叠的方式,所以废弃的原材料可回收再利用。又如,可多样化生产,用户依据不同需求,可根据不同模型进行堆叠,满足日常生活和工业生产中的个性化需求。

3D打印被应用在不同制造业中,包括航空航天、船舶、新能源汽车、建筑、医疗、食品、小商品等诸多领域。在航空航天领域,美国国家航空航天局(NASA)在液氢火箭发动机的加工制造方面,历经3年探索,利用3D打印技术制造了100

多个零件,并设计出了可通过3D打印来完成的发动机原型,实现零件数量减少80%,且只需焊接30处,极大地节约了经费和人力成本。

在建筑领域,由中交第一公路勘察设计研究院团队设计并施工完成的箱型拱桥颇具亮点。该桥在建造过程中采用了3D打印预制构件加现场装配的施工方式。值得一提的是,该项目在建成一年后进行了拆除与重建,拆除过程中回收所得的3D打印结构部件全部被用于新桥的重建,其构件量约占新桥主要结构构件的90%。相较于传统建造,新桥的建造方式与设计思路使材料使用量减少了约90%、人工投入减少了50%、施工工期缩短了80%,同时大幅减少了建筑垃圾。

在医疗领域,3D打印的应用前景也非常广阔,包括在手术前的科学规划、手术器械、康复器械与内置物的制备、医患沟通、医学教育等方面。早在2010年,美国的Organovo公司就推出了全球第一台3D生物打印机,可使用人体脂肪和骨髓组织打印出人体组织,这一创举使3D打印人体器官成为可能。又如,手术导板的个性化定制。手术过程中所使用的手术导板属于个性化工具,医生可在手术预规划阶段,根据患者治疗需要,借助软件进行设计,再通过3D打印设备将导板打印出来。

在考古领域,3D打印被用于文物提取。在三星堆考古发掘工作中,使用3D扫描仪将文物以及周边数据进行采集,然后通过3D打印机打印出与原物一模一样的石膏模型,再利用石膏模型制作对应的硅胶保护套。在提取文物过程中,先将制作好的保护套贴合在文物表面,再使用套箱提取文物。这样的操作流程能更好地保护文物,避免在提取时因文物较为脆弱而损坏。

随着3D打印技术的发展,4D打印的概念应运而生。4D打印继承了3D打印分层制造与无模化一体成形的属性特点,将一种对温度、水、电化学、pH氢离子浓度指数等刺激产生响应的材料引入增材制造技术,通过数学编码运算实现材料在时间维度上的变换。因此,4D打印在3D打印的点、线、面、体空间维度的基础上,增加了时间维度,形成了时空维度。2013年,在美国的TED会议上,麻省理工学院的Tibbits首次提出4D打印概念,并展示了一根绳子在水中转变为"MIT"立体字样的过程。4D打印能够实现材料的多功能性、自组装与自我修复功能,在生物医学、机器人、柔性电子、汽车工程、武器装备、航空航天等领域都得到了广泛关注和研究。如某学者利用4D打印技术对液晶弹性体进行精确加工,获得了具有感知能力和地形适应能力的智能软体机器人。这个机器人是一个长

10厘米的管状物,通过对热的感知可自主改变自身形状,从而调整运动速度和方向。该机器人可像昆虫触角一样感知前方障碍物的高低,从而实现翻越或折返,其运动速度最高达每分钟40厘米,最大可翻越20°的坡。

前瞻性布局这些产业的研发和产品制造,完善产业链条,有助于保持我国制造业和实体经济的领先优势,确保在未来二三十年持续保持生命力。人对未来的预测能力终归有限,不仅是这些产业,新的实体经济产业会不断涌现,如在生物制造、商业航天、低空经济、量子技术、生命科学等领域。巩固既有优势产业,保持对新产业的敏锐嗅觉,坚持多元化发展,方能在大变革中不断适应新的局面。

三、实数融合地方实践中的矛盾关系

首先,从实数融合的地方实践来看,实数融合的探索事例更加鲜活,应因地制宜、因企制宜地处理好各类矛盾关系。

一是处理好区域功能定位和产业发展的关系。各区功能定位不同、发展程度不同,对数据要素、数智技术运用的能力不同,可探索不同程度、不同环节的数字化转型。如在数智技术应用成熟的高新技术开发区,数字化转型将在更深、更广层面进行;而在以农业为主的农村地区,数字化转型主要体现在销售端。

二是处理好成本和效益的关系。运用数据要素需要跨越技术关和成本关,本质上是投入时间成本、人力成本和资金成本。对于市场主体而言,应充分考量成本和效益,根据自身情况选择合适的数字化转型路径。总体来看,实数融合是必然方向,局部看却千差万别,重点依旧在于自身产业竞争力。

三是处理好局部创新和整体突破的关系。运用数据要素、数智技术带来的结果具有两面性。对于地方政府而言,以试点推进创新,待成熟后再复制推广是常见方式。

四是处理好发展本地企业和引进外来企业的关系。数据要素、数字经济依旧属于新生事物,面临着各种新挑战。各地在探索时,既要发展好本地企业,巩固本地优势,又要适当引进外来企业,特别是头部企业,从而在数据要素市场、数字经济的新领域实现跨越式发展。如合肥市的汽车制造优势不明显,引进蔚来汽车后,在新能源智能汽车新起点上抢占了先机,获得了先发优势。

五是处理好独立自主和国际合作的关系。中美贸易摩擦使国人警醒,过去一味依赖进口,"造不如买"的观念走到了死胡同,关键核心技术"要不来、买不

来、讨不来"由少部分人的清醒认识成为普遍共识。在发展数字经济、实数融合过程中,全面实现国产化,防止被"卡脖子"成为重点任务,但这样难免陷入另一种误区,即只要独立自主,不再进行国际合作。从企业的数字化转型路径来看,独立自主固然是为了长期的可选目标,国际合作也是不应被放弃的可供选项。毕竟,中国开放的大门只会开放得更大。

其次,从实数融合的地方实践来看,更要处理好成功与失败的关系。在发展服务实体经济的数字产业以及企业进行数字化转型过程中,并非总能一帆风顺,成功的事例比比皆是,先进的案例也并不鲜见,但失败的事例恰恰最需要被重视。一方面,必须建立起容错机制,鼓励创新、宽容失败。另一方面,应防止实数融合趋势下出现盲目乐观、大干快上的情况;应允许企业根据自身情况,积极、审慎地探索,而非基于某一刚性目标下的整体行动。这样才能使企业在数字化转型中以更小的代价、更高的概率获得更大的成功。

第二节　现代化经济发展的实数融合

推动实数融合,以数字化、网络化、智能化、绿色化为主要方向,包括制造业、服务业、农业等领域的产业转型发展。运用数据要素、数智技术,应依据各地条件和市场主体实际情况,进行合适的、因地制宜的探索与实践。在数字经济浪潮下,湖北省罗田县、英山县、鄂城区、蔡甸区等地的企业均有不同形式的探索,是基于自身条件的明智选择与实践。基于数据要素、数智技术运用的各类市场行为,也为新形势下企业活力的提升提供了思路。

一、实数融合与农业大县:罗田、英山案例

湖北省罗田县、英山县均属农业大县和山区县,罗田县位于英山县西面,两县相邻。罗田县以板栗闻名遐迩,英山县以家乡名人活字印刷术发明者毕昇为傲。两县在农业、工业、文旅和大健康产业等方面均有所发展。2021年罗田县GDP为168.73亿元,2023年为190.93亿元,同比增长6%。2021年英山县GDP为122.81亿元,2023年为135.88亿元,同比增长4.6%。为贯彻新发展理念,结合山区县特点,两县并不以发展GDP为主要目标,不与工业强县进行同质化竞

争,而是以生态立县为基本原则,在保护环境的基础上践行差异化的高质量发展。两县均以自身地理、气候特点,发展特色农业和生物医药业,并在实数融合方面进行了探索。

农产品销售运用互联网平台是两县的共同特点。

一是销售方式由传统的网上售卖逐步转为直播带货。在罗田县有乡土"网红"主播——徐志新。徐志新是湖北罗田县燕窝湾村党支部第一书记、湖北省燕儿谷片区联合党委书记、湖北省燕儿谷生态观光农业有限公司董事长,不少罗田本地特产,乃至鄂西北地区的特产,都借由他的直播销售渠道出售。在英山县的不少乡村,也有直播带货设施和尝试,带货时间根据当日反馈情况灵活处理。

二是农产品销售平台由传统互联网平台逐步转向短视频直播平台,呈现多元化局面。传统互联网电商平台(如淘宝、京东)已不再成为首选,为了获取增量,拼多多、抖音等平台成为新的销售渠道。"832平台"也成为当地农产品销售的重要渠道,形成多元互联网平台并存的局面。

三是农户、公司、"网红"各有分工。数据要素的运用催生了新职业——互联网营销师,即"网红"带货主播,使分工呈现出新的特点,农户负责原材料生产,公司负责对原材料进行加工、研发新产品,直播团队负责在线上销售,互联网营销师人选由市场人气决定。

四是优质农产品并非完全依赖直播带货。罗田县的湖北名羊农业科技有限公司出产的黑山羊,与京东、盒马鲜生进行了战略合作。罗田县的湖北正光九资河药业有限公司所生产的药材产品(如茯苓、天麻),原材料来自优质药材产地——九资河镇,并且该公司与劲牌公司、华润堂、国药控股等企业建立了战略合作,少量产品通过徐志新书记直播带货平台销售。

企业因战略选择、机缘等因素呈现出不同程度的实数融合。

一是对口援建带来的实数融合。中国宝武武钢集团对罗田县进行了对口援建,其旗下宝信软件公司结合自身数智技术优势,推动了当地的数字化建设,包括湖北名羊农业科技有限公司的数字化转型。目前,该公司构建了黑山羊全流程数字孪生管理平台,借助这一平台从黑山羊认养、养殖,再到进厂、分批次处理、冷冻、分割包装到销售等环节一目了然,各项生产和销售数据也能被实时掌握。在放牧、养殖、分批次加工等各环节,依旧以人工操作为主,辅以流水线设备协同作业。

二是战略合作带来的实数融合。英山县本地药企湖北辰美中药有限公司(原湖北金新龙中药饮片有限公司)于2017年引进了天津红日药业股份有限公司(上市企业),并由天津红日药业股份有限公司进行控股。通过2.45亿元的投资建设,该企业兴建了配方颗粒生产大楼、中药饮片生产厂房,并打造了智能仓储物流中心,生产加工、物流在一定程度上实现了机械化、数字化、智能化;该企业通过人机合作的方式生产配方颗粒和中药饮片。该企业也生产了配方颗粒智能配药机器,通过数字化、智能化手段,简化了配药流程,实现了产能提升和技术升级。

三是独立自主式的实数融合。罗田县九资河镇的湖北正光九资河药业有限公司(前身为罗田县僧塔寺人民公社茯苓加工厂),通过累计投资8000万元,于2004年建成了全套符合GMP标准的加工设备和检测设备等,并建有中国九资河茯苓博物馆。该公司相较于前两家公司规模小,但和前两家公司一样,在促进当地经济发展和人民增收方面起到了重要作用。它带动了麻城市、罗田县、英山县、金寨村等周边地区药农增收,仅在公司所在地罗田县九资河镇,当地药农年收入已达到10万~20万元。该公司的数据要素运用程度非常低,销售端也是如此。由于销售以批发为主,仅少量零售产品参与了直播带货,并且公司所在地的样品超市采用了数字支付方式。但对于一个偏远的山区乡镇企业而言,不失为现代化发展的好样本。

二、实数融合与工业强区:鄂城案例

鄂城区是湖北省鄂州市主城区,简称"鄂城",位于光谷之东,在湖北省县域经济发展中排名较为靠前。2021年GDP为1162.3亿元,2023年为1266.03亿元,增长约8.9%,是省内名副其实的工业强区。鄂城区工业基础雄厚,因鄂钢(鄂城钢铁厂)的发展而兴,具备地理位置优、综合实力强、市场主体活跃等优势,各类企业在实数融合方面均有不同程度的探索。

鄂城区鄂钢在转型升级中全面引领实数融合。

一是呈现引领式的数字化、智能化、绿色化发展优势。宝武集团鄂城钢铁有限公司的前身为鄂城钢铁厂,在总公司宝武集团的资金支持下,与华为公司展开合作,累计投入四十多亿元,进行了全面、深度转型,成为5G+工业互联网应用企业。鄂钢建设了操业集控中心,于2020年初正式启用,是鄂钢的大型数字孪生管理和监控平台。平台分为两层,分别管理和监控炼铁、炼钢、动能回收以及环保数据。鄂钢在生产端基本实现了无人化作业,多数生产环节由机器和远程操控代替。工厂运营视频和数据,包括电力、循环用水、水和气体排放等环保数据,以及燃气安全使用数据、全厂治安数据等,均在数字孪生平台上展现,并由专业团队负责管理。燃气使用和治安(如盗窃)是该企业两大风险点,通过线上监管的方式,极大程度地降低了风险。

二是全面数字化带来企业人才需求变化。一方面,人数需求呈量级减少。早期的鄂钢拥有员工2万人,在钢铁行业步入下行期后,通过减员增效以及数字化转型,在生产和管理领域,员工大幅减少,现有员工3000余人。另一方面,招聘要求进一步提高。据该公司负责人介绍,现在招工标准至少为"一本"学历及以上。随着转型成功、钢铁行情上行,鄂钢已成功扭亏为盈,效益大幅提升。在2022年,全年营收达323.7048亿元,凭借这一成绩上榜"2023湖北企业100强"(排第31位)和"湖北制造业企业100强"(排第14位)。

鄂城区民营企业也在探索实数融合之路。

一是工业设计和生产领域的引领式实数融合。亿美特装备(武汉)有限公司位于鄂城区,前身为1994年成立的鄂州鄂丰精密模具有限公司,是湖北省首批合资企业之一,目前是湖北省专精特新"小巨人"企业。该公司的主打产品——塑料管件模具,不仅被国内中高端管材管件生产企业采用,更是畅销欧美、中东、北非等地。该公司负责人坦言,除了技术积淀,公司很早便采用了瑞士3D打印设备,并取得了领先优势。因为"没有哪两个客户的模具是一模一样的",3D打印便于定制的特点很好地解决了需求。

二是传感器生产企业将自动化、数字化生产与灵活生产相结合。深圳市特普生科技有限公司成立于2011年,在深圳、鄂州鄂城区均有布局,是国内第一家可批量生产高可靠性单端型玻璃封装热敏电阻厂家,即生产温度传感器的企业。如将温度传感器内置于新能源汽车电池包中,可实时监测电池温度。该公司产品为传导温度数据的微型线性设备,可内置于新能源汽车、家用电器、电力消防、医疗器械等所有需要测温需求的设备中。由于对温度传感器需求的样式不同,待微型芯片切割好后,先通过全自动设备封装,再由员工根据需要利用简单工具进行流水线制作。因此,该公司在鄂城区的工厂并不是完全无人的全自动智能工厂,而是既有少量员工管理的数字化、智能化设备,更多的是劳动密集型生产线。

三、实数融合与赋能中心:蔡甸案例

蔡甸区位于湖北省武汉市西南部郊区,简称"蔡甸",区内有蔡甸经济开发区

(省级开发区)和武汉经济技术开发区(国家级开发区,又称"中国车谷",简称"车谷"),蔡甸经济开发区的位置处于车谷以西。车谷不仅包含蔡甸区部分区域,后扩大至汉南区,在行政管理上有一定自主权,并且在汽车智能制造和研发、智能网联汽车创新试验等领域处于领先地位。为推动区域一体化发展、促进产城融合、加快工业数字化转型,蔡甸经济开发区于2019年建设武汉中德国际产业园,并以该产业园为平台,与德国西门子合作共建工业互联网赋能中心(为华中地区首家),引进该赋能中心的初衷为服务蔡甸经济开发区及车谷的广大企业。

武汉中德国际产业园工业互联网赋能中心的赋能实践已取得一定成效,服务范围已由蔡甸经济开发区扩展到全武汉市。

一是引进赋能中心意义重大。德国很早便提出了工业4.0的概念,在智能制造、工业互联网等方面技术积淀深厚,作为行业内的头部企业,德国西门子在该领域构建起了较为成熟的体系,能为其覆盖区域内的企业提供较为先进的服务,并为其他企业提供了借鉴参考。

二是与十多家企业进行了战略合作。该赋能中心共建于2020年7月,是蔡甸区通过招商引资引入的项目,由西门子与中电光谷共同建设。由于赋能涉及软硬件及多个行业,仅靠赋能中心自身的力量无法完成,因此,赋能中心搭建起了一个生态体系,与中船重工、凯德智能等十多家企业建立了合作关系,根据需要共同为企业进行赋能。

三是在武汉市内开展多维度赋能工作。维度一是参观。截至目前,前来赋能中心参观的企业已过万。维度二是培训、交流。赋能中心每月都会举办一期数字化大讲堂。维度三是对企业进行数字化诊断。赋能中心为企业提供数字赋能诊断方案,科学规划企业数字转型蓝图,至今已诊断武汉市内四百多家企业。维度四是与合作企业共同对其他企业进行数字化转型赋能,其中包括对中国信科集团旗下的烽火通信科技股份有限公司、东风岚图等几十家企业,进行了生产车间工业互联网赋能方案打造和指导。

四是赋能中心在赋能过程中发挥着规划引领作用。在对东风岚图生产车间进行赋能过程中,5G通信等部分由中国联通负责完成,赋能中心在数据更新采集通信的底层架构、看板、上层应用开发、产品供货等方面起主导作用,如在应用软件开发中负责规划和指导等工作。

各地市场主体在实数融合方面的具体思路各不相同,显出各市场主体基于自身条件对实数融合路径做出了明智选择。这既体现了数智技术在全域、全体、全程、全参与、全贯穿层面的必然性,也体现了数智技术在局域、局部、部分程序、部分参与、部分贯穿方面的必要性,充分显现用好数智技术推动经济持续发展在地方实践中的中国式智慧——实事求是。

第三节 经济高质量发展的数字支撑

实数融合主要是产业数字化,依据矛盾事物发展的一般规律,数字产业也随之获得了发展,其发展模式既有数字经济核心产业先行发展,也有互动式发展。在这一系列经济活动之中,体现着数据要素作为关键生产要素、数智技术作为关键技术,在提升经济发展质量的过程中不断发挥作用,并在数据运用的平台、标准、系统打造中不断提升我国软实力。

一、数字支撑与建筑设计:中南建筑设计院

中南建筑设计院(简称"中南建院")始建于1952年,是中国六大区域综合性建筑设计院之一。中南建筑设计院设计完成了武重、二汽等工厂,打造了武汉地标黄鹤楼,创造了"三天一层楼"的"深圳国贸速度"。

中南建院采用了集团架构重构、设计软件打造两步走的策略,在公司架构上成功转型为一家平台型组织企业,打造出具有国内外领先地位的建筑业软件平台——中南建院PLM平台,实现了公司架构和软件的平台化。下一步,中南建院将在商业模式平台化方面持续发力,并不断强化独立自主性。

在数字化大背景下,建筑设计行业也须由信息化向数字化迈进。目前,该行业虽已完成信息化建设,但距离实现数字化尚有很大距离。一般建筑设计行业普遍采用AutoCAD、Revit等图纸制作软件来绘制电子图纸,待电子图纸绘制完成后,交付开发商用于建筑施工。相比而言,使用制图软件比传统手绘图纸方式在效率、精度方面均有所提升,这是已实现信息化的一种表现。但是,施工时,图纸依旧需要被打印出来,这就又回归到了传统的操作方式,使建筑由设计环节到建造阶段,再到后期建筑维护呈现一种割裂的状态,不利于由设计到建造再到维护的贯通式管理。这种割裂的状态使建筑设计无法发挥更大作用,如母鸡下了蛋,

蛋被拿走后,蛋和母鸡就没有关系了,缺少孵化、养育等重要过程。另外,建筑设计行业也是非常内卷的行业,"拼加班、堆人头"已然成为行业常态。尽管如此,图纸设计费仅在 20~30 元/米^2,与建成后的商品房每平方米动辄上万元的价格形成鲜明的对比。

(一)集团架构平台化

中南建筑设计院凭借自身技术积累底蕴,积极尝试担当建筑设计行业数字化转型的排头兵角色。改革重组使集团架构平台化,实现了"子并母"式的蜕变。

一是以 2014 年的集团整合为基础。在此之前,中南建筑设计院原本是独立运营的;而在 2014 年,中南建筑设计院被并入中南工程咨询设计集团。该集团由十多家省属国有设计咨询企业组成,除了中南建筑设计院之外,还涵盖 2 家省属招标代理公司、1 家环境设计院、1 家城建设计院、1 家工程咨询公司、省建科院以及省规划院等。这次的整合可视为一次物理整合,仅是将各个子公司简单拼凑在一起,并没有实现化学融合。

二是整合后的中南工程咨询设计集团依旧存在不少问题,可被称为"三化"(管理行政化、业务同质化、资源碎片化)。集团总部形似行政机关,集团内的各个子公司业务高度重叠,同业竞争的情况比较常见。各子公司呈资源碎片化,无法打通使用,难以实现优化配置,形成"规模不大、结构不优、效益不高、主业不强"的局面。

三是 2022 年 4 月,湖北省重新组建中南建筑设计院股份有限公司,中南建筑设计院恢复为省属一级企业,中南设计集团的其他子公司归属于中南建筑设计院。新组建的中南建筑设计院整合后规模超过 5000 人,聚焦工程咨询设计、设计施工总承包两大主业,努力打造"国内领先、世界知名"的工程设计领域集成服务商。重组以后,中南建筑设计院共成立了五个大区中心、七个专业化事业部,还有若干个传统的二级分子公司(图 4-1)。

四是重组后的中南建筑设计院转变为一个平台型组织,它是受数字思维影响的产物。一方面,总部成为一个大平台,集管理总部、业务总部、研发总部于一体。譬如,各子公司的资质统一交到总部管理,通过市场化的规则运作,以解决管理行政化的问题;另一方面,突出事业部,以专业化的业务重新整合各方资源,解决业务同质化、资源碎片化的问题,各事业部成为大平台下的小平台。

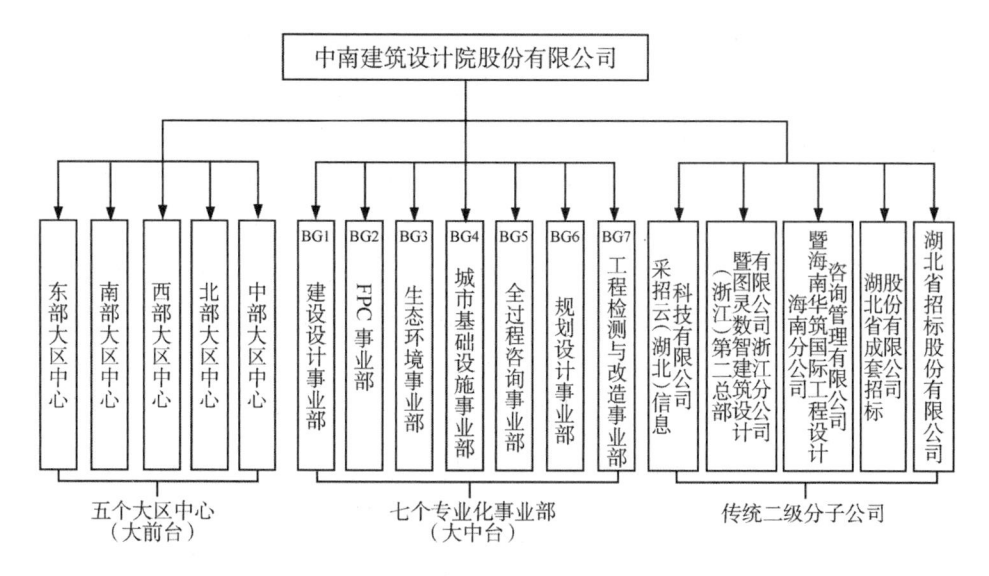

图 4-1　重组后的中南建筑设计院组织架构

(二) 全生命周期管理平台

在集团重构的基础上,中南建筑设计院(简称"中南建院")打造了国内首个建筑工程全生命周期管理 PLM 平台(简称"中南建院 PLM 平台")。

一是 PLM 是一种基于产品生命周期管理的先进理念和方法。PLM 的英文全称为 Product Lifecycle Management,即产品生命周期管理。它是将割裂的产品研发、生产、管理、应用、维护、报废、再利用等全部过程整合起来进行管理,既可以是企业内部的协调,也可以是不同企业之间的配合。

二是中南建院 PLM 平台在建筑设计领域是基于 PLM 理念和方法的创新事物。该平台不仅在国内处于领先地位,在国际也拥有一定的领先优势。如世界知名的美国公司 AECOM,在建筑设计等领域属于领军企业,年营收超过千亿元。与该公司相比,中南建院拥有"一模到底,无图建造"的领先技术,即从设计到施工没有使用一张纸质图,上下游企业都基于同一个模型进行实时沟通协作。

三是中南建院 PLM 平台采用了制造业数字化思维,而非建筑业数字化思维。建筑业数字化是基于 BIM(建筑信息模型,英文全称为 Building Information Modeling)标准,由建筑设计师主导。在建筑设计师看来,其主要任务是建筑外形以及构造的设计,并不包括建筑内部的所有细节,如电梯、电灯、办公桌等。因此,对于建筑设计师而言,只需在设计时留出必要的空间,再由其他专业人士负责相关操作,如电梯厂商负责在预留的空间内布置、安装好电梯。正因如此,建筑设计师构建的BIM只有预留给电梯的空间,缺少电梯的具体信息。这样不仅可能导致预留空间不足带来电梯天然设计缺陷(如没有预留排水空间,使电梯更易出故障),也不利于电梯安装和后期维护,因为在BIM上找不到此类信息。所以,中南建院另辟蹊径,采用制造业数字化思维,运用中南建院PLM平台构建的建筑数字模型(BIM的升级版),能将更多细节通过协同的方式体现出来。

四是中南建院PLM平台是与法国达索公司合作的产物,是基于制造业数字化思维的协同设计、建造维护的平台。中南建院与法国达索(达索系统)签署了战略合作协议,引进了法国达索公司的航空制造业PLM平台,并在该平台基础上进行了二次开发,构建出以航空制造业为逻辑的中南建院PLM平台。在中南建院PLM平台上,建筑行业产业链的上下游(包括建设方、设计方、设计审查方、招标代理方、工程总承包方、工程分包方、运维方)都可在平台上进行协同工作。仍以电梯为例,建筑设计师在预留电梯空间后,电梯设计师能在同一张三维图上进行电梯设计,并及时反馈空间预留不足或缺陷等问题。电梯提供商也能依照设计进行施工,便于后期物业的维护和保修管理,进而实现一张图从开头到结尾的有效利用。武汉新一代天气雷达成为国内首个使用中南建院PLM平台的项目,也是国内首个、全球首批"全过程无缝衔接的数字化建筑项目"。在建设过程中,施工方用平板电脑而非图纸,借助三维图像更好地统筹建设中的难点。

(三)与法国达索强强联合

中南建院与法国达索开展战略合作,这是中南建院作为一家企业在现实条件下快速实现数字化的战略抉择。

一是中南建院难以在短期内自主研发出一套成熟且世界领先的PLM平台。从建筑设计、招标、测绘到建设业务来看,中南建院的技术池和人才库主要集中在建筑领域。因此,中南建院是一家建筑业企业,不是一家制造业企业,也不是一家软件业企业。中南建院想要在短期内"招兵买马"自主研发出一套比肩法国达索(全球工业软件头部企业)的PLM平台,堪称天方夜谭,况且法国达索的航空制造业PLM平台已在应用中打磨成熟。如果选择完全自主研发,便是在拿自己的弱项与别人的强项竞争,不仅投入大、效果差,还可能因战略误判而遭受巨大损失。类似因投资方向错误致使的企业出现重大损失乃至破产的事例数不胜数。对于企业而言,选择立足自身优势领域或培育优势领域,方能在激烈的市场竞争中立于不败之地。

二是中南建院选择法国达索是多方比选的结果。Autodesk是世界知名的美国软件企业,建筑业普遍采用的AutoCAD、Revit都是该企业旗下产品。中南建院未与它开展合作,一方面是考虑到其企业背景,担心会受到中美贸易摩擦的影响;另一方面是因为Autodesk的软件产品均未能达到中南建院的全部期待,无论是Autodesk的PLM平台,还是其他设计软件,如在3D建模、3D标注、多方协同等方面均存在一定的欠缺。为了打造一个更先进的PLM平台,中南建院选择了在企业背景和企业软件产品功能均符合要求的合作对象——法国达索。作为一家法国公司,其受到中美贸易摩擦影响的概率相对较小。法国达索原是一家飞机制造公司,旗下达索航空(Dassault Aviation)是法国第二大飞机制造公司,也是世界主要军用飞机制造商之一。旗下达索系统(Dassault Systemes)脱胎于达索航空,是全球工业软件领域的巨头。由达索系统开发的CATIA(计算机图形辅助三维交互式应用软件,英文全称为Computer-graphics Aided Three-dimensional Interactive Application)是世界知名的CAD(计算机辅助设计)/CAE(计算机辅助工程)/CAM(计算机辅助制造)一体化软件,已成为三维CAD/CAM领域的标杆,在航空航天、汽车及摩托车领域占据着主导地位。不仅在航空航天领域,国内不少造船领域亦采用了法国达索的软件。

三是中南建院选择法国达索是基于一定独立自主、积极创新意愿的体现。法国达索虽是工业软件领域的巨头,但在建筑业领域没有专门的设计软件,这为双方互利合作创造了先决条件。运用法国达索提供的航空制造业PLM平台,中南建院的数字化团队基于建筑业的技术积淀,在其基础上打造了中南建院PLM平台,使其成为国内外均占据领先地位的建筑业PLM平台,实现了更优质的3D建模、3D标注、多方线上协同以及3D虚拟建造等功能。平台在3D建模方面,以更先进的数学算法进行数字孪生,如对坡面进行更精准的模拟;在3D标注方面,可将二维图纸上的标注直接在3D模型中原位呈现;在多方线上协同方面,建筑业各方均可在同一模型上进行线上协同设计,沟通更便捷及时且不受地域限制,不同企业的设计人员无须处于同一办公室,即可进行协作;在3D虚拟建造方面,通过构建更贴合实际的3D建模来模拟建造场景,进一步提升设计的可建造性。这是一场强强联合式的创新之举,饱含着中南建院对知识产权的尊重,以及在理念上的重大革新。

(四)商业模式平台化

在完成公司架构重构和平台软件打造工作之后,中南建院尝试在商业模式上进行革新,即商业模式的平台化。

一是商业模式平台化是互联网平台常见的发展与盈利路径。一般互联网公司在发展前期以免费的方式汇集大量用户,待其发展成为互联网平台后,再根据不同用户的需求对部分用户进行收费,进而实现盈利的目的。

二是中南建院借鉴互联网平台形成新的发展、盈利路径。过去,中南建院的商业模式是为建设方提供服务,由建设方支付建筑设计费。基于新的公司架构和中南建院 PLM 平台,中南建院的数字模型不仅为建设方服务,还为总包方、分包商、设备供应商、招标方、审计方、运维方提供服务,成为建筑项目全过程参建方。在提供免费服务(如建筑设计免费)的同时,也向下游企业收取一定的服务费,以此形成建筑业新的组织、运营和盈利模式。

三是在中南建院 PLM 平台的基础上,打造城市全生命周期管理平台(简称"中南建院 CLM 平台"),形成双平台相得益彰的格局。中南建院 PLM 平台是建筑产品全生命周期管理平台,区域的显著特征由众多建筑所构成,特别是由大量密集的建筑组成的城市,所以城市的管理离不开对建筑的管理。因此,建筑管理的 PLM 平台是城市管理的 CLM 平台的重要基础。中南建院 PLM 平台在打造和运用过程中,掌握了大量建筑的数字模型,由此将构建出呈现诸多建筑细节的城市内外全景,进而催生中南建院 CLM 平台。

综上所述,在商业模式规划上,中南建院不仅有望成为建筑全生命周期管理的互联网平台,未来也有望成为城市全生命周期管理的互联网平台。

(五)深化合作与自主创新

中南建院以审慎的战略选择,构筑了更安全、更先进的建筑业数字化新图景,并通过与国内软件公司合作,强化了我国建筑业数字化的发展基石。

一是中南建院与法国达索(达索系统)进一步强化合作,使双方的合作更牢固、更可靠。中南建院与法国达索(达索系统)的合作始于 2016 年。2019 年,双方签署了战略合作协议。2020 年初,中南建院在武汉雷神山医院项目设计中应用了达索系统捐赠的 CFD 仿真软件,针对雷神山医院气流组织和污染空气扩散进行了数字仿真分析及优化工作,双方并肩为武汉抗疫事业贡献了力量。2021年,中南建筑设计院与达索系统联合成立了"中南建筑设计院—达索系统赋能创新中心",基于达索系统 3DEXPERIENCE 平台进行建筑领域数字化转型探索,打造了中南建院 PLM 平台,并在武汉新一代天气雷达及湖北省疾控中心项目中,成功践行了"一模到底,无图建造"的理念。2023 年,在时任法国总统马克龙访华期间举办的中法企业家委员会第五次会议上,中南建院与达索系统签署了深化合作意向书。通过战略合作协议、深化合作意向书等相关文件,中南建院的研发成果得到了更好保护,化解了中南建院PLM平台深度应用中的潜在纠纷和问题。

二是中南建院的强强联合探索为我国建筑业数字化提供了先进参照范例。回顾历史,我国在第一次、第二次以及第三次工业革命的前中期处于缺席状态,因而长期以来一直采用学习、引进、模仿等方式拼命追赶。如引进苹果手机生产线,为国产手机厂商提供了先进参照样本,国内企业得以掌握相关技术,国产手机得以大力发展。同样地,中南建院通过引进最先进的制造业PLM平台软件,并以先进理念打造建筑业PLM平台,将为我国建筑业数字化提供先进的参照,不仅为新型建筑业企业百花齐放般的繁荣发展打下基础,也为国内建筑业软件企业打造具有完全自主知识产权的软件系统树立了标杆。

三是中南建院与国内软件企业积极合作,为自身的稳步发展筑牢基础。目前,中南建院正与中望龙腾、中设数字技术股份有限公司等企业通力合作,着力构建完全国产自主可控的建筑PLM平台。同时,中南建院将通过项目试点的方式,实现完全依靠三维模型、不依赖任何二维纸质图纸的无图建造模式,形成数字底座的国产替代。这将进一步提升中南建院在国际合作中的话语权,也将为国家安全、建筑业产业安全、企业发展安全打下坚实基础。

二、数字支撑与自主创新:中国信息通信科技集团

中国信息通信科技集团(简称"中国信科")在光纤、芯片、光通信、无线移动通信等领域处于领先地位。该集团坚决贯彻"核心技术、关键技术、国之重器,必须立足于自身"的理念,将大国重器牢牢掌握在自己手里,在自主创新、标准制定、系统打造等方面积极探索。

光谷,即武汉东湖新技术开发区,位于武汉东部,是首批国家级高新区。中国信科是中国光谷的重要策源地,自此形成了美国有硅谷,中国有光谷的格局。

一是烽火科技与大唐电信强强联合,组建了中国信科。2018年6月,武汉邮电科学研究院有限公司(经营实体为烽火科技集团,简称"烽火科技")和电信科学技术研究院有限公司(经营实体为大唐电信集团,简称"大唐电信")实施联合重组,组建了中国信科。烽火科技在光纤等光通信领域占据龙头地位,大唐电信在无线移动通信领域具备明显技术优势,二者合并后在通信领域实现了优势互补,组成结构如图4-2所示。

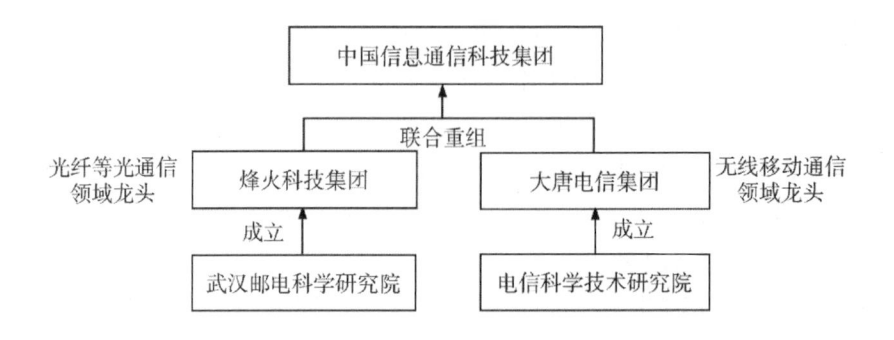

图 4-2　中国信息通信科技集团的组成结构

二是烽火科技的前身是武汉邮电科学研究院(简称"武汉邮科院")。1995年前后,我国电信行业从垄断走向开放,竞争愈发激烈,中兴、华为等本土企业迅速崛起,国外合资企业也频频抢占市场份额。为应对市场化挑战,1999年,在国务院颁布的"发展高科技,实现产业化"的文件指导下,武汉邮科院联合国内10家企业,共同组建成立了烽火通信科技股份有限公司,这是武汉邮科院首次尝试的企业化改革。此后,武汉邮科院相继成立了多家子公司,如光迅科技、长江通信、烽火移动、武汉虹信等。为了便于对旗下子公司的管理,武汉邮科院自身进行公司化改革,于2011年设立烽火科技集团有限公司(即烽火科技)。至此,武汉邮科院和烽火科技形成一套班子两块牌子的格局,烽火科技集团有限公司构成如图4-3所示。

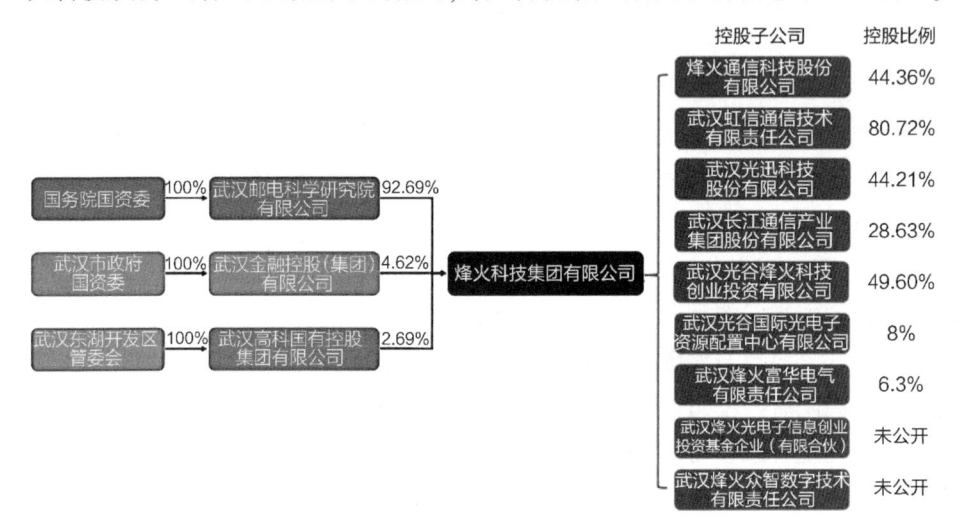

图 4-3　烽火科技集团有限公司构成图

三是武汉邮科院的赵梓森团队对我国光纤发展、中国光谷建成起到了关键作用。赵梓森是我国光纤通信技术的主要奠基人和开拓者,他"拉出"了我国第一根实用性石英光纤、创立了我国光纤通信技术方案,并作为武汉邮科院的技术带头人,建成了我国第一条光缆通信工程和连通全国的光纤通信线路,为我国光纤通信作出了杰出贡献,被誉为"中国光纤之父"。正是由于在光纤生产、光通信研发等领域取得的成果,赵梓森作为主要倡导者和推动者,见证了武汉·中国光谷的建立和飞跃式发展。经过多年发展,光谷成为高等院校、科研院所、技术人才密集之地,是华中地区最具活力的区域,其GDP年产值已超过2000亿元。

(一) 光纤传感器

基于在光通信领域的优势,中国信科持续刷新光纤传感技术领域纪录,实现了光纤传感距离由100米到175米再到208米的突破。

一是传感器的重要性丝毫不亚于芯片。传感器犹如机器的感知系统,是人类感官系统的延伸,也是终端设备中不可缺少的部分,更是发展工业互联网、物联网的关键触角。没有芯片,机器无法智能计算;没有传感器,机器无法感知内外条件变化,更无法随之作出正确判断,就如"眼盲耳聋"一般。手机中的人脸识别功能,便是由多个传感器感应并回传信息后得以实现的。我国不仅在芯片领域受制于人,在传感器领域也大量依靠进口。要发展好传感器产业,有赖于传感技术的研发和应用。传感技术是现代科技的前沿技术之一,也是现代信息技术的三大支柱(传感技术、计算机技术、通信技术)之一,更是国内外公认的具有发展前途的高技术产业之一。

二是光纤传感技术应用领域广泛。光纤传感技术是运用光纤传感器,以光信号进行相关的测量和感知,如对温度、振动、位移等的测量与感知。具体来讲,如火险预警、电缆温度监测、管道泄漏监测、周界安防、地震波探测、建筑变形监测、地质沉降监测等,都可采用光纤传感技术。

三是光纤传感器具有精度高、响应快、成本低、抗电磁、抗腐蚀干扰、能力强、体积小、重量轻、监测范围广等优点。光纤传感器采用的是光信号,因为光的传输速度更快,所以精度高、响应快;光纤的量产使成本变得更低廉;光纤采用的材料是石英,相较于其他材料而言,抗电磁干扰、抗腐蚀能力强;光纤的体积小、重量轻,容易安装在各种需要监测的环境中;基于光纤可测量的对象众多,应用领域广;光传输信号损耗小,所以测量的距离更长。与之相比,电传感器远距离传输衰减更严重,需要更高电压且抗雷电的效果较差,特别是在强雷电环境下。如

2011年的甬温线特别重大铁路交通事故,部分原因就是频繁的雷击导致轨道电路失效,造成巨大的生命财产损失。通过延长光纤传感距离,能进一步提升监测的稳定性、降低成本,增加应用场景。

四是中国信科在光纤传感距离上再立新功。继2021年发布ϕ-OTDR单端100 km传感距离成果、2022年发布ϕ-OTDR单端175 km传感距离成果之后,2023年中国信科旗下武汉光迅科技股份有限公司发布了分布式光纤传感领域最新研究成果——单端208 km传感长度的BOTDR+ϕ-OTDR融合分布式光纤传感系统。BOTDR(Brillouin Optical Time-Domain Reflectometry,布里渊光时域反射分布式光纤传感技术)和ϕ-OTDR是两种不同光学效应(布里渊散射、瑞利散射)的传感技术。通过融合使用两种技术,集合了两者的优点,能测量更多变量,包括了振动、应力、温度和衰耗四个维度的实时传感,即在更长的距离上监测更多内容。该技术持续突破的好处是通过延长光纤传感距离,监测系统需要的传感器数量更少,由此带来成本更低,且不需要进行多次传感嫁接,使传感系统更稳定。更多的应用场景也能用这一套设备完成所有监测,如在石油管道监测中,"振动"传感负责地震、盗窃、外物入侵等监测,"应力"传感负责管道的位移监测,"温度"传感负责火灾、爆炸等监测,"衰耗"负责管道泄漏等监测。必须指出的是,中国信科的光纤传感系统中的关键核心光芯片、光器件均为自主研发。

(二)光芯片

在芯片领域,中国信科基于优势领域大力发展光芯片。光芯片较之电芯片具有一定优势,有望成为我国优势领域之一。光芯片具有电芯片无法比拟的优势,光芯片有效避免了发热问题,其特点为速度快、传输损耗更低、带宽更高、时延更少、抗电磁干扰能力更强等。从技术差距的角度看,我国在该领域与国外研究进展差距小,可通过发展光芯片实现"换道超车"。随着电芯片发展趋近极限,光芯片未来发展前景广阔。

一是光芯片是继电芯片之后的又一重点领域。电芯片是指导电子信号的传输,光芯片是指导光信号的传输。早期电芯片的产业链发展是从便于信号传播,以及路径依赖等因素逐步发展起来的。光信号需要转换成电信号,以及产业链不成熟,因此光芯片发展程度滞后。从另一个角度看,也意味着光芯片发展潜力巨大。依照电芯片的发展既有路径,是将电路集成到越来越小的半导体晶圆表面上,即常说的摩尔定律,每隔18个月,芯片内的晶体管数量将增加一倍。这种趋势越来越接近物理极限,特别是到了纳米制程的个位数阶段,因为原子的直径约为 0.3 nm。随着每一次更小电芯片的发布,离物理极限的距离更近,技术和成本的极限也更近,这就需要另辟蹊径或转向类似的重点领域,而光芯片就是这样一个领域。

二是光芯片和电芯片不是简单的替代关系,而是互补关系。

首先,在计算领域,光芯片对电芯片构成替代和互补的关系。电芯片采用的是将电路集成在晶圆上,光芯片是将光路集成,光路即光子的行进路线。如硅光芯片不仅是将光路集成在晶圆上,还运用了电芯片的制造工艺和模块化技术。这既是一种替代,更是一种互补。2021 年底曦智科技基于光芯片打造的计算处理器 PACE,其中的光芯片运行速度实现了百倍提升,同等性能下,对先进制程工艺依赖小,仅需 45~65 nm 的光芯片就可满足计算需求。但 PACE 并非纯光计算,除了由光芯片承接主要任务的处理器工作之外,其他都由电芯片完成。因此,更确切地说,这是光电混合运算,两者是互补的关系。

其次,在通信、传感、激光雷达等领域,光芯片以速率高、低损耗等优势发挥着巨大作用。如在光通信领域,光芯片是必不可少的基础元件,正朝着大带宽、集成化、高能效的方向发展,实现互联、分光、复用和光电转换等功能。随着人们对网络使用需求的与日俱增,云计算也愈来愈普遍,对网络传输效率(数据量级和速度)的要求也愈来愈高。为了满足用户需求,商家通过数据中心以更短的距离(甚至百米左右),向用户提供更低的延时服务。同时,在数据中心内部对于高数据传输速率的需求也极为巨大,诸如 ChatGPT 等人工智能大模型,需要大量 GPU(动辄几千到上万块)进行运算。这就需要高速且稳定的内部网络连接,使 GPU 之间数据流动畅通,进而组成一个集群,通过提升算力来满足计算需求。以 800 Gb/s 高速光模块中的光芯片产品为例,其传输速率可达到 800 Gb/s,大大满足了数据中心、云计算的市场需求。

三是中国信科在光芯片领域加大投入,不断取得新的进展。在人才队伍建设上,依托国家信息光电子创新中心、光纤通信技术和网络国家重点实验室等国家级创新平台,中国信科致力于引进各领域专家和技术人才。自 2018 年以来,在全球累计引进各领域专家 36 人,集聚了 122 名全球高端光电技术人才,高端光芯片的研发实力保持全国领先。在商用领域,所研制的 400 G 相干商用硅光收发芯片,是国际上已报道的集成度最高的商用硅光集成芯片。在技术领域,破解了网络通信设备中数据带宽和功耗相互制约的难题,通过光电融合的方式,大幅度提升了数据传输的容量和能效比,并系统性地突破了 Tb/s 硅光收发芯片的关键技术,在技术上实现了 1.6 Tb/s 硅光互连芯片,满足全球数据流量呈指数级爆发式增长的需求。

四是中国信科的1.6 Tb/s硅光互连芯片是一次对光电融合的系统性运用。网络通信设备中,数据带宽和功耗相互制约一直是难以破解的难题。通俗地讲,带宽越大,传输的数据越多,运算量越大,必然导致电器发热,进而带来更大的能量消耗。解决这一难题的思路是在单晶硅制成的晶圆上,以光路取代电路进行计算,即以硅光芯片代替硅基电芯片,并在硅光芯片上内置电光互转的接口。因为设备由电驱动,通用传输语言是电信号,所以必须有能够接收并输出电信号的接口。又由于单个光路传输的数据有限,需要分出更多光路,使传输的数据量加倍增长。1.6 Tb/s硅光互连芯片正是运用这一思路,成为技术创新上的又一实验产物。具体而言,为了更好实现光路计算,需要实现高速的电光转换和光电转换,即先是借助高速电光调制器将设备生成的电信号快速转换为光信号,再通过高速光电探测器将光路传输的光信号转换为设备可识别的电信号,由此构成1个可实现200 Gb/s传输通力的通道。在晶圆上集成8个这样的通道后,通过芯片封装和系统传输测试,达到8×200 Gb/s,也就是1.6 Tb/s的传输速率。此项工作刷新了国内以往单片光互连速率和互连密度的最佳水平纪录,展现出硅光技术的超高速、超高密度、高可扩展性等突出优势,为下一代数据中心内的带宽互连提供了可靠的光芯片解决方案,将为超级计算、人工智能等新技术、新产业蓬勃发展提供有力支撑。

(三)5G、6G技术

标准之争向来是关乎国家核心利益、企业生死存亡的关键所在。在数字化浪潮中,通信领域的标准之争是大国竞争的重点。随着移动通信技术的迭代、升级,我国由移动通信标准的使用者逐步成为标准制定者,其间经历了1G空白、2G跟随、3G参与、4G同步、5G主导的艰难奋斗历程。在企业层面,能够获得移动通信标准制定权的企业将在市场中获得极大优势,而故步自封的企业将面临衰败,如曾经依赖1G优势的摩托罗拉,依赖2G优势的诺基亚。在5G标准制定、6G研究过程中,积极参与标准的制定是移动通信龙头企业抢占战略制高点的关键。这些龙头企业包括中国移动、中国联通、中国电信、华为、中兴通讯等,也包括中国信科。

一是中国信科以国际化视野谋篇布局标准制定、技术专利、研发平台相关事宜。在影响力方面,截至2023年2月,中国信科已主导制定55项国际电信联盟(ITU)标准,累计提交5G国际标准提案超过15 000件,5G标准必要专利数位列全球前七位,全球专利申请量超过3.2万件,其中发明专利占比超90%,多位专家在国际标准化组织中担任主席或副主席职位。在国际合作方面,中国信科加强与国际知名电信运营商的合作,与德国电信、西班牙电信共同开发新产品、新应用;与马来西亚电信、印尼电信等共建联合实验室、创新中心,以此提升战略合作层次。截至2021年底,中国信科成立了30余家海外子公司(代表处),并在欧洲、南美、东南亚等地建立了生产基地和研发中心,形成了覆盖重点区域的国际市场营销网络,有力支撑了"一带一路"建设。到了2022年,海外子公司(代表处)的数量增加至33家,其中,在"一带一路"沿线形成了9个片区销售中心和区域技服中心。

二是中国信科积极推进对6G的研究工作。随着5G进入商用阶段,6G研发成为行业重点,目的是构建一个更快速、泛在、智能、安全的网络环境。为了助推6G技术的演进,中国信科通过发布白皮书描绘未来6G的愿景和关键技术。2020年,中信科移动(中国信科下属核心企业)发布了第一版《全域覆盖 场景智联——6G愿景与技术趋势白皮书》。2021年,中信科移动发布了《全域覆盖 场景智联——6G场景、能力与技术引擎白皮书(V.2021)》。以此为基础,在2023 MWC巴塞罗那期间,中信科移动联合无线移动通信全国重点实验室(隶属于中国信科)发布了《全域覆盖 场景智联——6G网络体系架构白皮书》,提出了具有"三层五面"的6G智简赋能网络体系架构(图4-4)。该架构使人和物更好、更便捷地接入网络,获得更优的网络资源配置,减少不必要的损耗和浪费。智能、算力、安全等要素被内置在网络架构中,人们还能通过网络直接体验更智能、更安全的服务,由此也带来对数据中心、智能计算中心的需求变化。智能、算力、安全等内置于网络架构中,存储数据、运算数据等部分功能也内置于网络之中,这也使得云计算设备将在更大程度上被普及,如用可联网的屏幕替代手机。

三是积极寻求星地融合通信突破。6G网络的重要愿景之一是全域覆盖,虽然地面基站的全覆盖仅能在一定程度上实现这一愿景,但地面基站的局限使网络覆盖遭遇瓶颈,需要打通不同网络之间的阻隔,使之相互补充。"星地融合"就是将地面网络和卫星网络联合组网,充分发挥两者的优势,如我国的北斗导航系统就运用了星地融合技术,进而可以提供更高精度的定位服务。6G网络传输的数据量级更大。运用星地融合技术,需要破解天基网络节点快速移动和网络环境大时空尺度高动态变化所带来的技术挑战。如低轨卫星快速移动,为了向地面提供稳定信号,信号源就需要在不同卫星之间切换。

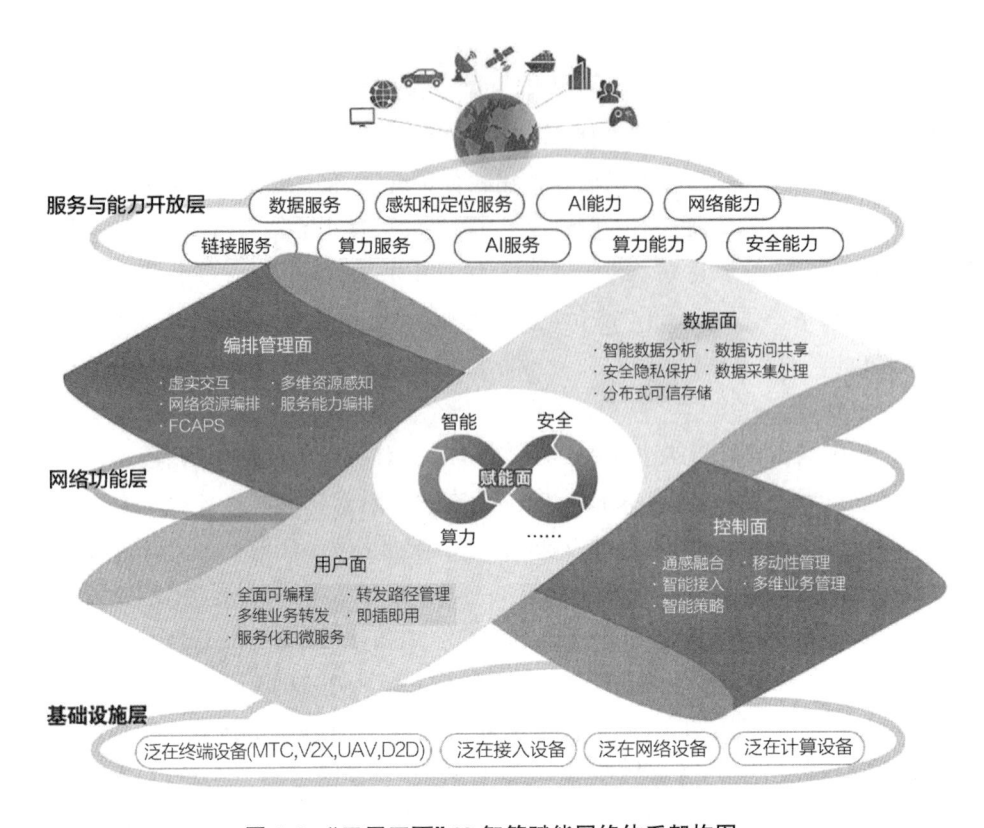

图 4-4 "三层五面"6G 智简赋能网络体系架构图

中国信科是 5G 卫星移动通信技术的引领者、6G 星地融合关键技术的储备者。在 CCSA、3GPP、ITU 等标准组织中，中国信科牵头多项标准制定，处于业界领先水平地位，在我国卫星互联网新基建中发挥着重要作用。如 2023 年 3 月，在国际电信联盟(ITU-T)SG13 全体会议上，中国信科牵头和主导制定的两项星地融合国际标准，分别为《固定、移动和卫星融合：面向 IMT-2020 及其演进网络的移动性管理》《固定、移动和卫星融合：面向 IMT-2020 及其演进网络的连接管理》，并获批结项，实现了星地融合通信关键技术在标准化方面的突破，为星地融合通信的技术研究和标准体系构建奠定了坚实基础。

第五章　数字普惠金融促进包容性增长

当前,以人工智能、5G、大数据、云计算、物联网、量子科学等数智技术为代表的新一轮科技革命和产业变革正在深入发展,对效率和公平产生的影响重大且深远。得益于数字化革命,我国的数字经济(尤其是数字金融)经历了快速发展,大幅改善了金融服务的可得性和便利性,特别是对于原本难以涉足金融市场的群体而言。因此,数字普惠金融的发展有利于缩小区域和城乡的差别。有数据显示,数字金融在相对落后地区的发展速度更快,显著提升了农村低收入群体的家庭收入。由此可见,数字金融促进了中国的包容性增长。

第一节　传统金融与数字金融

一、传统金融与数字金融的内涵

传统金融是一个历史悠久且体系完备的金融架构,其形成与发展贯穿了人类经济活动的漫长历程。在信息技术尚未深度渗透和广泛应用的时期,传统金融充当着经济运行中金融资源配置的核心角色。传统金融高度依赖实体化的金融机构网络,这些机构通常以物理网点的形式分布,如银行的分支机构、证券交易所的实体交易大厅等。金融交易和服务的开展往往要求客户亲临现场,通过面对面的沟通和人工操作来完成。

一是从业务流程的角度来看,传统金融中的各项业务普遍依赖大量的纸质文件和烦琐的人工处理环节。以储蓄业务为例,客户不仅需要亲自前往银行网点,填写详细的纸质存款申请表,还需提交一系列身份证明文件,而后经过多层人工审核与处理,方能实现资金的存入。

二是在贷款业务领域,申请者通常需要精心准备一整套涵盖财务报表、收入证明、抵押物评估报告等内容的纸质材料,并耐心等待银行完成内部冗长而复杂的审批流程,此过程往往耗费数周乃至数月的时间。

三是早期的股票交易更是依赖证券交易所内的场内交易员,依据买卖双方的指令进行人工撮合,交易效率相对较低。

四是在风险管理和信用评估方面,传统金融主要依据历史数据和人工经验进行判断。信用评级通常聚焦于客户的过往信用记录、财务状况等有限且相对静态的信息,评估方法相对单一且滞后,难以实时捕捉客户信用状况的动态变化。

数字金融作为金融领域在信息技术革命浪潮冲击下的创新产物,是现代金融体系中充满活力和变革性的新兴力量。它巧妙地融合了互联网、大数据、云计算、人工智能、区块链等一系列前沿科技手段,对传统金融服务和产品进行了深度的重塑与优化。

一是数字金融借助科技的力量,成功打破了时间和空间对金融服务的束缚。客户只需拥有一部连接网络的智能手机或电脑,即可在任何时间、任何地点便捷地获取各类金融服务。例如,通过功能丰富的手机银行应用程序(APP),无论是在静谧的凌晨时分,还是在法定节假日,客户都能够轻松自如地进行转账汇款、账户信息查询、理财产品购买与赎回等操作。

二是大数据和人工智能技术的引入,为数字金融中的风险评估和信用评级带来了革命性变化。通过对海量、多维度数据的实时采集与深度分析,包括客户的消费行为数据、社交关系网络数据、网络浏览偏好数据等,能够构建出更加全面、动态且精准的客户信用画像,从而显著提高贷款审批的速度和准确性。

三是区块链技术的应用为数字金融赋予了去中心化、不可篡改、高度安全可靠的交易记录特性。在跨境支付场景中,区块链技术有效降低了信任成本和时间成本,大幅提升了资金流转的效率和透明度,为全球金融交易的便捷性和安全性提供了有力保障。

二、传统金融服务难以实现普惠性

传统金融作为金融发展的基石,为经济的稳定增长和有序运行提供了坚实的基础。数字金融则代表了金融创新的前沿方向,借助先进科技赋能,推动金融服务朝着更加便捷、高效、普惠和智能化的方向迈进,更好地适应了现代社会快节奏、数字化和多元化的金融需求。传统金融服务与数字金融相比,其局限性主要体现在以下几个方面。

一是服务效率较低。传统金融服务通常需要人工操作、传递纸质文件等烦琐流程,在一定程度上呈现劳动密集型特征。数字金融通过自动化、在线化、智能化的方式,减少了人力资源投入,金融服务变得更加快捷高效。

二是服务边界有限。传统金融服务作为服务业的一部分,存在服务边界和半径,这个范围是由金融业网点服务所能涵盖的地理半径决定的。另外,传统金融还体现了"二八原则",即20%的用户可带来80%的利润。因此,金融机构主要聚焦于服务"大客户"。相比之下,数字金融服务打破了传统金融服务的地域限制,使金融服务能够覆盖更广泛的人群。

三是信息不对称。传统金融服务往往难以有效获取和处理大量的用户数据,导致信息不对称问题较为突出。这可能影响金融机构对客户信用风险的评估和管理,增加了金融交易的成本和风险。比如,一些中小企业的财务制度通常不够健全,信息披露不充分、不规范,导致金融机构难以准确获取企业的真实经营状况和财务信息。这使得金融机构在评估信用风险时面临较大困难,增加了放贷的不确定性。

四是创新能力不足。传统金融机构在创新方面可能相对较为保守,对新技术和新业务模式的应用不够灵活,这可能导致它们在满足客户多样化需求和应对市场变化方面相对滞后。

五是难以服务中小企业。首先,传统金融机构在放贷时往往要求有足额的抵押物作为担保。然而,中小企业通常资产规模较小,可用于抵押的固定资产有限,如房产、土地等。比如,一家小型的科技创业公司,其主要资产可能是知识产权和人力资源,这些难以作为传统意义上被金融机构认可的抵押物。其次,中小企业一般经营规模较小,抗风险能力弱。市场环境的微小变化、行业竞争的加剧或者经营管理上的失误,都可能导致企业陷入困境甚至破产。以制造业的中小企业为例,原材料价格的大幅波动或者订单的突然减少,都可能对企业的生存造成严重威胁。最后,传统的信用评级体系主要侧重于企业的规模、资产等硬性指标,对中小企业的创新能力、发展潜力等软性因素考虑不足。这使得许多具有良好发展前景的中小企业在信用评级中处于劣势。例如,一些新兴的互联网中小企业,虽然业务增长迅速,但由于成立时间短、资产规模小,在传统信用评级中得分较低。

六是难以服务新市民群体。新市民群体普遍存在受教育程度较低、工作稳定性较差、自身储蓄有限、社会保障参与度低等特征,反映到金融领域来看,则体现为金融知识薄弱、信用信息不全、抵押物不足、金融需求小而分散等。这些特征直接导致新市民群体难以在重资质证明、重抵押担保的传统金融机构中获取服务。

总的来说,传统金融机构在服务方面与普惠金融的差异以及带来的问题主要体现在以下几个方面。

一是传统金融机构的经营原则难以贴合普惠金融的核心理念。为满足营利性和安全性的要求,传统金融机构设定了服务门槛,以提升单笔业务的收益并降低风险,像贷款需要有优质抵押担保,理财产品认购设定了最低额度标准,信用卡发放要求申请人有较高且稳定的工资收入等。但是,弱势群体大多缺少抵押物品,并且交易金额规模不大,很难达到传统金融机构的门槛标准,难以获取金融服务。

二是普惠金融主要聚焦中低收入群体客户、农村等偏远地区客户、中小微企业客户等,这些客户的融资需求呈现额度不大、贷款频次较高的显著特点,这与传统金融机构只提供大额、长期贷款恰好相反。这些客户的融资需求通常具有应急性,要求金融机构能够迅速作出回应、及时放款。然而,传统金融机构因为长期形成的烦琐业务环节以及风险控制的需求,放贷流程耗费时间较长,当贷款获得批准时,常常错过了普惠金融主流客户群体的最佳用款时机。

三是传统金融服务主要集中于传统的"大金融",而中小微金融服务存在严重短缺的情况。与此同时,传统金融服务还致使普惠金融主流客户群体更倾向于从非正规金融机构或非正规渠道进行融资,或者在有融资需求时主动放弃从外界融资,造成自我金融排斥和金融抑制的现象。

四是从信用卡发行量的角度看传统金融的普惠难题。举例来说,依据中国银行业统计协会(2023)的数据显示,截至2023年第一季度,中国信用卡的发行量为7.9亿张。即便以人均1张来计算,仍有近乎一半的人口未持有信用卡,从而无法通过信用卡消费获取征信记录,也就难以从传统金融市场获取资金,致使传统金融未能实现完全意义上的普惠性。

三、数字金融契合普惠性理念

"数字时代"为金融注入了全新的内涵,也为其带来了全新的挑战。这要求金融机构必须构建新思维,采用新技术,创建新理论,塑造新模式,创造新价值。数字金融并非单纯的P2P(点对点网络借款)等互联网金融模式,而是人类发展至数字经济阶段所产生的产物。它不单是传统金融服务的数字化转型,还涵盖了运用数智技术对传统金融基础理论的拓展,是针对工业社会形成的整套金融秩序的数字化再造。

第五章　数字普惠金融促进包容性增长

近年来,数字金融的发展改变了传统金融普惠性不足的状况:尽管大部分居民没有征信记录,不过在日常生活中使用微信、支付宝缴费或者进行支付操作时,都能够积累信用,形成征信记录。这些记录在数字金融平台(如蚂蚁借呗、微粒贷)上已被用于借贷审核。所以,数字化革命带来的数字经济和数字金融,能够惠及那些原本被传统金融、传统征信排除在外的群体,有利于缓解他们的借贷限制,并推动他们的投资和经营活动。可以预见,数字化革命带来的信息与数据的创造及共享,对数字金融产业的发展具有积极作用,能够提高金融的可获得程度和普惠水平,从而促进包容性增长。

数字金融的本质是新一轮科技革命和产业变革的重要产物。回望整个人类历史,我们会发现金融认知的跃升和产业的升级息息相关。每一次工业革命都给金融体系带来颠覆性的发展。比如,第一次工业革命使得人类的制造业快速发展,需要大量资金来支持厂房以及机器需求,这个时候就需要大量资金的流动,而人类社会在农业时代形成的钱庄显然满足不了大工业时代的发展。因此,18世纪中后期出现了以苏格兰银行为代表的商业银行,现代金融体系的雏形开始显现,极大地促进了工业社会的发展。在第一次工业革命之后的新一轮产业革命中,工业科技迅猛进步,证券市场不断成熟,企业的融资发展需求日益强烈。为加快企业融资速度,一种新的金融业态——投资银行应运而生。摩根大通、高盛等投资银行有力地推进了企业的上市进程,构建起优质企业与社会资本之间的良好循环。信息高速公路建设促进电子信息技术特别是互联网的飞速发展,掀起新一轮产业革命浪潮,让新技术企业受到前所未有的关注。这些企业具有高风险、高回报的特点,传统银行和投资银行均难以满足其金融需求,因此催生了风险投资、创业投资、私募基金等金融形式。这些形式通过汇集不同风险偏好的资金,分散了创业企业的高风险,促进了电子信息时代的巨大发展。

伴随新一轮产业革命的来临,数智技术开始变革存续百年的社会经济发展基本秩序,人类迈入数据要素时代和人工智能时代。工业互联网、大数据、云计算、人工智能、区块链、5G等技术深刻地改变了产品的基本形态、企业盈利的方式以及产业组织的模式。产业生态中的数据确权、透明化、穿透性,改变了传统金融中信用、杠杆、风险的内涵,迫切需要一种依托数智技术、能更好地服务产业生态的金融模式,这便是我们所说的数字金融。

数字金融契合普惠金融的原因主要有以下几个方面。

一是数字金融极大程度地削减了普惠金融业务的交易成本。在市场经济的环境中,一项商业活动只有实现持续盈利,才能够得以存续。高昂的成本是传统金融与长尾客户之间难以跨越的障碍。普惠金融的进步依赖金融服务成本的降低,数字金融的突出优势在于成本低廉。首先,数字金融要么没有线下物理网点,要么仅有少量网点,从而能够避免庞大且高昂的物理网点费用。其次,数字金融更多地依靠数智技术而非人力来为客户提供金融服务,在显著降低从业机构人力成本的同时,也为客户省去了前往实体网点排队办理业务所需耗费的时间成本和体力成本。再次,数字金融从业机构借助大数据分析和挖掘来实现精准营销,进而降低了产品营销成本及信息生产与传播成本,互联网的批量化处理能力还能够降低业务拓展成本。从次,数字金融具有无中介、零成本和非垄断的特性,能够借助互联网实现金融"脱媒"。资金供求双方通过网络监控自动完成资金匹配和定价,最终达成交易,降低了信息沟通成本。最后,数字金融能够利用网络监控技术,实时监测客户的信贷风险,切实降低贷款风险及管理成本。

正因如此,数字金融从业机构能够在确保自身合理收益空间的基础上,以较低的价格吸引众多的长尾客户。举例来说,根据中国人民银行发布的数据显示,2023年,非银行支付机构处理网络支付业务达到121.23万亿笔,金额为340.25万亿元,按可比口径同比分别增长17.02%和11.46%。这表明,在2023年,第三方支付业务的交易总额达到了340.25万亿元,线上支付节约成本可达上万亿元。再比如,"微信支付用户2023年低碳成绩单"显示,2023年全年,微信支付用户通过电子开票、扫码点餐、线上缴费、绿色出行等日常行为,共同为地球减少碳排放1881.5万吨。国家林业和草原局的研究表明,一棵树每年可吸收并储存18千克二氧化碳,这相当于种了超过10亿棵树。这一增长得益于多方面因素。首先,随着数字化消费场景的日益丰富,线上购物、餐饮外卖、旅游预订等领域的蓬勃发展,第三方支付成为消费者首选的支付方式之一。第三方支付便捷、高效的特点极大地提升了用户体验,促进了交易的频繁发生。其次,移动支付技术的不断创新和普及,使得第三方支付在各类线下场景中也得到广泛应用。从街边小店到大型商场,扫码支付、NFC支付等方式随处可见,进一步推动了第三方支付业务规模的扩张。最后,第三方支付机构不断拓展服务领域,不仅提供基础的支付服务,还涉足金融理财、供应链金融、跨境支付等多元化业务,满足了不同用户和企业的需求,为业务规模的增长注入了新动力。

二是数字金融有力地化解了制约普惠金融发展的信息不对称难题。信息不对称是造成金融风险偏高、金融资源配置不当的根本原因。传统金融机构通常依靠企业财务报表解析、抵押担保、信用评分以及关系型信贷技术等来把控风险,然而中小微企业及中低收入人群大多在中国人民银行征信系统中没有记录,并且缺少有效的抵押物。若通过线下人工方式收集信息,不但运行成本高昂、操作风险较大,而且难以确保信息获取的及时性与准确性。与此同时,众多长尾客户也不清楚传统金融机构有哪些金融产品符合自身的融资需求,因而主动放弃向传统金融机构申请金融服务。资金供求双方的信息不对称致使传统金融机构借贷与长尾客户群体金融受抑制的不良循环。

数字金融在解决信息不对称方面具备与生俱来的优势。数字金融借助大数据、云计算和社交网络等,在法律与道德允许的范围内捕捉个人或群体的各类信息,用于反映企业经营的动态情况和虚拟化的行为轨迹,并据此进行风险定价。数字金融从业机构能够通过社区网络、平台交易信息等数据,全面且精准地了解中小微企业、工商个体户、农户等长尾客户群体的信用和经营等状况,切实提高信息透明度,还能运用大数据技术深入挖掘和剖析数据,进而判断客户的还款能力、还款意愿以及持续经营能力等,解决了传统金融机构在低端长尾客户方面信用缺失的问题,同时降低了对财务状况的依赖程度。在识别客户后,数字金融从业机构可以对贷款实施差异化定价,让各种信用状况的客户都能够以合理的价格获取金融产品,体现定价的公平性。资金需求方能够通过开放的网络平台搜索金融产品的期限、价格等信息,打破资金供需双方原有的信息壁垒。数字金融彻底改变了传统单纯依赖线下审核和评估来鉴别客户信用的方式,让金融服务变得透明、对等,省去的担保与质押环节必然会降低长尾客户的交易门槛,而"长尾效应"必然会为数字金融从业机构带来高收益。例如,阿里网商贷的数据优势能够解决阿里巴巴会员企业的信用状况、风险评估等问题,在进行精准风控后能够为会员企业提供信用贷款。

三是数字金融能服务到普惠金融特别关注的长尾客户群。长尾客户群通常是指在市场中那些需求相对较小且具有分散、个性化特征,往往被传统金融服务忽视或难以有效覆盖的客户群体。这些客户主要包括以下几类。

(1)小微企业:他们的资金需求规模通常较小,信用记录可能不完善,难以满足传统金融机构严格的贷款审批标准。比如,一些小型的手工艺品作坊,业务规模有限,但在扩大生产、购买原材料等方面仍有资金需求。

(2)低收入人群:收入水平较低,储蓄和投资能力有限,可能无法达到传统金融服务的门槛。例如,一些临时工或者兼职人员,他们的收入不稳定,但可能需要小额贷款以应对突发的财务状况。

(3)农村居民:地处偏远地区,金融基础设施相对薄弱,获取金融服务的渠道有限。例如,一些偏远农村的种植户,可能需要小额信贷来购买农业生产资料。

(4)个体工商户:经营规模不大,资金周转需求具有临时性和不确定性。比如,街边的小摊贩,可能偶尔需要短期资金支持来补充货物。

长尾客户群中单个个体的金融需求可能不大,但当这些数量众多的客户群体的需求汇总起来时,就形成了一个具有相当规模的市场。特别是占企业总数90%以上的中小微企业,作为体量最大的一部分,对金融的需求格外迫切,这也对金融的普惠性提出了更高的要求。

数字金融的优势及发展情况主要体现在以下几个方面。

首先,数字金融依托数智技术和互联网,能将金融服务延伸至偏远和落后地区,让这些分散的弱势群体能够突破空间和时间的限制,让不便于前往物理网点办理业务的群体能够利用碎片化的时间随时随地办理金融业务。金融机构能够通过数智技术对金融产品和金融衍生品进行创新,如通过货币基金的形式来对资金进行整合投资。一方面拓展了金融服务的范围,另一方面也降低了金融服务的门槛,满足了普通居民零散的、个性化的投资需求,金融机构也能从高净值的大客户向普惠金融的转型。

其次,数字金融实现了金融服务的"零网点"和"零门槛",显著扩大了客户群体。在客户分布上,传统金融主要面向的是大型企业、国有企业、龙头企业、发达地区、高净值人群等,因此传统金融服务更像是"锦上添花"。数字金融面向的主要群体包括低收入群体、中小微企业、新兴产业企业以及偏远地区群体,满足了这些长尾客户群的差异化、个性化、多样化的金融服务需求,他们就能够通过数字普惠金融获得更好的金融消费服务和体验。

最后,《中国互联网络发展状况统计报告》显示,截至2023年12月,我国网民规模高达10.92亿人,较2022年12月新增2480万人,互联网普及率达77.5%。其中,值得关注的是,农村网民规模达到3.26亿人,农村地区互联网的普及也让数字金融的覆盖面进一步扩大。据中国人民银行发布的数据显示,在数字金融服务的驱动下,到2023年末,获得贷款支持的科技型中小企业有21.2万家,获贷率46.8%,比2022年末增加2.1个百分点。从交易的时间来看,传统金融提供服务的时间在常规的工作日,而数字金融从业机构打破了时间和空间上的限制,在任意时间和地点都能提供有效的金融服务。

因此,数字金融从根本上改变了传统金融服务的限制,成为无垄断利润、无交易成本、去中介化、泛金融化、全智能化且互利共赢的普惠金融。

四是数字金融能够促进金融自主性,互联网金融的特点和作用主要体现在以下几个方面。

首先,金融自主意味着客户从以往的被动接受转变为主动选择,涵盖了主动决定在什么时间、什么地点、通过何种途径获取何种金融服务。数字金融使得最为普通的大众客户的需求也能够被金融机构倾听和关注。数智技术与金融的融合本身就是一种创新,能够对客户的零碎时间与闲置资金加以整合,实现价值创造,还能够借助网络迅速对接客户需求,加快金融产品的推出速度。

其次,互联网金融切实做到了以客户为核心,将客户诉求深度融入金融机构的产品开发、服务流程规划、渠道改进、运营优化等各个环节。互联网企业、创业者、通信运营商等新参与者的加入,也促使传统金融机构以更为开放的姿态接纳这些新的竞争合作关系,推动金融行业的竞争更趋市场化,让金融机构更加注重应变能力和效率。互联网金融的出现产生了显著的鲇鱼效应,迫使传统金融服务向平民化方向发展,在促进传统金融机构改革的同时带来了创新。传统金融与互联网金融的相互学习借鉴,有助于传统金融机构强化普惠大众的服务理念,也有利于互联网金融机构提升金融专业水平,从而共同为客户提供多元化、便捷化的金融服务。

最后,互联网金融具备透明、开放和高效等特性,已成为金融体系的重要构成部分。互联网金融与传统金融的客户群体并非完全重合,传统金融的客户服务重点是大企业贷款和富人大额贷款;而互联网金融针对目标客户群体的服务更多集中于中小微企业的短期资金融通和为居民消费提供小额贷款。传统金融业务主要是类银行的间接融资,而互联网金融则以"脱媒"化的直接融资为主。它们发挥各自优势,共同为各类客户群体提供全面、立体的金融服务。

第二节 数字普惠金融促进包容性增长及其创新模式

"包容"是2016年G20杭州峰会的"4个I"主题之一,会在一定程度上左右全球经济的发展趋势。从本质来讲,包容性增长既注重效率,也注重公平,二者均为发展经济学的核心所在。通俗而言,如果某种因素对收入的增长产生正向影响,并且相对贫困的人群从这一因素中获益更多,那么这一因素便带来了包容性增长。

在当今数字化时代,数字普惠金融正成为推动经济包容性增长的关键力量。数字普惠金融通过运用先进的数智技术,打破了传统金融服务的时空限制和成本约束。它让那些原本被排斥在金融体系之外的弱势群体,如低收入人群、小微企业主、农村居民等,能够以更低的成本、更便捷的方式获得金融服务。例如,移动支付的普及使得人们能够随时随地进行交易,哪怕是在偏远的农村地区,农民也能通过手机完成支付和转账操作,从而更好地参与市场经济活动。在线借贷平台为小微企业提供了快速获得资金的渠道,帮助企业解决了融资难题,促进了企业的发展和创新,进而创造更多就业机会,推动经济增长。数字普惠金融还在教育、医疗等领域发挥着重要作用。通过数字金融工具,贫困家庭的子女能够获得教育贷款,实现求学梦想;患者能够及时获得医疗费用支持,保障健康。

一、包容性增长的内涵

自工业革命以来,随着社会分工以及社会化生产的持续发展,要素生产率的提升促使世界经济快速发展,人均收入水平与生活质量不断上升,人类社会所创造的物质财富达到了较高水平。然而,在世界经济取得显著发展的进程中,也出现了一些需要深思的问题,像国与国之间和一国之内的收入差距不断拉大、发展失衡,经济增长和资源约束持续紧张、环境问题日益严重,以及增长价值观混乱等。此类不尽如人意的状况,引发了社会各个阶层针对现有增长模式和增长目标的思考,"包容性增长"这个概念正是在这样的现实状况下被提出的。在经济增长的认知方面,部分国家与地区存在把经济增长视作经济发展的倾向,将国内生产总值的总量规模以及增长速度作为评价社会经济发展的唯一标准。但是,倘若一个国家或者地区只是单纯地追求经济总量的增长,而不去考虑增长的质量以及人类发展的其他需求,就会产生诸如收入差距大、贫富差距大、社会动荡以及环境污染等与人类发展相违背的情况,其最终结果必然呈现有"增长"却无"发展"的局面。"包容性增长"对改善经济增长中出现的上述不理想状况具有良好的参考价值,也是中国实现可持续发展应选择的增长模式。

因此,"包容性增长"这一概念的提出,是鉴于人类社会经济增长进程中存在有增长却无实质发展,增长的机会与成果未惠及社会所有阶层的情形。随着经济的增长,诸如不平等程度加剧、发展失衡、环境污染、资源受限等不良现象纷纷显现。为了处理这些问题并调和效率与公平的关系,亚洲开发银行于2007年在其举办的研讨会上提出"包容性增长"的概念,并针对其内涵和政策指向展开了一系列研究。关于包容性增长的定义和内涵,学界和相关国际机构迄今尚未达成一致的看法。通过对现有相关文献的整理与总结,包容性增长的内涵主要包括三个方面。

第一,包容性增长是机会均等的增长。机会均等是包容性增长的核心。机会均等包含参与经济增长的机会和分享经济增长成果的机会这两方面的平等。包容性增长既强调通过高速且可持续的经济增长来创造就业和其他发展机遇,又注重在经济增长过程中通过减少和消除机会不均等来增进社会公平以及增长的共享性。从结果来看,包容性增长的成果涵盖可持续且平等的增长、赋予权力、社会包容与安全。同时,快速且可持续的增长应当依托广泛的部门和区域,涵盖大部分经济活动的参与者、贫困和弱势群体。

第二,基于对贫困和弱势群体的关切,认定包容性增长为益贫式增长。在经济增长过程中,各阶层的获益状况会产生分化,贫困和弱势群体往往难以从增长中获益;而包容性增长让贫困和弱势群体充分获得从经济增长中分享收益的机会,使其更多地受益,让低收入群体过上有尊严的生活,进一步提升其参与经济活动的积极性。包容性增长作为一种发展策略,是益贫式增长的拓展。这种发展具有普遍性,能使发展中国家的大多数人从经济增长中获益,实现实质性的进步。这一发展模式注重社会各阶层的广泛参与和发展,有助于达成社会共识,以实现社会稳定,在经济和政治方面更具持久性。

第三,是从全球视角来界定包容性增长。①就中国经济发展的实际而言,包容性增长是一种"普惠式增长",即通过不断积累物质财富来实现全体民众逐步过上富裕生活的目标。在收入分配领域,应提高居民收入在国民收入中的占比和劳动报酬在初次分配中的占比,缩小收入差距,以实现公平分配。②在国际层面,包容性增长是一种"开放性增长",国与国在开展经济合作时应相互关注,互利共赢,携手共进,实现共同发展。基于此,在金融领域,数字化革命引发的信息和数据的产生与共享,有益于推动数字金融产业发展,增强金融的可获取性与普惠程度,促使包容性增长得以实现。

二、数字普惠金融促包容性增长:综合性的证据

中国地域辽阔,各地区的经济发展水平存在显著差距,不同群体的收入水平也差异较大。缩小地区经济增长的差距以及实现更为公平的收入分配,是高质

量经济增长的必然要求。依据相关数字普惠金融指数以及其他家户调查数据,张勋等人的研究表明,中国数字金融的发展对实现包容性增长,具有重要的现实意义。

首先,研究发现数字金融的发展提高了家庭收入。其中,农村低收入群体受益相对更为突出。此外,他们还探究了数字金融促进包容性增长的传导机制,发现数字金融的发展更有利于农村居民而非城镇居民开展创业活动。数字金融还有利于提高农村低收入家庭和低社会资本家庭的创业概率,进而得出数字金融的发展对优化农村内部的分配结构有所帮助。这些证据均表明数字金融的发展有益于中国实现包容性增长。

其次,数字普惠金融对消费的促进作用也呈现此类特征,即数字普惠金融的发展显著推动了居民消费,且这一促进作用在农村地区、中西部地区以及中低收入阶层家庭更为显著。具体来讲,将家庭总样本划分为城镇家庭和农村家庭,结果显示,相较而言,数字普惠金融的发展对农村居民消费支出的促进作用更为明显。对此,相关的解释是,我国家庭金融的可获取性存在显著的群体差别。与城镇家庭相比,农村家庭获取金融服务的能力较弱,金融抑制的情况较为普遍,致使普惠金融发展对农村居民流动性约束的缓解作用明显强于对城镇居民的作用。

第一,研究的结果指出,数字普惠金融的发展能够显著促进低收入与中等收入阶层居民的消费支出,而对高收入阶层居民消费的促进效果不明显。这意味着数字普惠金融的发展能够帮助中低收入阶层更便捷地获得信贷支持,降低其流动性约束,最终体现为消费支出增加更多。高收入阶层家庭通常流动性约束较弱,表现为数字普惠金融对其消费的促进作用相对有限。

第二,研究的结果指出,基于相同的逻辑,数字普惠金融对中西部地区居民消费的促进作用也更为突出。具体而言,将总样本划分为东部沿海地区、中部内陆地区以及西部边远地区三个子样本,并分别进行回归分析。结果表明,数字普惠金融的发展会显著促进中部内陆地区与西部边远地区的居民消费,而对东部沿海地区的居民消费没有显著影响。这是因为,东部沿海地区经济金融发展较快,数字普惠金融的发展对该地区居民消费的促进作用不显著。对于中部与西部地区来说,地理位置相对不佳,正规金融发展较为迟缓,使得这部分地区数字普惠金融的发展能够显著促进居民消费。

三、数字普惠金融促进包容性增长的创新模式:普惠金融聚合模式

在传统的借贷业务范畴内,金融机构往往独自包揽从申请至贷后管理的整个业务流程,这种"独自奋战"的发展模式也曾引入普惠金融领域。然而,普惠金融所服务的客户群体呈现金融需求多样化、地域分布广阔且分散、风险繁杂且识别成本高昂、金融素养以及对互联网的接受和运用程度存在差异等特性。单一金融机构在开展普惠金融业务时,面临获客途径单一、自有数据风控成效不佳、独自承担风险导致风险过度集中、资金供应受限进而影响规模扩张等问题,致使其在业务的可持续性方面遭遇阻碍,于是在"独自奋战"模式之外催生了"科技赋能"模式。科技赋能模式指的是互联网企业为传统金融机构提供技术协助,补足其技术短板,借助对现有业务的线上化、智能化、数据化改造来提升运营效率,削减人工成本,同时优化用户体验。不过,互联网企业能够输出的能力具有显著的边界。互联网企业的优势仅体现在线上,互联网企业积累与融合的线上数据能够助力其有效进行身份识别和欺诈风险辨别,从而开展小额、短期、消费性贷款业务;但在中大额、中长期贷款的信贷风险甄别方面,互联网企业能够发挥的作用有限,制约了其对小微企业、农户等群体生产经营性资金需求的服务能力。在此背景下,一种新的模式——普惠金融聚合模式被提出并加以运用。

庞大的营销系统具有稳健、可信运行的能力,需要把数据从线下转移至线上,进行统一管理。普惠金融聚合模式是一种创新的金融业务模式,它依托金融科技搭建开放平台,在获客、数据、风控、增信、资金等业务节点中把各有所长的机构联合起来,形成有机生态体系。在这种模式下,不同机构充分发挥各自在业务属性、服务网络、数据沉淀、科技研发、融资渠道等方面的差异化优势。

首先,一些机构擅长精准获客,能够通过大数据分析和市场推广手段,来吸引潜在的普惠金融客户。一些机构在精准获客方面表现突出,它们能够巧妙运用大数据分析技术以及多样化的市场推广手段,全力吸引潜在的普惠金融客户。这些机构拥有先进的数据处理能力,能够从海量的数据中筛选出有价值的信息,能够深入挖掘潜在客户的行为模式、消费习惯、金融需求等关键特征,基于这些精准的分析结果,制定出针对性极强的市场推广策略。在市场推广方面,这些机构能够充分利用线上线下的多种渠道。在线上,通过搜索引

擎优化、社交媒体营销、电子邮件推广等方式,广泛传播普惠金融产品和服务的优势与特点。在线下,举办金融知识讲座、社区活动、合作伙伴推广等,与潜在客户进行面对面的交流和沟通,增强客户的信任和认同感。通过大数据分析和全方位的市场推广手段相结合,这些机构能够有效地触及那些原本可能被忽视的潜在普惠金融客户,将他们吸引到自己的服务体系,为他们提供满足其需求的金融解决方案。

其次,另一些机构在风控领域展现了非凡的实力。它们在这一方面不仅积累了极为丰富的经验,还掌握了前沿的先进技术,从而能够切实有效地评估和管理信贷风险。这些机构的风控团队通常由经验丰富的专业人士组成,他们在金融行业历经多年的磨砺,对各种潜在的风险因素有着敏锐的洞察力。凭借长期的实践经验,能够迅速识别出信贷业务中可能存在的风险点,并制定出相应的应对策略。同时,这些机构积极引入和研发先进的技术手段,如利用大数据分析、人工智能算法和机器学习模型,对海量的信贷数据进行深度挖掘和分析。通过建立复杂的风险评估模型,综合考虑借款人的信用记录、财务状况、社交关系、消费行为等多维度的信息,从而对信贷风险进行精准且全面的评估。在信贷风险的管理上,这些机构采用实时监控和动态调整的策略。借助先进的信息技术系统,对信贷资金的流向和使用情况进行实时跟踪,一旦发现风险隐患,能够及时采取措施进行干预和化解。这些机构可以根据市场环境和借款人信息的变化,不断优化和调整风险控制策略,以确保信贷风险始终处于可控范围之内。正是凭借丰富的经验和先进的技术,这些机构在信贷风险的评估和管理方面表现出色,为金融业务的稳健运行提供了坚实的保障。

最后,通过聚合模式,各方优势互补,进而产生规模经济效应。它能够为普惠金融人群提供多元化、价格可承受、体验更便捷的信贷解决方案。相较于传统的"独自奋战"模式和科技赋能模式,聚合模式更具灵活性和机动性,其实质是主动探寻业务经营中的不足,整合在相关环节具备比较优势的机构,通过协同作用弥补短板,以专业化分工的形式突破前两种模式难以解决的客群下沉难题,同时最大程度地发挥普惠金融业务中各核心节点的产能,降低成本,造福民众,促进包容性增长。

聚合模式涵盖多个关键节点,每个节点又由若干机构提供服务。但要切实发起并主导聚合,必须具备独特的核心能力。

首先,主导聚合的核心能力为平台整合运营能力,达成端到端的资源协调与部署。这种平台整合运营能力要求机构应具备强大的统筹规划和协调执行能力,不仅要对各类资源有着清晰、全面的认知和把控,还需要精准地理解市场需求和业务目标,从而有效地整合分散的资源,并进行合理的优化配置。在实际操作中,需要从最初的资源规划开始,深入分析各种资源的特点和潜在价值,制定出科学合理的整合策略。然后,在资源的获取和整合过程中,充分发挥协调沟通的作用,确保各个环节顺畅衔接。通过这一能力,能够打破资源之间的壁垒,实现从源头到终端的全流程无缝对接,使资源在整个业务链条中得到高效配置和利用,最大程度地发挥其价值和效益。在普惠信贷持续向客群下层拓展的进程中,优质资产在未来一段时间会成为稀缺资源,而资产端的获取主要源自获客节点。在此节点,存在互联网直销、互联网场景切入、电话销售、线下直销以及保险、银联等第三方机构销售等众多方式。数据的供应和客户的推荐如何确保其处于预期范围,涉及客户信息管理、合作机构管理、线下销售团队管理等众多问题。主导聚合的核心机构必须具备这样的能力,确保其真实、可靠且实现高效运行。从客户信息到抵押物估值,从协议单证到催收方案,管理能力在聚合模式中始终存在。

其次,科技能力同样是不可或缺的核心能力。一方面,主导聚合的机构需要有能力构建统一的平台系统,为普惠信贷生态圈中的众多机构提供服务,这本身就需要强大的科技能力作为支撑。另一方面,要能够持续发现、运用引领行业的前沿金融科技,将其作为服务普惠人群、降低借贷成本、提升金融效率的工具。在获客节点,不仅能够运用人脸识别进行身份认证,还能借助声纹识别加以辅助。在反欺诈环节,除了运用先进的模型进行识别外,还能在实地面谈和远程面谈的过程中采用微表情技术,为信贷员提供科学的面谈指引。在风控节点,可以将金融数据和互联网消费、行为数据深度融合交互,运用神经网络、随机森林、XGBoost 等最新的机器学习算法搭建风险量化模型,精准判别信贷风险并给出贷款决策。在贷后管理领域,可以构建 AI 驱动的智能催收机器人,对于那些被判定为相对优质的客户,可以使用机器人进行礼貌的电话拨打和语言分析,提升客户体验。

最后,作为主导聚合模式的核心机构,不一定需要亲力亲为进行所有的科技开发,但一定要具备搭建聚合平台的能力,以及不断尝试最新技术服务普惠信贷的前瞻性眼光。

第三节　数字普惠金融促进包容性增长案例分析

一、中国农业银行:"惠农e贷"——数字普惠金融助力乡村振兴促进包容性增长

作为深深扎根于"三农"、全力服务"三农"的大型国有商业银行,中国农业银行持续致力于在农村金融市场开展金融产品的创新与研究。互联网和大数据等信息技术的运用让科技金融发展势头迅猛。依照市场信贷需求,中国农业银行创新推出数字化转型信贷产品——惠农e贷。该产品是金融机构服务"三农"的一款具备线上化、普惠化、便捷化和批量化特点的贷款产品,它加快了普惠金融目标的实现,有力地支持了乡村振兴,促进了数字普惠金融的包容性增长。惠农e贷的主要施行办法包含以下几个方面。

一是采用多样的贷款模式和优惠策略,满足农户信贷需求。"惠农e贷"主要采用信用贷款模式,还有特色产业模式、电商平台模式、政府增信模式、产业链模式和法人保证担保模式等。纯信用贷款的贷款额度一般在0.3万~10万元,并且可以循环使用,随借随还。授信期可达5年,还款后如果需要再次贷款,可在网银和手机终端App自行申请放款,在授信期内能够反复使用信用额度。此外,"惠农e贷"放贷利率给予农户优惠,通常按照中国人民银行同期基准利率或者微上浮确定。中国农业银行通过多种贷款模式的运用以及贷款额度的提升、利率优惠策略,最大程度地满足了农户信贷需求。

二是提供定制化服务,精确锚定信贷需求。中国农业银行主要依据当地产业特性,结合从当地农产办、畜牧局、产业协会和村委会等部门获取的种植、养殖户资料与信息,确定当地的"惠农e贷"特色信贷产品,实施定制服务。中国农业银行在全国各地推出的各类线上特色信贷产品多达数千种。例如,中国农业银行河南兰考支行推出的"普惠金融助农普惠贷""畜牧惠民贷""民族乐器贷""兰考蜜瓜贷""助粮贷""乡村健康贷""烟商贷""农资贷""乡贤贷""种植大棚贷"等产品,中国农业银行贵州遵义湄潭支行推出的"茶农e贷""椒农e贷""烟商e贷""乡村旅游e贷"等产品,极大地拓展了普惠信贷产品的服务领域,提高了服

务效率。

三是线上线下相结合,简化业务流程。"惠农 e 贷"通过线上批量采集农户信息数据来完成对农户的授信。有信贷需求的农户通过网上银行或者手机终端 App 在线申请,经过线下调查后实施线上放款,系统自动审核批准,线上线下相融合,有效缩短了放款时间。比如,中国农业银行河南兰考支行推出的"惠农 e 贷-民族乐器贷"的办理流程是:有信贷需求的农户线上申请贷款,并准备好夫妻双方的身份证、户口本、结婚证、营业执照、农行卡(必须办理农行网银、掌银),以及村委出具的信誉证明,由农行客户经理上门收集资料并核实,导入"惠农 e 贷"模型,系统自动判断是否符合条件,符合条件的可在 10 分钟内发放贷款。

四是利用数字信息技术,做好风险控制。风险控制的重点在于如何获取真实有效的信息,通过分析来进行预警和管控。首先,利用数字信息技术,全面、多路径地获取客户的数据信息,并对不同路径和渠道获取的数据信息进行交叉验证,确保数据信息的真实性。其次,通过构建系统风控模型,将各类数据信息导入模型进行不同层级的风险识别,有效认知风险和预警风险。最后,通过系统自动风险监督管理,对放贷后的资金用途进行控制,明确资金流向和使用情况,切实降低贷后风险。

(一) 案例:"惠农 e 贷"赋能广东茶产业发展

粤茶馥郁,渊源深厚。据现有文献和地方志记载,广东产茶的历史可追溯至南朝梁武帝时期。当时,东莞僧人于铁炉岭修筑雁塔寺,沿山种茶,至此,广东的种茶与制茶之旅正式启程,广东成为国内重要的茶叶产地之一。

"一粒柑""一块皮"为新会人民带来了"好光景"。新会陈皮产业一路高歌猛进,带动全区 7 万人就业,人均增收 2.2 万元。乡村振兴、农民增收的背后,是农业银行江门分行对新会陈皮行业进行广泛深入调研后采取的果敢创新举措——迅速推出"陈皮 e 贷"等针对陈皮行业的特色信贷产品,能够同时满足产业园企业和个人经营者的融资需求。截至 2023 年 11 月末,农行江门分行累计发放陈皮贷 15 亿元,服务陈皮企业和农户近 3000 户。

弘扬茶文化、讲述好茶故事、唱响茶品牌、做强茶产业。近些年来,农行广东分行聚焦地区茶特色产业,优化信贷业务办理流程,创新推出"惠农 e 贷"、乡村振兴产业贷、农业龙头贷等支农助企金融产品,向茶叶种植户、加工户和茶企等客户群体大力推广。农行广东分行通过执行普惠利率、提高线上贷款审批效率、以信用贷款解决茶农抵押难题等方式,有效化解茶企、茶商、茶农"融资难、融资贵、融资慢"的问题,持续"助力"茶产业稳健发展。

茶叶是广东省的主要特色农产品。目前,广东省已建成1个国家级茶叶现代产业园、21个省级茶叶现代农业产业园、8个市级茶叶现代产业园,主要集中在梅州、潮州、河源、清远、揭阳、韶关、湛江、惠州、肇庆和云浮10个市,其茶园面积和产量均占全省85%以上。除了近年来热度颇高、成功"出圈"的英德红茶、新会小青柑和鸭屎香之外,梅州嘉应茶、紫金蝉茶、仁化白毛茶等广东优质的茶叶区域公用品牌也逐渐崭露头角。几乎每一种广东茶的背后,都有农行活跃的身影。

在传统茶业稳步发展的基础上,广东各地积极探索拓展茶产业链和商业链。在新会,各行业持续延伸陈皮产业链,已形成涵盖药、食、茶、健、文旅和金融六大类100多款产品的发展规模。中国是茶的故乡,以新茶饮品牌茶里为例,其在广州南沙自建供应链,打造了集研发中心、精深加工生产中心、国际茶学院于一体的"超级工厂"。作为一家落户广东的茶企,茶里在产品研发上也极为注重大力推广南粤本土茶品。在高端产品线黑标红茶系列和乌龙茶系列中,分别选用了英红九号和鸭屎香。目前,茶里已经实现袋泡茶年产能5亿包,瓶装茶年产能1.5亿瓶。契合新消费需求,茶里在中国袋泡茶市场占有率已经超越立顿,深受中国青年用户青睐。在茶里打造中国茶饮赛道核心竞争力的背后,同样离不开农行的助力。农行广州南沙分行为其发放1.4亿元项目融资贷款,用于支持南沙茶里总部基地建设,并利用供应链融资贷款支持茶里上游供应商加快应收账款变现。

在潮州,农行广东潮州分行深耕"三农"领域,以"茶叶e贷""惠农e贷"等特色产品为依托,将"农"情金融服务送向千家万户。农行员工翻山越岭、深入村落,以"金融活水"精准灌溉茶农的茶园,在助力产业兴盛、百姓富裕、生态秀美的道路上稳步前行,让悠悠单丛茶韵香飘全球。单丛茶香飘世界的背后,是农行广东潮州分行坚守初心,聚焦主要职责和主业,服务乡村振兴的坚定决心。与其他行业不同,农业的发展受到诸多因素的限制。产业不成熟、区域偏远、农户缺少抵押物,是落实乡村振兴工作面临的"三座大山"。早在2021年,农行潮州分行就结合地方特色,大力推广信贷产品"潮州单丛茶e贷",全面对接潮州全辖单丛茶产业。针对产业不成熟的问题,农行潮州分行加强与当地政府交流,结合"一镇一业、一村一品"工作方案开展工作;针对区域偏远的问题,主动落实"深耕乡村""千人驻镇助力乡村振兴"工作方案,上门办理贷款;针对农户无抵押物的问题,强化责任担当,加强风险管控水平。"单丛茶e贷"运用科技大数据,结合地区产业特点、农户经营特色等情况,向符合条件的农户发放最高贷款额度30万元的纯信用贷款。产品创新让农村金融服务精准抵达农户,迅速激活了金融支农的一池"活水",持续提升数字普惠金融服务乡村振兴的能力和覆盖广度。

(二)案例:"惠农e贷"助力小农户成长

淖毛湖镇苍吐尔村的农民李全友是当地颇具声誉的种植大户,他有意拓展种植规模,却因肥料价格上涨,致使手头资金周转不畅。农行新疆哈密伊吾支行高级客户经理吾夏尔·吾守主动登门服务,帮他梳理相关资料,以纯信用的形式为其发放"惠农e贷",成功化解了他的资金困境。在2023年,李全友扩大了哈密瓜、白兰瓜的种植面积,到年末,收入实现了大幅增长。凭借吾夏尔·吾守的实地考察和专业服务,淖毛湖镇的众多农户获得了农业银行的资金援助。该镇也逐步发展成为新疆最大的晚熟哈密瓜生产基地,并获得国家农产品地理标志认证。香甜的哈密瓜吸引着五湖四海的人们纷纷前来品尝,成就了当地居民的幸福生活。

新疆伊吾县依照地表季节性河流的分布形成了7个乡镇,彼此相隔数十千米。吾夏尔·吾守下乡开展调查时,每日都需行进很长的路程。无论是骄阳似火、暑气难耐的夏季,还是草木凋零、枝干枯萎、积雪深厚的冬季,他都如家乡的胡杨那般坚毅,默默承受着路途的辛劳,为农户送去金融服务。牧民在深山中放牧,车辆难以抵达,吾夏尔·吾守便冒雪骑马进山,帮助牧民办理贷款,被牧民亲切地称作"马背上的经理"。他一心为群众办实事,主动与各乡镇和村委会对接,走进农牧民家中讲解帮扶贷款的相关产品和功能,手把手教农牧民注册和使用手机银行,让信息多传递,让农牧民少奔波,许多人都夸赞他是"农民的儿子"。他自己则表示:"我熟悉这片土地,为家乡父老服务充满乐趣。"吾夏尔·吾守在平凡的岗位上,勤勤恳恳,年复一年。自2016年担任客户经理以来,他累计创建近千户档案,发放农户贷款3105笔,累计金额达3.19亿元。在贷款发放后,他及时完成档案整理和贷后检查工作,一旦发现风险便迅速采取行动。在信贷业务前后台分离的基础上,他推行信贷"一对一"监督机制,有效防范信贷风险,强化处置管理,取得了优良的成效。连续19年,吾夏尔·吾守发放的贷款没有出现一笔不良记录。农行人吾夏尔·吾守秉持这一精神,全身心投入乡村振兴工作,时刻践行着农行人的使命与担当,竭尽全力为百姓增收致富贡献力量。

从中国农业银行在数字普惠金融创新信贷产品以推动乡村振兴、促进包容性增长的实践来看,能够获得以下几个方面的启示。

一是数字普惠金融依靠科技驱动金融创新。"惠农e贷"借助数字化技术,打破了传统金融服务的地域和时间限制,让金融服务更加便捷、高效。它根据不同地区的产业特色和农户需求,推出定制化的信贷产品。通过深入了解农户的实际情况和需求,运用线上线下相结合的业务流程,大幅缩短了放款时间,简化了手续。金融机构要不断优化业务流程,提高服务效率,为农户提供更好的体验。可以进一步推广线上申请、自动审批等智能化服务,减少人工干预,加快业务处理速度。采用多种贷款模式,并给予利率优惠等政策,满足不同农户的信贷需求。比如,除信用贷款之外,还可以探索担保贷款、质押贷款等多种形式,并根据市场变化适时调整优惠政策。此外,利用数字信息技术进行风险管控,确保贷款的安全性和可持续性。建立完善的风险预警机制,通过数据分析及时发现潜在风险,采取有效措施加以应对。

二是数字普惠金融唯有踏上数字化、线上化的道路,方可切实达成服务长尾客户的目标。传统的普惠金融服务之所以成本颇高,是因为众多长尾农户大多地处偏远区域,居住分散,仅存在小额且零散的信贷需求。单个农户的边际服务成本偏高,信贷风险较大,这对普惠金融的推进形成了阻碍。然而,在施行数字化、线上化之后,授信、审批以及放贷等环节均可在线上完成。只要存在互联网,金融业务便能触及任意一户长尾农户,并且能够通过系统实施在线监管与风险管控,切实降低了线下信贷成本。所以,数字化、线上化是普惠金融发展的必然选择。

三是数字普惠金融应根据长尾农户的需求提供特色信贷产品和服务,如此方能真正提高普惠金融服务的实际效果。金融机构在推进数字普惠金融的进程中,常常依据当地的产业特色以及农户自身的家庭经营优势来给予信贷支持。例如,中国农业银行推出的"惠农 e 贷""茶叶 e 贷"等信贷产品,既借助了当地产业资源来增加信用,又推动了当地产业的发展。此外,这些产品可以进行线上操作,能够在线提供更为丰富的信贷产品供客户选择,更能契合个性化的需求,从而有效增强金融服务的实际效果。

二、微众银行:"微业贷"——数字普惠金融助力中小微企业发展促包容性增长

深圳前海微众银行股份有限公司由腾讯、百业源以及立业等知名企业发起成立,于 2014 年 12 月 16 日正式运营,是国内首家以科技作为核心发展驱动力的

民营银行和互联网银行。微众银行以"让金融普惠大众"为使命,坚持"科技、普惠、连接"的战略愿景,坚守依法合规经营、严格控制风险的原则,专注于为小微企业和广大民众提供更优质、更便捷的金融服务,初步构建了商业可持续的数字普惠金融发展模式。2020年,微众银行荣获"最佳金融创新奖"以及《人民日报》"数字普惠金融实践案例——中国普惠金融典型案例"等具有市场影响力的奖项。国际评级机构穆迪和标普分别给予"A3"和"BBB+"评级,该评级仅次于国有六大行,与招商银行处于同一层级。

自2016年起,为有力践行中共中央、国务院有关缓解小微企业融资难题及融资成本过高问题的要求,微众银行聚集小微企业法人客户"短小频急"的融资需要,进行了多轮的研讨分析与规划安排,历经多次研发优化后,于2017年11月试行推出了国内首款全线上、纯信用、随借随还的小微企业流动资金贷款产品"微业贷"。习近平总书记曾指出:发展普惠金融,其目标在于提高金融服务的覆盖范围、可获取程度、满意程度,满足人民群众日益增长的金融需求,特别是要让农民、小微企业、城镇低收入群体、贫困群体以及残疾人、老年人等能够及时获得价格合理、便捷且安全的金融服务。在近些年来的发展历程中,"微业贷"已经初步探寻出一条服务小微企业的全新路径。其一,初步达成了"广覆盖"。"微业贷"已覆盖30个省(自治区、直辖市),超出200个县级以上城市。在这些区域,平均每14家企业里就有1家有过"微业贷"的申请记录。其二,初步达成了"可获得"。"微业贷"已接触超过188万家小微企业,并为超过50万家小微企业提供了授信支持。其三,切实提高了"满意度"。"微业贷"发放金额接近4000亿元,其全线上、无抵押、7×24小时、随借随还等特性让长期困扰小微企业的融资难题得到缓解。以"微业贷"和供应链金融等作为支撑,在"增量、扩面、提质、降本"等方面陆续推出了一系列金融解困和支持的举措。

(一)案例:"微业贷":为小微企业排忧解难

在市场需求的驱动和政策的激励下,以微众银行为代表的民营银行开创出互联网银行的新形态,在新时代的浪潮中持续进取,凭借科技创新,切实为实体经济发展提供了有力支撑,践行着服务小微企业的初心。

1. 初心:为小微企业化解难题

2006年,卓先生从汕头来到广州开启创业之旅,投身纺织品行业。当时,中国迎来了纺织品的繁荣阶段。主要开展外销业务的卓先生,在时代的利好形势下,凭借潮汕人"诚信"和"拼搏"的特质,独自外出跑业务推销布料,迅速使公司联营纺织品业务发展壮大。然而,任何一个行业都存在成长、衰落、复苏的周期。历经多年粗放式发展的纺织行业,在近两年来,经历了翻天覆地的变革。自2017年起,国家大力加强环保监管。面对整改后生产成本的上升以及订单向环保达标的大型企业转移,纺织企业特别是规模较小的企业承受着前所未有的巨大压力,在生死边缘苦苦挣扎。同时,受2018年中美贸易摩擦的影响,纺织品产业出现了即便汇率下跌也无法刺激出口订单增长的情况。这使得原本对外依赖程度较高的企业,尤其是中小企业受到了强烈冲击。卓先生意识到业务单一带来的风险。即便能够挺过行业的洗牌,如果仅仅依赖下游厂商的采购,公司的运营和发展都会极为被动。凭借多年积累的织造工艺优势,他打算开拓成衣业务,打通上下游产业,形成完整的闭环体系。"一台优质的纺织生产设备大约需要30万元,如果把资金全部用于购置生产线设备,就没有资金投入生产;如果没有精良的设备,产能就无法满足订单需求。"卓先生为此感到烦恼。长期以来,卓先生仅有内源融资这一途径——向关系要好的朋友借款,但这种方式只适用于短期的资金周转,当数额较大、时间较长时,就无法借到。满面愁容的卓先生偶然得知了微众银行的"微业贷"。全线上操作、1分钟快速放款、最高300万借贷额度、灵活还贷等特性,正好契合他的需求,他抱着尝试的想法提交了资料。没过多久,124万元的贷款便到账了,卓先生的燃眉之急得以解除。拿到贷款后,他的资金链立刻"活跃"起来,他将这笔钱投到租赁厂房、购置生产线、注册服装品牌等公司发展必需的环节中。自打"微业贷"这一创新型产品出现后,"无抵押、随借随还、快速到账"精准地击中了痛点,能够切实地为企业提供帮助,助力优质小微企业不断发展壮大。

2. 进阶:拥抱金融科技

如何破解融资难、融资贵的困境?以大数据为代表的金融科技,无疑是市场极力探寻的突破方向。"和大型企业相比,小微企业的抗风险能力相对较低,针对小微企业的金融服务显然需要创新模式。"微众银行党委书记、行长李南青说道。基于自身的技术能力储备,2017年微众银行依托金融科技、大数据和互联网技术,针对市场痛点,在市场的热切期待中,正式推出了面向小微企业的产品"微业贷"。与传统银行企业贷款不同,微业贷在化解银行传统小微业务难以避免的风险成本、运营成本、服务成本"三高"问题的同时,充分考虑到广大民营小微企业"短、小、频、急"的实际资金需求特点。微业贷还通过数字化精准营销的策略,为有贷款需求的优质小微客户提供服务,开创了"互联网智能融资"的新范式。在风控方面,科技成为银行业的新"利器"。微众银行通过整合征信、工商、税务等领域的数据,构建起小微企业贷款全流程智能化风控体系。运用智能身份识别技术、人脸识别及活体检测技术,完成线上客户身份的核定。同时,依靠人工智能算法,微众银行打造出智能风控模型、反欺诈模型,以防范风险。拥抱金融科技就是拥抱未来,在践行普惠、服务小微的进程中,金融科技日益成为微众银行的"推进器"。

3. 趋势:引领行业,更普惠更便利

在经济迅猛发展的变革时代,如何开启企业普惠的崭新时代,为那些极度需要金融扶持的小微企业提供帮助,微众银行给出了全新的答案。据统计,在微业贷的客户中,65%的客户在获得授信时没有任何企业类贷款记录,36%的客户没有任何个人经营性贷款记录,27%的客户在获得授信时既无企业类贷款记录也无个人经营性贷款记录。微业贷成为数万家小微企业的首笔银行企业贷款,充分体现了"真"普惠。从这些企业的规模来看,77%的企业年营业收入低于1000万元,64%的企业年营业收入低于500万元。"不忘初心、方得始终。"李南青表示,为更好地服务小微企业,未来微众银行将持续借助金融科技,不断降低成本,把积累的大数据风控和互联网技术经验与资源积极运用到服务小微金融领域,为解决小微企业融资难、融资贵的金融难题持续探索创新的"可行办法"。

(二) 案例:"微业贷"契合了小微企业"短、小、频、急"的融资需要

深圳市中康瑞环保科技有限公司自2018年9月通过手机申请"微业贷"以来,至今已借款300多次,每笔平均7万余元,最高的一天操作提款达28次,绝大部分借款在1个月内还清,平均用款周期为11天。作为一家新兴的环保工程服务企业,在项目众多时,由于多方采购材料等需求,垫款情况频繁出现。公司负责人表示,"随借随还的功能非常实用,优惠活动众多,算下来一笔贷款利息也就几百元,这是实实在在的好处。"快速周转是"微业贷"客户的普遍特征,而要是没有便捷的随借随还额度,或者受到一些传统产品对于提前还款的提前申请、罚息等限制,就无法满足这类企业的真实需求。像这样的例子还有许多,"微业贷"的客户平均贷款使用时长为44天,当前平均使用次数约为3次,较好地满足了小微企业资金需求"短、小、频、急"的特性。

"微业贷"给客户的一个重要感受就是"费用不高"。除利息外,客户无须支

付其他费用。另外，随时提前还款也无须承担罚息费用，客户的实际综合成本很低。在"微业贷模式"引领下，微众银行持续拓展小微金融服务内涵。于供应链金融服务领域，微众银行同样沿袭"微业贷模式"的成功路径，打造了差异化特色。该行的供应链金融产品主要以供应商、经销商主体信用数据、交易数据、物流数据等数据的数字化、线上化、智能化为依托，具有不过度依赖核心企业信用、不依赖货物押品的差异化特点。目前已为粮油、日化、日用品等民生领域行业的上百家头部品牌所辐射的近万家供应商与经销商提供了贷款。

在小微信贷业务发展的同时，微众银行也开始探索如何让众多小微企业享受更为公平、更为全面的金融服务。该行于今年9月推出国内首个定位于服务小微企业客户的企业金融APP"微众企业爱普"，并将逐步建设成为向广大小微企业提供账户开立、支付结算、融资服务、企业保险等金融服务与企业财税、缴费、办公等增值服务在内的一站式互联网综合金融服务平台。特别是已上线的小微企业在线开户服务，它将传统银行开户模式下需要耗费数天甚至几周的开户流程转移到了手机端，经过不到5分钟的线上预约，不到10分钟的线下核验即可完成，有效解决了小微企业面临的另一个难题——"开户难"。此外，该行还推出了小微企业银行票据在线贴现业务"微闪贴"，进一步丰富了小微企业的综合化融资服务。

截至2023年12月末这一特定而关键的时间节点，微众银行"微业贷"已经全面地覆盖至30个省（自治区、直辖市）。在这段漫长且充满意义的时间历程中，累计超过450万家中小微企业怀着满腔热情、积极踊跃地前来申请，累计授信客户数量超过140万家，累计授信金额更是高达1.5万亿元。在那些成功获得"微业贷"授信的小微企业当中，企业征信白户的占比超过50%，累计超过30万家企业在微众银行顺利成功获得了其发展历程中的第一笔企业贷款。微众银行始终坚持不懈、积极主动地满足小微企业"短、小、频、急"融资需求，与此同时，紧密围绕中小微企业全生命周期呈现的多样化需求，精心地打造出全链路商业服务生态。微众银行"微众企业+"精心策划并推出了涵盖票据、账户、保险、理财、人才招聘等众多领域在内的一系列数字化产品及服务，坚定不移地致力于构建一个完备、健全的数字普惠金融生态。通过这些积极且得力的举措，微众银行与中小微企业携手并肩、共同奋进，为企业的经营活动提供了强大、可靠且源源不断的数字化支撑。

从微众银行"微业贷"在数字普惠金融创新信贷产品助力乡村振兴、推动包容性增长的实践中，能够得出以下几个方面的启示。

一是为在应对中小微企业各类金融服务应用场景时展现卓越能力,确保那些广泛而又分散的小微企业都能够毫无阻碍且及时地获取优质线上金融服务,切实降低中小微企业在获取融资服务过程中的门槛。微众银行充分发挥自身作为数字银行的独特优势,于2017年强势推出线上中小微企业流动资金贷款产品"微业贷"。这一具有开创性和引领性的重要举措,使得其服务覆盖的众多地区的中小微企业都拥有了享受高效便捷且优质金融服务的宝贵机会。"微业贷"的成功推出并投入使用,切实打通了长期困扰企业融资的"最后一公里",凭借强大且坚实的力量,充分满足了我国中小微企业"短、小、频、急"的融资需求。

二是"微业贷"进一步显著拓展了金融服务覆盖范畴,将服务触角延伸至以往难以触及的区域和领域,更多中小微企业被纳入金融服务覆盖范围;同时,极大地提高了服务的精准度,能够根据不同企业的具体需求和实际状况,提供量身定制的金融解决方案。作为一款具有鲜明特色和差异化优势的金融服务产品,"微业贷"展现出诸多独特优势。例如,它无须进行抵质押这类烦琐操作,大大减轻了企业的负担,为那些缺乏足够抵押物但具有发展潜力的企业提供了融资的可能。同时,无须专门前往线下进行开户,节省了企业的时间和人力成本,提高了融资的便捷性和效率。此外,"微业贷"能够实现全天候24小时不间断服务,无论何时何地,企业只要有需求,都能及时获得支持。它还具备高度智能化的特点,通过先进技术手段和算法,对企业的信用状况和风险进行精准评估,从而实现更科学、更合理的资金配置。

三是"微业贷"的线上化审批模式与传统贷款审核方式展开全面对比,前者的表现无疑更为出色。它凭借前沿先进的技术架构以及智能化的流程设计,能够成功实现额度核定更加精准这一关键目标。这种精准的额度核定意义重大,为企业提供了恰到好处的资金支持,有效避免了资金闲置或不足这两种不良状况,大幅提高了资金的使用效率,使资金在企业的发展中发挥最大的价值。微众银行"微业贷"牢牢地依托数字化大数据风控、数字化精准触达、数字化企业服务这三个重要的数字化手段。

数字化大数据风控通过对海量数据的深入挖掘和透彻分析,能够准确地评估企业信用风险,从而为贷款决策提供坚实可靠且科学合理的依据;数字化精准触达充分利用先进信息技术,将金融服务精准推送至切实需求的中小微企业,成功打破长期存在的信息不对称壁垒;数字化企业服务为企业各个方面提供极具个性化的服务支持,极大地增强了企业与银行之间的紧密合作。通过这些强大有力的数字化手段,"微业贷"有效提高了中小微企业在金融服务方面的获得感和满意度。同时,"微业贷"为助力普惠金融在覆盖面的广泛拓展、成本的显著降低以及可得性持续提升等核心方面做出了重要贡献。在推动实现包容性增长的进程中,"微业贷"宛如一股强大且源源不断的驱动力。它显著降低了金融服务门槛,让众多中小微企业有机会享受到便捷、高效、低成本的金融服务,有力促进了金融资源在更广范围内的公平分配。

"惠农 e 贷""微业贷"等数字普惠金融产品显著提升了金融服务的质量和效率,为数字普惠金融的可持续发展提供了极具价值的实践经验和引领性的示范。此外,"惠农 e 贷""微业贷"极大地激发了金融市场活力,促进了金融机构间的良性竞争与紧密合作,共同推动数字普惠金融生态朝着不断完善和持续优化的方向稳步迈进。"惠农 e 贷""微业贷"在促进包容性增长方面的作用不可估量,为那些在传统金融体系中常常被边缘化的中小微企业提供了平等的发展机会,助力其突破资金瓶颈,实现业务增长和创新。通过支持这些企业的发展,"惠农 e 贷""微业贷"创造了更多的就业岗位,推动了地方经济的繁荣,缩小了地区和群体间的发展差距。"惠农 e 贷""微业贷"还鼓励了更多社会群体参与创业和经济活动,促进了社会的多元化和包容性,为构建更加公平、包容和可持续的经济社会环境发挥了积极重要作用。

第六章 有效应对变革促进就业

任何新生事物带来的影响都具有两面性,数字经济对就业的影响也具有两面性。由于人们与生俱来对变革的恐惧,其负面影响最令人印象深刻。站在不同立场,人们关于数字经济对就业影响的认识也会不同。可以明确的是,主动、积极识别并应对变革,会给就业市场带来很大影响。

第一节 数字经济与经营方式的变革

在数字经济高歌猛进的同时,不少实体店铺纷纷陷入关闭潮,无论是县城的店铺,还是大城市的店铺都不例外。给人的感觉是,数字经济的发展抢占了实体店铺的市场,曾经的旺铺如今也风光不再,导致它们被迫关门。简言之,数字经济的新生事物——线上店铺,对线下店铺产生了一定的替代效应,但它不是所有店铺关闭的根本原因。新型店铺和新型就业机会也在不断涌现。

一、线上店铺与人们的新线上消费习惯

线上店铺对线下店铺构成全方位挑战。

一是线上店铺产品价格更优。线上店铺省去了线下店铺转让费、租金、装修费等成本。部分线上店铺经销商级别更高,能够获得更大的价格优惠力度,也能以更低价格进行销售,使同样的产品产生了线上和线下价格差。加之电商平台的活动补贴,线上产品价格加上运费仍能比线下产品便宜很多,甚至是天差地别的价格差异。

二是线上店铺提供了更丰富、更匹配的产品。线下店铺作为实体店,存在一定的服务半径限制。顾客在线下店铺购买商品时往往采取"就近"原则,即寻找

当下离自己最近、最合适的线下店铺,即便外出旅游也不例外。线下店铺还受到距离因素的限制,任何一家线下店铺都只能提供有限的产品品类。如某大型超市在袜子商品上只能提供有限的品牌,而线上店铺为消费者提供了几乎无限的选择空间,像袜子品牌、款式,消费者可根据自身需要或消费习惯自由选择。

三是线上店铺的消费模式更便捷。从电商到移动电商,以往人们大多通过电脑进行购物,如今人们更习惯在手机APP上购物。当人们有购物需求时,只需在手机上点击几下就能完成购买,其后便等待货物送到附近快递驿站,或是等待快递员送货上门即可。消费者随时随地可以购物。

线上购物的诸多优势使消费者形成新的消费习惯。刚开始,线上购物作为一种新风尚,消费者会比对线下和线上购物的利弊,只有在线上购物条件更诱人时才会尝试,线下购物仍是日常消费的主要方式。而今,大多数人习惯了线上这种新消费方式。习惯,是指消费者不再进行利弊选择,而是直接采用惯常的购物路径。如购买袜子,消费者不再去超市比对价格,而是习惯性地选择在网上下单。

线上"逛街"也成为人们的新消遣方式,在新场景下创造了新需求。线上"逛街"既是一种休闲活动,也是一种潜在购买行为。与线下逛街类似,很多消费者并未带着购买的目的,而是纯粹地浏览、散心,这是一种放松的途径。当消费者看到合适的商品时,也将出现购买行为。这种由供给创造需求的模式也在不断衍生出新链条,不仅是逛电商平台,浏览网页、观看短视频、观看直播带货、各种类型的线上广告,都在不断创造需求,使推广产品被人们看到,并满足人们的各种需要。

总之,由线上店铺衍生出的庞大产业链,进而构筑的诸多优势,人们无法割舍新的线上习惯,融线上购物、休闲于一体。对于消费者而言,这确实是一种全新的进步,使越来越多的人成为线上消费者的一员,包括不少老年人。但对于线下店铺商家而言,线上店铺的巨大冲击着实改变了既有的商业逻辑,不仅要面对实体同行的竞争,那些看不见的线上店铺也在抢夺大量客户。线下店铺被裹挟着加入促销打折的队伍,被迫推动着参与新领域的竞争,有的因时运不济、经营不善而陷入倒闭。

二、线上店铺与就业挑战

线上店铺对就业的挑战可分为两个方面:一方面是对线下店铺商家的挑战,

即对创业者的挑战;另一方面是对线下店铺就业者的挑战。

在沿街的小商铺和大商场的小店铺里,往往是以家庭为组织方式的夫妻店,店铺的收入是家庭的主要经济来源,店铺生意的好坏直接影响家庭的收入。不得不说,线上店铺带来的冲击使他们的创业之路更加艰难,经营不善会使家庭陷入困境,迫使线下店铺商家加入寻找工作的就业大军。

线下店铺受到冲击后,店铺员工的处境更加艰难,他们随时面临被辞退的风险。如某品牌连锁服装店,拥有一定数量的员工帮助客人选择合适款式的衣服,进行取货、收银以及其他配套服务,因线上同品牌服装和其他品牌都构成替代,该品牌连锁服装店门可罗雀,有的店主会选择减少连锁店数量,导致相应门店员工丧失就业机会。

不同行业的线下店铺受到的冲击程度是不同的,这取决于线下产品和服务的可替代程度。随着数字经济浪潮不断深化,数智技术向万千行业渗透,越来越多的行业正在接受"洗礼"。

越是先进行业,其线下店铺越早受到冲击。曾经人满为患的电脑城是"3C"[计算机类(computer)、通信类(communication)、消费类(consumer)]电子产品的大本营,早期人们去那里配电脑、买配件、找维修,随着"3C"产品的迭代升级,现已门可罗雀、风光不再。如今,不少"3C"电子产品线下店铺已转型为品牌体验店,让消费者在实地体验各类电子产品,为消费者提供维修、以旧换新等售后服务,并为消费者提供不高于线上价格的售卖服务。

书店也受到了极大影响,既有线上书店的竞争,也有线上内容带来的间接影响。书店是一种非常古老的线下店铺,最早可追溯到汉代。那时的书店名为"书肆"。在工业化进程中,书肆的称呼变为书店,但功能总体相同。曾经,书店遍布世界每一个角落,而今线上书店成为人们购书的重要渠道。线上购书有这样的好处:可在短时间内找到购买目标,而无须在实体书店中四处翻找;在价格上,线上购书也常有不小的优惠。同时,潜在竞争对手不只是线上书店,网上繁多的可读内容,几乎使人们应接不暇,加之手机上更有趣的内容,如新闻、短视频、电视剧、电影等。可以这么说,在书籍和更有趣的内容之间,越来越多的人选择了后者。在过去资讯匮乏的年代,书是信息来源和娱乐工具;如今,更多的信息来源和娱乐工具将人们"淹没"在信息"海洋"中,书在人们心中的重要性越来越小。因此,并不是线上书店打败了线下书店,而是海量的线上内容跨界替代了不少实体书店。并非所有线下书店都关门大吉,仍有不少书店顽强地存活下来。除了买卖书籍,书店也成为人们的休闲之所,如转型为可免费看书的咖啡店,有的顾客可在书店买上一杯咖啡,端着书享受悠闲的下午茶。书籍在人们心中依旧占有一席之地,比起碎片化的信息,书中内容以系统性使人们获得更全面的认识。放下手机的喧嚣,安静地看一本书,依旧是不少人的主动之选。

  餐饮行业也是非常古老的行业。民以食为天,无论时代如何变化,人们都无法在线上"云吃饭",但线下饭馆的地位并非十分稳固,正在经历"后台化"和"预制化"。最开始数字化的是线下饭馆的支付方式和配送方式。数字支付已成为主要支付方式,如果想要刷卡,可能面临刷卡机好久没用而没电的窘境,有的店铺会明确拒绝现金(这是违法行为,不建议)。不少饭馆为了拓展销路,将自己的店铺挂在外卖平台上。所以,在食物配送上,大量的外卖员加入其中,成为食物运输环节的一员。饭馆的潜在客户不仅是来饭馆吃饭的人,也是所有在外卖平台上看到这家店的人,这使饭馆的经营范围进一步扩大。于是,饭馆不再仅仅依赖显眼的店面,可以是隐蔽的铺子,或者是毫无店面的厨房,即呈现饭馆的"后台化"倾向。仅以线上外卖平台为销售渠道,完全放弃线下堂食的食客,就如同没有店面的线上手机店。这样的模式,其优势是省去了店铺的转让费、装修费、租金等成本,也省去了饭店服务员的雇佣成本,由此带来了经营模式的巨大变化。

  不仅是后台化,餐饮行业的预制化还在抢夺厨师的"饭碗",饭馆布局发生改变。制作的烦琐性导致中餐拥有较高的制作门槛,这意味着一家好的中餐饭馆需要具有一定特色的厨师进行高水平烹饪。随着工业化、数字化进程的推进,中餐也被工业化、数字化思维进行重塑,这种重塑从西餐演化出西式快餐的进程中可窥一斑。以西式快餐的汉堡包为例,加热的面包铺上酱、蔬菜,再夹上煎熟的肉饼,一份热腾腾的汉堡包就新鲜出炉了,其好处是价格实惠、出餐快速,这是典型的工业化思维下的重塑。中式快餐也在以这种方式被重新定义,如米饭加上已做好再加热的菜,再辅以提前准备好的汤,每个部分都被事先准备好。在数字化思维的影响下,不仅是中式快餐,不少中餐也在以这种方式被重塑。所有关键材料基本在中央厨房就已被智能机器人做好,配送到饭馆后,店员的工作只是搭配和加热,不再需要厨艺精湛的厨师。饭馆内部布置也随之出现变化:厨房部分由烹饪设备改为加热设备,占地面积压缩,为顾客提供更多可堂食的位置。只提供外卖的饭馆所需面积就更小了。

  当然,预制菜的好坏取决于执行标准和顾客所付出的价格高低。不能简单地将预制菜视为劣质食物的代名词,像腌肉、榨菜这类预制菜同样是中华美食不可或缺的部分。预制菜,是指以农、畜、禽、水产品为原料,配以各种辅料进行预加工或预烹调而成的成品或半成品菜肴产品,经包装后在常温、冷藏或冷冻条件下贮藏、运输和销售,可直接食用或经简单烹饪后作为日常正餐食用。按照食品的加工程度及食用的便捷性,预制菜可分为即食食品(如八宝粥、即食罐头)、即热食品(如速冻汤圆、自热火锅)、即烹食品(须加热烹饪的半成品菜肴)和即配食品(如免洗免切的净菜)。但从客观规律判断,受到低成本、高利润诱惑,不少资本进军该行业且推出较为劣质的廉价预制菜,损害人们的健康,破坏预制菜在人们心中的形象。

劣质预制菜充斥市场的趋势如果加快,必将引发餐饮行业对质量的重视和传统烹饪方式的反弹。就如西式快餐并未在真正意义上终结传统西式餐厅一样,中式饭馆中的许多传统优点也必将在不少饭馆中得以保留。对餐饮有较高要求的消费者会支持那些真材实料的餐厅,厨师也将依旧作为一种职业在市场中存在。对于民众而言,他们的选择和诉求影响着餐饮行业在预制化道路上的走向。

三、线上线下店铺的转型

线下店铺并未彻底消失,在倒闭潮的另一边,是众多线下店铺进行线上化尝试和新型店铺的崛起。为应对线上店铺的冲击,不少线下店铺找到了生存之道。在这种转型的形式下,实体店依旧大量存在,甚至不少实体店依旧门庭若市。

线下店铺入驻电商平台成为拓展服务范围的常见手段。过去,线下店铺主要服务一定半径内的顾客,如小区旁的店铺主要服务小区内的居民,超出这个范围的居民会就近寻找其他替代。而今,线下店铺的商家在电商平台同步开设线上店铺,在售卖商品的同时,也拓展了经营和服务范围。如在线上和线下回收二手商品后再在线上和线下卖出,对持有的商品提供租赁服务,等等。从这一变化的本质来看,是有不少实体店加入了转型,积极迎接并应对了变革,甚至成为变革的推动者。因此,他们成为胜出方,而非被其他线上店铺降维打击的失败者。

线上店铺线下设点成为"由虚变实"的新型店铺。线上店铺的虚拟特性使人们无法对其建立起实体印象,这必将影响其市场范围的拓展。为了拉近与顾客的联系,线上店铺在现实生活中设点为消费者提供服务,成为其实体意义上的代表。这种代表有许多表现形式,有的只提供售后服务,有的提供品牌体验服务,并发展成为新实体店。

一是只提供售后服务,在各大城市设立售后服务点。在不少线上品牌产品的初创期,由于成本限制无法广泛建立实体店,为节约成本、提升用户体验,在重要的枢纽、节点城市建立售后服务点是比较有效的办法。不少此类售后服务点采用与其他品牌合作的形式,进一步节约了线上品牌的成本。

二是在大城市设立体验中心提供品牌体验服务,并不断增加体验中心在中小城市的布局。当品牌拥有一定的知名度后,为了稳固和增加销量,提升曝光率,需要不断设立实体体验中心,使顾客实在地感受到该品牌产品的魅力,并在有需求时优先考虑该品牌。毕竟,眼见为实的产品总比虚拟的产品更有亲和力。

三是电商平台新设立实体店品牌,并逐步拓展布点。电商平台根据手中拥有的数据资源进行敏锐判断,以线上逻辑建立并布局新型品牌实体店,成为带有电商平台背景的新型店铺。如盒马鲜生,该品牌于2016年1月在上海金桥广场开设第一家店,如今已在北京、上海、广州、深圳、杭州、西安、合肥、郑州等多个大城市开设门店。

四、新型店铺

盒马鲜生是由线上到线下的新型实体店铺,主打新零售。盒马鲜生在供应链上与品牌方达成战略合作,获得更低成本、更短链路、更优品质的商品,在实体店上形成了盒马鲜生、盒马奥莱、盒马X会员三种主力门店业态。其中,盒马鲜生定位"一日三餐、好吃不贵";盒马奥莱定位"低价不廉价,超级性价比";盒马X会员店则定位"日常生活,引领需求"。在销售端启动折扣化改革,通过与品牌方合作进行自有品牌建设,未来将使价格降低50%~60%,达到国际领先零售商标准,实现高质低价。在配送端实现更大服务范围和对应配送时间,由"3公里内最快30分钟送达"扩大到"5公里内最快1小时送达"。为此,盒马门店专门设置了两条作业链,为3~5公里的订单进行分拣、打包等,并对订单中的冻品添加更多冰袋,对热食提供更多保温材料。为进一步扩大线上服务范围,2022年上线的"云超送全国"业务,使盒马鲜生尚未入驻城市的消费者也可通过盒马APP下单,并能保证次日送达。通过供应链战略合作、门店业态多元化、销售端的优质低价、配送端更广服务范围和更快速度等多方面优势,这种新零售模式已成为不少消费者的必然选择,也带动了零售业的变革,为消费者带来更好的消费体验。

胖东来是另一种零售实体店的极致代表,其优质的服务难以被其他商家替代。胖东来是一家大型商超,1995年还只是一家名为"望月楼胖子店"的糖烟酒小店,然而1998年在一场火灾中化为灰烬。在顾客们的鼓励和支持下,2000年左右,胖东来从废墟上崛起,逐步开启扩张之路。2006年,胖东来走出河南许昌,入驻河南新乡。2014年,为了确保服务质量不下降,胖东来大批量关闭店铺。至今,胖东来虽未成为全国性连锁店,但已是全国商超的另一个范本,是许多消费者、网红、商业大佬的打卡地。

胖东来给人的第一印象是提供了极致服务,这种极致服务体现在三个方面。一是人们对于胖东来品牌的认同和信任。良好的第一印象是基础,认同和信任并非顾客享受到了良好的服务,而是顾客预设这家店会提供优良的服务。二是为顾客提供全方位的细致服务。在拥有大量客流量的情况下,商超内仍能保持非常干净、整洁的环境,店员甚至会趴在地上擦地;商品价格实惠,质量可靠;售卖的商品不仅标明了价格,还贴心地写上了各类功效、使用方法、注意事项、保质期等重要提醒;为顾客提供免费服务,如免费提供微波炉、半小时的充电宝、桌椅、纸巾和调味品,以及随时提供服务的专业工作人员等。三是为顾客提供贴心的售后服务。顾客退换货物也十分方便,购买了多年但未使用的床单,因颜色不满意也可以换货。如果顾客不方便来门店,还提供上门退货服务。全方位的贴心售后服务,使消费者对胖东来产生强烈的好感,这种极其周到的服务,也提升了胖东来的品牌忠诚度和用户黏性。

为了激发员工主人翁意识,胖东来给员工提供了极致的待遇和福利。一是在总利润分成上超出常规。九成以上的利润被拿出来分给员工,为后面诸多的优厚福利待遇提供了基础。二是员工工资水平普遍高于当地平均水平。如在许昌的胖东来店,在交纳五险一金的基础上,员工平均工资可达5000~6000元,高于当地3000元左右的平均工资。三是提供其他超预期的福利待遇。员工享有超长假期,每周上班六天,周二休息,六天班中有一半是只工作半天,每年还享有一个月的带薪休假,可分三次休息。专门供员工使用的员工之家,是员工吃饭、学习和休息的场所,内设有图书馆、健身房、麻将室、午休宿舍等,一应俱全。除此之外还有各类意想不到的补贴,如5000~8000元的委屈补贴等。这些福利待遇使胖东来能以更优厚的条件挑选更符合要求的人才,使得员工们有意愿以极高的敬业精神和热情开展工作,也愿意接受来自上级的管理。

在高待遇和福利的基础上,还有于东来团队的优秀管理水平。在世界范围内不乏提供优厚福利待遇的企业,但好待遇并不能直接带来好服务,在良好待遇条件下,管理不善导致的人员松散、混乱等问题比比皆是。胖东来的成功是以员工为中心,也是其管理模式的成功,正是在胖东来的灵魂人物——于东来的领导之下,其管理团队发挥着有效作用。一是充分尊重员工。胖东来良好的服务来自员工受到尊重后的正向反馈。上级尊重员工,员工相应地尊重顾客。二是加强对员工的教育和培训。通过教育和培训增强员工的服务意识,提升员工的服务技能,用真诚的态度和体贴入微的服务打动顾客。三是构建合理的激励、晋升、考核机制,用优厚的福利待遇激励员工,让员工有合理的晋升通道,并以实绩为考核依据。四是构建健全、严厉的惩罚制度,实现了赏罚分明。员工手册中要求员工上班期间不得闲聊,接听电话要回避顾客等,违反者罚款金额在 10～500元,严重违反者还会被辞退。可见,胖东来在管理体系上既有温情脉脉,也有铁面无私,使员工们拧成一股绳,实现高效、贴心服务。五是畅通沟通渠道和充分授权,企业内部上下级之间互相理解、及时反映情况。在职责分工明确的情况下,员工(特别是一线员工)能基于具体情况更好发挥主观能动性,积极服务顾客,使企业运行更为合理。

第二节 数字经济与就业结构调整

数字经济作为新生力量,推动了整个产业的重塑。每个行业都受到影响,进而使就业结构出现巨大变化,这为国家提出了严峻挑战。从宏观经济学角度来看,是大量传统就业机会的消失和大量新生就业机会的涌现,但这种新旧就业机会的替换并非想象中那样无缝对接。

一、农业人口双向转移

农业人口双向转移是我国工业化发展到一定程度后和数字化浪潮叠加的结果,总体表现为农业人口向工业和服务业领域转移,此为大方向,是总体趋势。在这个大方向下,"离土不离乡"式的"藕断丝连"呈现新态势,有不少人回到农村创业、就业,此为小方向。由此带来了农村和城镇人口的双向流动,数字经济作为催化剂加速了这一进程。

(一)农业人口持续流出

从世界一般经验来看,工业化必然带来农业人口减少,并通过农业的工业化生产解决农业产量的下降问题。因此,无论是否有数字化浪潮,从事农业的人口必然向其他行业转移。

在人多地少和外出务工收入高的双重因素影响下,农业人口不断流出。由于我国人多地少的国情,在农村,即便当地农民精耕细作也养不活那么多人。早期农民外出是为了谋求一份生计,从事其他行业待遇高是另一个重要因素。即便在不少农民流出的情况下,由于农业单位产量的增加,价值的提升,较少的农业从业者通过适度规模经营也获得了较高收益。对于普通农业从业者而言,外出务工收益更高。除了种地,外出务工仍是他们收入中不可或缺的重要组成部分,占比依旧较高,这也是为什么在拓展巩固脱贫攻坚成果过程中,畅通农民外出务工渠道依旧是重要举措。

农业人口向其他行业转移已进入后半程,转移速度放缓但规模依旧巨大,伴随的城镇化亦是如此。农业人口转移不仅意味着从事行业的改变,往往也伴随着从业地点、居住地点的变更,从农村转移到城镇,进而成为城镇常住人口。这是一个工业化与城镇化相互作用的过程,不少原农业人口前往城镇工厂或建筑工地工作,有的还拖家带口留在城镇居住、生活,转变为城镇人口,这一过程就是城镇化。工业化和城镇化共同构成了我国今天的产业人口和城乡人口格局。2022年我国常住人口城镇化率为65.22%,2023年为66.16%,预计到2029年接近70%。在此阶段,城镇化速度进一步放缓,加之我国每年新生人口减少,总人口提前达峰,未来从农村进入城镇的人口数量将持续下降、逐步进入平台发展期,人口跨部门跨区域配置带来的增长动能也将有所减弱。受总量和速度限制,农业转移人口增速也将进一步放缓,但农业人口减少的规模并不小。北京大学光华管理学院院长刘俏表示,2017年27%的人口是农业就业,2035年要降到6%左右,超过20%的农业人口将发生跨行业和跨地区的转移。按照这一估计,将有2.8亿人不再从事农业,这2.8亿人中,既有进入其他行业的人员,也有因年龄、身体原因不能再从事农业的人员。

老龄化是农业人口流出的又一重要因素。在传统乡土社会,农民将农业作为终身职业,没有退休一说,农业既是他们养家糊口的生产方式,也是安身立命的生活方式。而今的农民依旧如此,不少曾经的种田能手逐渐老去,并非他们不愿继续从事农业工作,而是身体条件不允许了。于是,在农村会出现这样的场景:前段时间还在地里劳作的老者,好些天不见踪影,空留下他在地里的劳动成果,询问周边村民才得知,这位老者在几天前过世了。

仅就农业转移人口而言,他们进入城镇后的就业平台和从事的行业发生了新变化,数字化浪潮在其中产生了重大影响。他们中的大多数选择在城镇安居乐业,但也有很多人以各种方式与家乡保持着联系。其中,数智技术发挥了显著作用。

(二)"离土不离乡"的新趋势

中国人对乡土怀有最深远的热爱,即便离开熟悉的故土,农业转移人口也想与家乡保持千丝万缕的联系。在数字经济蓬勃发展的背景下,各项政策、条件相互叠加,县城成为城镇化的重要载体,数智技术也让他们与家乡的联系更为紧密。

不少农民采用"离土不离乡"的办法,使自己与农村、农业保持着关联,一旦遇到大环境变化,仍有可能回到农村、从事农业,呈现两栖发展状态。两栖发展状态,是指人口在城乡间自由流动,并未完全固定于城镇或农村的状态。2023年我国常住人口城镇化率达到66.16%,户籍人口城镇化率为48.3%,两者存在近20%的差距。在过去,造成这个差距主要原因是城镇落户限制,随着各大城镇逐步放松或取消落户限制,以及农村户口含金量的提升,不少农民主动选择成为居住在城镇的农村人。究其主要原因,一是心中对乡土的挂念,二是割舍不下的祖屋和承包地。他们因各种原因长期居住在城镇,保留着家乡的宅基地,有的还能获得每年的承包地租金或股权收益。他们把在外面辛苦攒下的积蓄用于翻新祖宅,让祖宅焕然一新。逢年过节回到家乡祭拜祖先、探亲访友,平日里清冷的乡村在过年期间异常热闹,车水马龙,甚至出现堵车的情况。

就近城镇化也成为"离土不离乡"的现实选择,其比例大幅上升,在县城的两栖发展是城乡两栖发展状态的主要表现之一,数字经济也在不少领域缩小了县城和大城市在居住体验上的差距。基于现实考量,不少农村人口选择居住在较近的县城中,如在县城找到更好的工作,或是儿孙辈需要上学,抑或是为了儿孙辈住上更好的住房。相较于农村,县城有更优质的公共服务条件。从数据上看,县域城乡两栖人口规模及其占城镇人口比例还将不断提高。根据2010—2020年人口普查数据,县域城乡两栖人口规模从0.33亿人增长到0.72亿人,增长了一倍以上,其占县域城镇人口比例从17.18%提高到30.99%。未来一段时期,县域城乡两栖人口作为县域城镇化的主要驱动力,还将不断增长且大规模存在。该趋势意味着,过去大量农村人口向沿海、大城市迁移,受到物理距离限制,他们和家乡的联系是弱联系;现在更多人选择就近迁移,由于离家乡不远,他们与家乡的联系是强联系。只要有需要,他们可乘坐交通工具快速回到家乡,如开车、骑电瓶车等。这也催生了许多新就业模式,数字化提升了这些新就业模式的便利程度。同时,数字经济的广覆盖性使得中小城镇和大城市在部分方面的差距不断缩小。如在购物体验方面,电商平台的升级和快递网点的完善,让过去需要到大城市才能买到的商品,现在动动手指就能买到。

数字化让"离土不离乡"更便捷。远在城镇的人们可通过即时通信软件随时与家乡取得联系、参与家乡事务的决策,乡情得以延续,他们是乡村产业的后备军,也是繁荣乡村的重要力量。人对地域的归属感源于与地域中人、物的互动,互动越是长久、有效,就越能产生难以替代的情感,这也是童年家乡记忆特别刻骨铭心的原因。但时间也在消磨归属感,随着人在异地待的时间越长,对家乡的记忆也越模糊。当离家的第一批乡亲老去,他们在城镇成长的孩子对家乡的归属感也更淡了。数字经济发展带来的即时通信软件等远程工具,如纽带一般把他们同乡土再次联系起来,这种联系对乡土社会特别重要。与城镇的陌生人社会不同,农村的乡土社会相对传统,注重血缘关系和亲疏程序,外来陌生人融入相对困难,原籍人口与子女回归则简单得多。这意味着,在城镇产业从业人员可以是来自任何地方的陌生人,农村产业发展则需要更具有亲缘联结关系的熟人,这些人更有可能成为乡村产业发展的重要后备力量。这种选择性并非毫无积极意义,基于亲缘关系产生的乡土情结,是一种朴素的真挚感情,比用行政力量更能使人真心实意地促进当地发展,而非"赚一票走人"。这些情感牵绊也使他们并未在真正意义上离开农村和农业,因为他们随时有可能带着人、财、物回到故土,为当地发展带来巨大助力,类似的例子数不胜数。他们既是衣锦还乡的成功人士,也可以是家乡的新农人。同时,农村集体产权制度改革后的制度安排也为外来人加入农村发展提供了机会。

(三) 新型农民与回归农村

在全国全面推进乡村振兴的大背景下,农村、农民有了新变化,数智技术助力新型农民以更便捷、更高效的方式进行生产活动,这也为务农成为一种新生活方式提供了充分的条件。宜居宜业和美乡村的建设提升了农村的吸引力,除了农业人口持续流出的大趋势和"离土不离乡"的中间状态,还有不少人选择回归农村。

机械化、数字化、网络化、智能化使农业的远程操控技术更为成熟,进一步解放了新型农民。他们无论住在何地,都能成为农村、农业发展的中坚力量。新型农民不再需要就近住在农田边,汽车、电瓶车扩大了他们的活动半径。新的工具与技术使这种扩大实现了质的飞跃,通过数智技术,只要有网络的地方,就可进行远程操控。通过摄像头了解农田实际情况,通过温度计、湿度计了解现场各类参数,通过操控农业机械进行耕种、收割,通过运输设备进行运输,通过销售平台进行售卖。总之,从农业生产的源头到产品销售终端的全生命周期,都有数智技术嵌入的空间。对此,各地也有不同探索。如我国新疆许多地区在棉花种植过程中,依靠北斗卫星导航系统,采用棉花播种机按照预设路线精量播种,还可铺设滴灌带、地膜等,直线误差不超过2厘米,打药用无人机,浇水用滴灌,过去需要大量人力进行全民采棉花,现在主要使用机械采集。不仅在生产过程中机械化水平不断提高,数字化水平也在不断提升,更多无人设备也在升级换代,如无人机、卫星导航无人驾驶播种机等。这些无人设备并非完全不需要人操作,而是解放了人力,人可在操作端远程预设路线、远程实施操控,个人劳动生产率也随之提升。

正因如此,虽然农业人口仍在持续减少,但我国仍能保持粮食产量稳中有增,从2003年的4.31亿吨增长到2022年的6.87亿吨,2023年为6.95亿吨,2024年为7.06亿吨,这是农业科技、农业机械、数智技术、农业生产组织方式等一系列变革共同作用的成果。这些技术革新使得维系一定农业产量所需的农业必要人口进一步减少,现存农业人口居住限制也得到进一步解除,为农业发展提供了多种可能,为仍留在农村的人口提供了其他发展空间。当然,农业人口的减少不应成为政策有意为之的结果,因为农业不仅承担着保障我国粮食安全的重要功能,还在保障就业等领域发挥着重要作用。

农业依旧是促进农民增收的重要产业,农村依旧是我国广阔的经济腹地。我国农村仍有4.6亿多的常住人口,在2022年年末为4.9亿人,2023年为4.77亿人,2024年为4.65亿人。虽然农业必要人口减少,但农业仍是重要谋生手段,各类农业临时务工人员也要保持一定规模。一方面,务农仍是抵御经济风险的重要就业方式。不仅是农业需要一定规模的劳动力维持产量,人们也需要农业作为生产生活方式,特别是在经济下行的压力下,我国广大的农村腹地为受到经济冲击的人们提供了生产和生活的场所,他们依旧可以通过务农获得生活必需物资,并获得一定收入。一旦经济形势好转,他们可再次前往大城市。另一方面,除了以农业为主业,也有不少人以农业为副业,这是农村的一种灵活就业方式。机器并不能在所有农业场景中发挥作用,在不同农业品类的忙碌时期,总是需要大量雇工帮忙。如在湖北省十堰市郧阳区五峰乡东峰村,当地能人回乡带动村民种植杭白菊,丰收的时候需要请人来采摘,不少当地青少年也参与了这一活动,既获得了一定报酬,又参与了农业劳作,丰富了人生阅历。在不少地方,村中老年人是参与此类灵活就业的重要群体。

除了狭义上运用新技术务农的新型农民,广义上的新型农民群体也成为农村的新潮流,既有把农业当作回归朴素生活方式的新"隐士",也有住在农村却从事工业和服务业的人群,数字化浪潮给他们带来了新契机。总之,随着乡村振兴工作的持续推进,农村人居住环境持续改善,基本公共服务供给日益完善,再加上数字经济创造的新条件,仍有不少人主动选择回到农村、留在农村。

回到农村务农依旧是人们不可或缺的生活选择,这种选择并不以增收为主要目的,而是为了享受务农的"慢生活"。多样化选择是现代人获得幸福生活的重要源泉,因为每个人在不同人生阶段的需求不大相同。远离喧嚣的城市,在僻静的农村寻一块田地,"采菊东篱下,悠然见南山",这是完全不同于大城市的恬静生活模式。在务农的闲暇时间,还可从事艺术创作,如瓦依那乐队的三名乐队成员就来自广西的农村,主唱岜农是广西河池市的农民,鼓手路民是广西桂林的瓦匠,吉他十八是桂林的农民兼流浪歌手,他们的大部分时间都忙于农活,空闲时因当地的人、事、物有感而发进行音乐创作,参加公益演出,把音乐当作消遣方式,并通过在外演出为公众所熟知。如今,不少人厌倦了大城市生活,主动选择回归乡土,过这种新时代的隐居生活。除了从业农民,农村其他行业从业人口也在增加。

农村的简单工业活动依旧存在,数字经济为农村工业活动注入了新活力。

一是尽管工业生产集中进入工业园区,成规模的工厂在农村越来越少,但农村的工业人口并未完全消失。那些看似技术含量不高的工业生产仍在继续,成为人们的重要生活来源,如十堰市郧阳区的袜子产业蓬勃发展,该区有的村民在家中用专门的机器从事袜子加工,做得好的话一个月有 2000~3000 元收入。

二是网络拓宽了农村工业生产的销售渠道。如大米加工工厂把收上来的稻米进行简单加工后打包成商品,通过既有渠道进行销售,也可直接通过网络销售,在优质大米来源地,农户与个人买家建立起了点对点沟通渠道,绕过所有中介,直接配送到用户家里。

三是传统手工业再次焕发生机,在过去,这些产业没有低成本、大规模生产优势,存在"酒香也怕巷子深"的问题。如手工陶瓷产业,拥有较高技艺的陶瓷艺术家难以找到足够多的客户,而今通过抖音、直播带货等新模式将手艺转化成了产业,在吸引观众、传播传统文化的过程中,从网络另一端的广大人群中精准匹配潜在用户,通过平台分成、买卖等方式获得收益。

农村从事服务业的人口比例也有所增加,主要得益于两方面的因素:一方面是农业生产力提升带来的劳动力溢出,另一方面是农村新机遇带来的服务业就业机会。单位人口农业生产效率的提升,使从事农业的必要人口和必要时间减少。于是,仍留在农村的人们开始寻找其他就业机会,仍从事农业的人口也有更多的空暇时间参与其他劳动。过去,这些就业机会主要在城镇;而今,人们的目光再次回到农村,数字化也创造了不少机会,他们可在农村就地就业。各类乡村旅游成为热潮,游客在乡村体验各地特有的农家田园风光、用传统方式烹制的生态食材做成的饭菜、耕作的乐趣、恬静的农家生活等,这些都需要一定规模的服务人员。如在湖北省恩施州宣恩县的不少农村度假区,一到酷暑时节,就有许多游客前来享受那里凉爽的气候和优美的自然居住环境,还有让人舒心的包吃包住服务。除了度假区内工作人员提供的居住服务,还有医疗服务保障,每间民宿都贴上了县里对应医生的联系方式,游客一旦有需要可随时与医生取得联系。

数字化浪潮创造了新的农村就业机会,帮助许多人在农村实现数字就业。

一是农村电商、农村直播等新就业形态蓬勃发展,不断迭代升级。网上开店的电商、线上直播的主播都属于数字就业的范畴。一开始是大量网上店铺涌现,而今线上直播带货风起云涌,很多年轻人回到农村从事这个新职业。他们依托乡土特色产品,以敢闯敢拼的精神尝试这个新赛道,他们中不乏小有名气者,在许多农村的村委会、旅游景点,都能看到专门为这些主播设置的工位,这些主播有一个专门的职业名称——互联网营销师。

二是过去在城里的工作岗位实现了在农村的线上就业。数字就业人士运用智能设备在虚拟的网络空间进行工作,成为数字经济的有机组成部分。数字经济具有广覆盖性的特点,使数字就业不受物理距离的制约,只要有网络,就能开展工作。因此,许多原先在城里的工作,在网络条件好的农村一样能够开展。

三是为了增加农村数字就业机会,不少公益项目也在积极实施。如2019年10月,由国家卫健委协调引进,中国妇女发展基金会、蚂蚁集团、蚂蚁公益基金会等在陕西清涧发起了数字产业孵化项目"AI豆计划",培训当地女性和返乡年轻人做数据标注工作,"教会"机器识别各种特定场景,实现了在家门口的数字就业中心工作。此后,又先后辐射带动周边子洲、绥德、永和、延川等县落地了数字就业中心,超600人实现了就地就业;历经三年多发展,"AI豆计划"已覆盖包括山西省永和县和陕西省清涧县在内的17个县,累计助力4000多人就业,人均收入3000元以上,这些从业者的职业被称为"人工智能训练师"。

在农村人口趋势性流向城镇的大背景下,农村并未凋敝,展现另一番充满活力的景象,许多人又回到故土寻找机会,借鉴前辈们的成功经验。减少的农业人口,由新农人、新科技、新工具、新组织方式补充,单位农业人口的生产力大幅提升。除了农业,农村出现了新的工业和服务业就业机会,这样的变革成效在城镇同样显著。

二、工业人口流出与流入

在数字化浪潮之前,工业是农业转移人口的主要承接产业,包括工业的各个门类,如制造业、采矿业、建筑业等。机械化的历次迭代、升级,减少了工业部门所需的员工数量,使之流向新的工业部门和服务业,直到数字化变革带来的巨大影响,工业人口随之大幅减少。深究这种趋势性减少,具体而言,是大幅减少和小幅增加。

机械智能化再次解放了人类,机械不再是需要人实时操控的设备,而是具有更大自主运行能力的智能机器,以其精准、高效、耐用的优势,在工业生产中的比例越来越大。

劳动密集型制造业一直在被重新定义,智能机器使制造业从人数持续减少,人工智能加速了这一过程。智能机器对制造业工人的替代并非近些年才出现,这种替代很早就已开始,如在棉纺织行业,数控机器替代了大量棉纺织工人。5G+工业互联网带来了制造业转型的新一轮高潮,机器智能化、网联化,数据要素贯穿其中,以一种可视化表达的方式,使新型工人在智能终端了解设备运行的情况。许多曾难以被替代的制造业行业也出现了岗位缩减,如汽车制造业、钢铁制造业。过去不少条件艰苦的岗位,如钢铁行业在高温条件下的钢铁工人,化工行业在较为危险条件下工作的工人,在这种替代后,生产条件也得到了改善。但转型后企业不再需要那么多员工,这也对转型企业职工安置提出了新挑战。不仅是制造业,采矿业、建筑业也迎来了转型。

采矿行业数字化转型稳步进行,一批新型智慧矿山成为行业标杆。矿业工人的安全一直是采矿业面临的普遍难题。全世界范围内,矿难导致的伤亡事件时有发生,成为人们历史记忆的重要组成部分。曾备受全球媒体关注的智利圣何塞矿难发生于2010年8月5日,在智利北部阿塔卡马大区的圣何塞铜金矿,矿难导致33名矿工被困于地下700米处,经过69天的积极营救,被困矿工全部获救,在矿难救援史上堪称奇迹,该事件还被改编为电影《地心营救》。智慧矿山建设能在一定程度上提升安全性。以煤矿为例,鹏飞集团常信煤矿建立了智慧视觉三违管理平台,能够对作业人员不戴安全帽、进入违禁区域等行为均可进行智能识别和自动预警,提升事故防范能力。在矿山"采、掘、机、运、通"等生产流程采用了自动化手段,实现了现场的少人化、无人化。譬如,在中央水泵房和中央变电所部署巡检机器人,用来代替人工巡检,实现少人化。巡检机器人上的摄像头可自动获取相关数据,自动分析是否存在漏油、温度升高等异常情况。

建筑业也正经历从设计、建设施工到维护的全方位数字化转型,成为应对劳动力不足和老龄化问题的重要举措。在设计阶段,通过建筑工程全生命周期管理平台,建筑的每个细节都被按照工程建设需要进行设计,并贯穿建设施工、维护等每个环节。在建设施工阶段,装配式建筑的实施比例将进一步提升。过去,建设施工材料由非常细小的单元构成,包括钢筋、砂石、水泥、砖块等。而今,更多需要在现场构筑的部分将在建筑工厂中生产出来,施工时如"拼积木"一样,将生产的各个部分拼接起来,大大减少了所需工人数量和施工时间,提升了施工效率。在装配式建筑生产环节,为提升产品的匹配度,数字化平台从设计阶段开始提供的全周期服务非常重要。在建设施工过程中,也将打破建筑工人一直在现场严酷环境中工作的常规范式,建筑工人能远程操控机器进行工作。如塔吊操作工在智能设备的支持下,可在室内操作台上远程控制塔吊,通过多个摄像头判断现场情况,控制操作杆和按钮,如"玩游戏"一般,在室内良好的环境中工作,避免顶着严寒、酷暑坚守在塔吊上,以及因恶劣环境带来的疲劳、失误。

工业人口被"挤出",其本质为产业结构变革,受到国内外经济形势变化、数字化、绿色化等多重因素影响,这是一种结构性的减少和增加。

一是工业数字化转型,企业对工人需求减少。企业凡是经历数字化转型,必然因单位劳动力生产率的提升,减少工人总量,具体表现为整个生产场景再造导致的少人化、无人化。但这种减少也催生出新的需求,新设备需要具有一定技能的工人操作、维护,由此带来对技术工人需求的增加。不仅是数字化带来"挤出"效应,凡是重大变革,都将带来这种变化。

二是绿色化转型带来产业构成变化,使工人结构相应调整。良好的生态环境是人们的共同追求,没有人愿意让自己,特别是不愿意让自己的子女生活在恶劣的生态环境。在这种诉求下,不少企业面临数字化转型,有的企业在环保压力下涅槃重生,有的经过调整很好地适应了监管要求,也有少量企业出现经营不善甚至倒闭的情况,由此带来不同企业发展下员工的不同处境。总体上看,原有企业工人数量在减少,环保产业相关工人数量在增多。

三是内外环境变化导致工人结构性调整。世界经济整体增长乏力,东升西降,原来大量出口到欧美的产品需求有所下降,出口相关生产产业随之受到影响,带来产业工人需求相应减少。不少企业由出口转为内销,致力于满足内需,转型成为构建国内大循环的重要企业。为了有效应对变化,有的企业将目光转向"一带一路"中的新兴国家,致力于满足这些新兴国家的民众需求。不少新企业在内外环境变化中崛起,重新担当起重要角色。如深圳老板赵喜平,根据非洲市场特点,带领研发团队开发出一款低价格储能电风扇。低价格使当地居民可负担,为节省成本,去除了"风力挡位""定时"等功能,只保留了基础的"照明""充电"和"送风"功能。储能功能是针对非洲普遍缺电的实际情况而设置,通过太阳能充电一天就能充满,充满后仅使用风扇功能可用 40 个小时,还能照明、给手机充电。如今,赵喜平的公司年销售额达到 2 亿元,其中风扇的销售额超过了 1 亿元,产品远销东南亚,以及非洲、南美洲等地。

这也意味着,工业人口并非一味地被"挤出",仍有不少工业部门吸纳了他们。当然,服务业在吸纳工业人口方面承担了更多责任,这种吸纳是不少人的主动选择。

三、服务业人口需求激增

服务业成为新的产业人口聚集地,取代了工业过去位居第一的位置,尽管工业依旧是产业人口的重要吸纳场所。数字经济加速了这种趋势,服务业中的不少新生势力存在巨大人才缺口,它们以全新的方式、极其优厚的待遇招揽人才。

不少工业人口被"吸引"进入服务业,既包括当下正在从事工业的人群,也包括在择业时面临抉择的潜在工业人口,这些人群因服务业更好的待遇选择了后者。

一是收入更高。不少从事外卖等服务行业的人员,月薪可达上万元,显得工厂上班收入相对微薄,在不加班的情况下,部分工厂员工工资仅有 3000 元。但是,福利保障不健全是外卖等新兴岗位存在的弊端。在数字经济中产生的互联网平台,为招募大量临时员工,运用技术优势,采用中介、合作等方式,形成新就业形态。这些互联网平台普遍没有与灵活就业人员签订劳务合同,双方之间并不构成劳务关系,普遍没有为这些灵活就业人员购买五险一金。因此,为这些灵活就业人员提供可行的社会保障,成为政府工作的重点所在。

二是能落脚在繁华地区。人们普遍向往繁华、热闹之地,在那里可找到志同道合的朋友,有更多机会解决终身大事,享受更好的公共设施和服务,就近感受大商圈的便利,相对住在偏远的工厂宿舍,从事服务业使人们离大城市中心更近。

三是享受更自由的工作状态。与固定在某一地的枯燥工作不同,不少从事服务业的灵活就业人员并不受到某个特定上司的约束,也不必困在某个狭小的区域内重复做某一项操作,成为流水线的"机器",而是拥有相对较大的自主权。这种灵活接单的方式如同在现实中"打怪升级",每完成一个任务,就会获得奖励。如果在工厂里上班,就连使用手机都会受到限制。

四是催生出"数字游民"(Digital Nomad)这种新生产生活方式。"数字游民"是指边工作、边旅游的自主创业就业群体,他们遍布全世界,往往具有高学历、高收入、高消费的特点。他们工作所需的工具非常简单,只需一根网线和一台笔记本电脑,凡是有网络覆盖的地方都可成为他们的居住地。"数字游民"备受不少旅游国家或地区的青睐,有的地区为他们的签证大开绿灯,如爱沙尼亚是欧洲"数字游民"聚集的天堂,只需提供一份远程工作合同,并提交六个月以上月收入超过3504欧元的证明,通过网上申请,就可以获得该国的"数字游民"签证。我国也有不少"数字游民"居住在风景宜人的地方,享受这种新生活。

灵活就业成为服务业中不可忽略的就业方式,这些从业者被称为"灵活就业人员"。当前,他们的规模超过2亿人,这一比例还在继续增长,预计到2036年可超过4亿人,包括平台电商、生活配送、生活服务、平台微商、知识服务、自媒体、平台直播、共享出行司机等类型的工种。为了详细展示这些灵活就业人员的工作细节,本书选取了三个具体例子。

第一,网约车司机是便利人们出行中一个极为庞大的从业群体,他们通过打车平台接单,服务每一位出行乘客。网约车是对出租车的有效补充,人们能更有效地获得出行服务,避免长时间在原地等待,甚至一车难求。

刘师傅是网约车司机中的一员,他原来从事旅游行业,2020年转行成为一名网约车司机。转行的原因是听闻从事这行收入比较高,而且入行门槛较低。他的车是零首付贷款购置的,每月还贷3000多元,三年共计十多万元。刚入行的第一个月是新手保护期,平台不仅不看评分,还推送大量订单,每天只需工作八九个小时,每月的流水也能轻松过万元。然而,新手保护期过后,刘师傅常年从早上7点工作到晚上7点,每天工作12个小时左右,现在每天能接到30多单,行程大约300公里,流水约350元,每月毛收入约1万元。刘师傅说:"当前市场已经饱和,之所以不断有新司机加入进来,主要是因为没有门槛,谁都可以干,而且无须专门的技术,加上上有老下有小,急需挣钱,所以大量人员加入这个行业。"提到网约车司机们的工作状况,刘师傅无奈地表示,网约车司机普遍不大敢多喝水,一天的大部分时间就是从车上到床上,很少有活动时间。不少司机干了两三年都患上各种职业病,如腰椎、颈椎等问题。他希望平台在制定政策的时候更加公开透明一点儿,抽成比例也相对低一些。

网约车平台创造了新需求,使乘客和司机更加精准匹配,随之创造出大量网约车司机岗位,这些新岗位的优缺点和所引发的职业病类似出租车司机。随着网约车司机岗位红利期消退,必然引发从业者过多带来的更残酷竞争,从业者的收入也回到劳动收入的平均水平,并引发部分从业者转行,劳动者供需关系重新达到平衡状态。无人驾驶网约车也对出租车、网约车司机群体构成挑战。在这种情况下,既要鼓励无人驾驶技术创新,又要防止滥用市场支配地位的行为,如以过低的价格抢占市场。

第二,网约代驾是相较而言比较小众的从业群体。在酒驾处罚不断加大的环境下,使用网约代驾的人数超过1.5亿人,为网约代驾从业群体提供了巨大市场需求。与传统代驾不同,网约代驾使饮酒者在较偏的地方也能通过平台叫到代驾司机。网约代驾平台还充当了监督者的角色,代驾司机的每次接单表现都被记录在案。正因如此,网约代驾成为供需双方的共同选择。

赵师傅是合肥的一位网约代驾从业者,2015年左右,赵师傅就把代驾作为晚上兼职工作,与网约车司机不同,代驾通常在晚上开始工作。一般情况下,赵师傅每晚7点半出门,一直忙碌到深夜12点。他原来在步行街夜市摆地摊卖毛绒玩具,守摊子不自由,还需要和妻子一起去,没法照顾孩子。后来,他和朋友一同做起了代驾,代驾收入也更稳定,赚得比卖玩具还多。赵师傅一天可以接五六单,能赚200块钱左右,遇上周末就会一直干到凌晨3点,这样或许可以多接几单。代驾按里程收费,他接过的单子里,最多一单赚了2700多元,越远里程的单子,代驾师傅越乐意接。一个月能赚五六千元,对于这个收入,赵师傅感到很满意。结束一天的工作后,赵师傅有时候还会约上代驾的朋友一起吃消夜。赵师傅表示:"能多赚一点儿是一点儿,还会继续干下去"。

与网约车司机全天的工作时间不同,网约代驾工作时间一般集中于晚上,更适合作为兼职,成为从业者增加收入的一种手段。他们在白天有更多时间可以处理其他事情,或从事正式的本职工作。由于汽车行驶环境的复杂性,无人驾驶技术完全普及需要一定时间。即便无人驾驶技术普及,仍需要解决设备普及和信任难题,且一旦遇到交通事故,机器无法成为责任人,仍需要具体的人来承担责任。这个责任人不能是醉酒的消费者,因此代驾和网约代驾依旧有巨大的市场需求。

第三,除了网约车司机、网约代驾等直面消费者的从业群体之外,亦有不少工作在幕后工作的自由职业者。他们依靠自己的专业技能,通过承接大大小小的项目来维持生计,其中不少人也过着较为体面的生活,网络平台成为他们宣传自己、对外联络、商务洽谈、上下协作、款项交易的重要渠道。

小王是一位自由职业作家,主要从事儿童故事、广播剧、出版物等写作工作。2016年毕业后一年开始做自由职业,成立了一家工作室。之所以有此选择,是因为小王认为作家必然走向自由职业,写得好的人大多不坐班,为此,他早就做好了职业规划。他的收入来源以互联网渠道为主,出版社渠道为辅,合作机构还包括互联网音频平台、亲子/早教APP等。他的每月收入不低于3万元。在业务承接方面,早期接活他来者不拒,后来专注于儿童内容创作,原则上优先选择有挑战性的项目,这样长远价值相对高。同时,他不选择经验不足、认知有限的合作方。对于自己想接的项目价格随意,不想接的项目要价较高。目前,他所承接的项目周期相对长,客户黏性比较高,所以维护好已有的合作方比较重要。在工作时间段方面,如果是早起,他会从早上8点半工作到晚上9点;如果是晚起,便从上午11点工作到晚上11点。要想提升专业技能,小王认为首先要端正态度,其次是运用随处可得的学习资料,日复一日打磨技能。他觉得挣钱需要胆大,而修炼技能需要心细。

类似小王的这些自由职业者也属于灵活就业人员的重要组成部分,他们依靠自身技能,采用项目合作的方式获得项目收入。不过,这种模式也并非毫无风险,它会受外部环境、行业周期等因素影响,但好在"船小好调头",自由职业者可根据形势变化适时作出调整。

数字经济增加的大量就业中,固定工作岗位数量也不少,也正是由于新岗位人才稀缺,这些新就业群体的薪资待遇往往较为可观。为了更好地了解这些人群,本书选取了两个具体的例子,详细剖析他们的工作状况。

第一,2020年7月,人力资源社会保障部、市场监管总局、国家统计局联合发布了9个新职业,其中包括区块链工程技术人员、城市管理网格员、互联网营销师、信息安全测试员、区块链应用操作员、在线学习服务师、社群健康助理员、老年人能力评估师、增材制造设备操作员。区块链概念曾一度十分火爆,受到了广大网民关注,但区块链工程技术人员等区块链从业人员的工作状况并不为大众所熟知。

2023年,国内区块链从业人员达到60万人,而需求量达到500万人以上。由于供需不匹配,这一职业的平均月薪达到2.6万元,高于互联网行业平均水平。互联网行业的总体收入也偏高,这显现出新兴行业对高技能人才的渴求。

唐定是区块链工程技术人员中的一员,他于1993年出生,2014年大学毕业后的首个工作是写代码。2018年,区块链广受人们关注时,他预感到这一领域的发展趋势,便进入了以攻克区块链核心技术为己任的天河国云。唐定既是一名区块链产品经理,也是一名区块链工程师。作为产品经理,他先要完成区块链产品的规划设计,再深度参与产品研发和后期运营,可以说是区块链工作的前哨兵。两种身份使他日常穿梭于设计方案与一行行代码中,反复调整、迭代。唐定要将区块链技术融入更多的产业和业务场景,使晦涩难懂的区块链服务于普通大众,让大众感受其价值和魅力。为了做好这项工作,区块链从业者不仅要掌握区块链本身,还要了解背后的技术特点和应用趋势,使区块链的优势更好赋能目标行业。唐定坦言:"工作中最大难点是与其他新兴技术相结合。如何结合项目框架,如何适应不同需求,如何完成新代码编写……从事这份工作以来,几乎每天会遇到新问题。"由于区块链行业更新速度非常快,从业者需要不停学习、不断更新知识体系。

由于数字经济迅猛发展和时代热潮的需求,相较不少传统行业从业者,区块链从业者是享受时代红利的幸运儿。这份幸运也离不开他们的专业选择和敏锐的嗅觉,以及对自身技能的不断磨炼和精进。当红利消退或转移时,也将带来风险,考验着他们的技术和应变能力。

第二,2021年3月,人力资源社会保障部、国家市场监督管理总局、国家统计局联合发布了18个新职业:集成电路工程技术人员、企业合规师、公司金融顾问、易货师、二手车经纪人、汽车救援员、调饮师、食品安全管理师、服务机器人应用技术员、电子数据取证分析师、职业培训师、密码技术应用员、建筑幕墙设计师、碳排放管理员、管廊运维员、酒体设计师、智能硬件装调员、工业视觉系统运维员。新职业中有不少是在数字经济发展下的产物,如密码技术应用员。

人们在进行线上操作时离不开密码,账号登录、线上支付等都需要用到密码,这些密码被专业人士称为"口令"。"口令"的保护涉及密码技术的应用,这离不开密码技术应用员的辛勤工作。

唐敏璐是密码技术应用员中的一员,她是一名"85后",长期致力于网络安全密码领域。在过去,她一直称自己为密码从业人员,自2021年3月之后,她便可以名正言顺地称自己为密码技术应用员。她所学的专业是数学,工作后进入上海计算机软件技术开发中心,负责信息安全中的密码工作。她说,密码技术中的"密码"其实是一种算法,是采用特定变换的方法对信息进行加密保护、安全认证的技术、产品和服务。比如,一个信息系统需要做哪些数据安全上的方案整改,需要增加哪些密码硬件设备,需要进行哪种算法上的安全加固,以及最后能否通过密码检测机构的验收等,整个流程都需要密码技术应用员介入。她认为,自己的工作最重要的是在密码技术应用中找到安全和便捷的平衡点,既要懂业务,也要懂密码,在保障安全的同时,又不要降低业务的便捷性。密码技术应用员是一个多学科交叉职业,需要掌握密码学和计算机技术相关知识,以及国家相关法律法规。正是由于对人才具有较高要求,目前人才缺口较大,到2025年我国密码人才需求将达到110万人。

从服务业来看,数字经济带来了大量新就业机会,不少人在这些新机会中找到了就业方向,实现了自己的人生理想。从三次产业结构来看,这个结论依旧有效,不过,新的就业机会更多体现在第二、第三产业,尤其是第三产业。更确切地说,数字经济、绿色经济等新经济形态带来了就业结构的大幅调整,而数字经济是重要推动力之一,这种调整从总体上看,机遇大于挑战。面对新一轮科技革命和产业变革,无论我国是否大力发展这些新经济形态,都会面临调整。如果坐以待毙,就会像第一次产业革命时期那样全面落后。因此,不如主动融入、积极引领新经济形态的发展。当然,由此带来的变化也考验着政府、市场、社会、个人的智慧。

第三节 数字经济与就业供需匹配

就业是最大的民生,充分就业是繁荣的基础,是经济活动最核心的指标。因此,相关部门需要深刻认识,把握"变"与"不变"的规律,实行更加精准的举措,千方百计解决好民众就业的问题。这项工作需要各方主动作为,充分发挥其作用,使"变量"成"增量",促进民众更充分就业,更高质量就业,在工作中增进幸福感和获得感,取得更大成就和进步。

一、供需匹配的重要性和复杂性

人在劳动中获得成长,工作对于人们而言不仅仅是收入来源,更是一种社会关系。

一是工作为人提供了重要的社会纽带。人是所有社会关系的总和,除了家庭天然赋予的社会关系,以及求学阶段的社会关系,工作是人们获得更广泛社会关系的重要途径。在现代社会中,生活节奏加快,社交媒体迅猛发展,大部分人的主要社交对象与工作有关,甚至亲密好友、配偶都是因工作的因缘际会而相知、相熟。

二是工作为人提供了新的社会身份。人在社会中扮演不同角色,家庭赋予了人社会身份,工作又赋予了人新的社会身份。这两种身份需要人在不同环境下及时调整,也给了人更多生活体验。

三是工作可以磨炼人的专业技能。一项专业技能,无论在学校如何刻苦磨炼,都要在实践中检验并不断精进;一旦离开实践,技能水平很可能下滑,甚至荒废。如外科医生不管在模拟阶段如何演练,仍需要在临床手术中检验技能,在实践中不断积累,方能成为经验丰富的外科医生。

四是工作给了人一定意义上适当的约束。固定岗位要求员工按照规定时间上班、下班和休息,灵活就业人员并非毫无约束,他们需要按照工作特点进行自我管理,进而实现工作预期。总之,工作使人按照一定的约束从事生产活动,避免人在漫无目标的生活中无所事事、浪费光阴,从而荒废技能。

五是工作赋予了人一种新的生活方式。在忙碌了一段时间后,难免会萌生不想上班的想法。但是,一旦这种想法变成现实,哪怕衣食无忧,也依然有人会想念工作。这是因为工作让人以某个角色融入另一种生活状态,压力和动力交叉出现,使人以一种饱满的精神积极运转,忘记其他烦恼,并获得相应回报。这种回报不仅来自物质,也来自他人的肯定和关怀,以及在工作中为了某个更高目标不断努力的过程,即自我实现。对于某些具有较高社会认同,或是自己热爱的工作,人们甚至将其作为终身职业。因此,不仅是工作需要人,人也需要工作。

需要特别强调的是,人需要工作的首要原因,依旧是经济收入。物质为满足人的生理需求提供保障,人的生存一天也离不开物质供养,生存是人首要考虑的问题。在传统农业社会,有一块可耕种的田地便可安居乐业,人们对土地有着深厚的感情,一旦有了钱,就会买田置业。所以,在古时候,实现"耕者有其田"是民众幸福的前提。进入现代社会,大量农村人口进入城市,种地不再是他们的首要选择。这意味着在现代社会中,让人们安居乐业的新路径是实现充分就业,并由政府提供更多政策支持,即现代化政府的任务更重。如果就业出现较大问题,会影响国家的稳定和发展。譬如,南非是非洲少有的中高收入国家,也是非洲工业化程度最高的经济体,失业严重是阻止南非经济社会持续向好的巨大隐患。南非是全球失业率和青年失业率最高的国家,每年进入劳动力市场的超过100万青年中有2/3没有接受任何形式的就业、教育或培训。2023年,南非经济增速从2022年的1.9%降至0.6%,15~34岁年轻人的失业率高达45.5%,高于全国32.9%的平均失业率,导致年轻人比其他人群对非国大政府更为不满。南非总失业率常年保持在30%以上,由于高失业率,不少适龄劳动力无事可做,也无法通过工作来缓解巨大的贫富差距。为了维持生活,有的失业人员不得不铤而走险,犯罪率居高不下,这些问题也给南非巨大的发展前景蒙上阴影。

正是以上原因,各地政府都十分重视就业问题,相继出台了政策来降低失业率,促进民众充分就业,但政策不总是那么有效。总体来讲,是由于就业问题的复杂性造成的。就业问题复杂性的原因,一言以蔽之,就业是在严密分工条件下微观主体之间的行为,政府直接干预的权限少、效果差。

一是企业是主要招收人才的微观主体。就业岗位大量来自自负盈亏的企业单位,少量来自政府部门。由于财政的压力,政府部门吸纳能力极其有限,为了扩大就业,要不断激发企业活力,在更多更好的企业中不断吸收人才。

二是企业按照专业分工招揽所需人才。企业提供了大量工作岗位后,招聘人才并非总是一帆风顺,因为企业招聘人才有门槛,而人才培养有周期,这个周期需要较长时间。如企业想招聘一名游戏动画设计师,作为企业而言,最理想的对象是有过此类工作经验的熟练设计师,这意味着求职者需要在学业阶段接受专业的动画基础理论和实践培养,并在企业有相关的实习经历,且熟练掌握动画软件等相关技能。因此,不少求职者因专业不对口、经验不足被拒之门外。

三是人才求职有预期。人们普遍期待工资高、待遇好、加班少、工作环境好、相对稳定的工作岗位。这些需求与企业供给岗位不断碰撞,双方找到供需平衡点后,方能建立起合法契约。这是一种非常微观的行为,任何条件不符都可能带来新变化。如员工认为企业的工作环境太差,有损自身健康,便可能提出辞职。如此,便出现了就业市场特有的结构性问题。一方面是企业供给了大量就业岗位,不少企业存在招工难;另一方面是人才找不到满意工作,存在就业难。数字经济的作用:一方面,由技术变革加速了新就业岗位的推出和传统就业岗位的缩减;另一方面,数智技术应用为就业市场供需匹配提供了助力,提升了匹配效率。因此,数字经济既放大了就业市场的结构性问题,又以其特有技术能力,协助人们解决问题。

第六章　有效应对变革促进就业

虽然政府无法直接在微观上干预就业市场,但仅靠市场会显得势单力薄,为了促进充分就业,不少国家和重要机构将其视为重要任务。在美国,美联储将就业指标作为政策出台的重要考量因素。如果劳动力市场持续疲软推动趋势转变,且在12个月内失业率从低点上升0.5%,则意味着经济衰退,进而触发"萨姆规则",此时美联储极有可能通过降息激发市场活力。美联储虽不属于美国政府的私人机构,但它行使中央银行职责。美元作为具有世界重要影响的货币,美联储的加、减息政策也会对世界各大经济体构成影响。这意味着美国本土的就业指标牵动着世界经济的发展脉搏。

德国政府始终认为促进就业是保障和促进经济社会发展的关键,并且致力于采取各种积极措施来提升就业率和改善就业环境,具体包括增加就业机会、提升劳动者素质、加强劳动者的社会保障等。为了保障灵活就业者的权益,德国政府规定灵活就业者的假期和工资报酬必须以同类全日制员工为参考,同样可获得疾病津贴、额外圣诞补贴和休病补贴等。灵活就业者参加职业技能培训时,政府可提供免费照看孩子的服务。在社会保障方面,灵活就业者需要自己缴纳保费,包括收入达到一定程度后,必须缴纳医疗保险和养老保险。

英国政府为了支持更多人就业,推进福利改革助残疾人就业。为了实现这一目标,2023年,英国工作和养老金部启动了关于工作能力评估变更的咨询活动。通过更新工作能力评估,更好地反映现代工作特点,残疾人也能更容易获得工作机会。英国政府也确认投资20亿英镑,用于支持残疾人和患有长期健康问题的人就业。英国商会公共政策副主任简·格拉顿表示,就业对社会有很多积极因素,因此帮助每个想要工作的人找到一份满意的工作很有意义。

为了扎实推动共同富裕,使人们过上富足的生活,我国也一直致力于促进充分就业,将稳就业作为政府的头等大事。我国人口众多,劳动力资源丰富,每年约有1000万新增劳动力进入就业市场,存量劳动力和新增劳动力都有就业和更高质量就业需求。为了满足人们的就业需求,2013—2022年,我国就业取得历史性成就,累计实现城镇新增就业1.3亿人,全国城镇新增就业人数连续保持在1100万人以上。2023年,全国城镇新增就业1244万人,城镇失业人员再就业514万人,就业困难人员实现就业172万人,脱贫人口务工规模达3397万人,人们的就业需求总体上得到满足。同时,我国已经建成世界上最大的社会保障体系,给人们的生活提供了兜底和保障作用。为了保持这一成绩,面对数字经济带来的变革性影响,至少要继续从以下三个方面发力:一是完善适应灵活就业人员的社会保障和支持体系;二是在服务业成为第一吸纳就业产业的情况下,保持一定的制造业人口,为制造业强国建设提供有力支撑;三是构建适应智能化变革的人才培养体系。

二、灵活就业人员的保障与支持

包括新就业形态在内的灵活就业满足了不少求职者的需求,但对于不少灵活就业人员而言,这并非他们的理想状态。他们期待包括政府在内的社会各界给予更多保障和支持。他们也期待在自己的不懈努力下,他们及他们的子女能拾级而上,拥有更体面、更好的工作和生活。

灵活就业人员包括个体经营户、非全日制劳动者以及新就业形态等从业人员。其中,新就业形态在互联网平台运用新技术进行全方位参与。

一是个体经营户。个体经营户主要是指除农户外以个人或家庭为单位的经营体。个体经营户中在工商行政管理机关登记注册、领取营业执照的,又被称为"个体工商户"。在数字经济发展下,不少个体经营户借助网络拓展业务,成为街面上"看不见的"经营者。

二是非全日制劳动者。非全日制用工是指以小时计酬为主,一般每天工作时间不超过 4 小时,每周工作时间累计不超过 24 小时的用工形式。在保洁绿化、批发零售、建筑装修等行业较为集中。数字经济拓展了非全日制用工的雇佣方式,如保洁钟点工通过互联网平台打广告和获取订单,而不是在中介登记等待推荐雇主,并与雇主约定每周打扫卫生的具体时间和时长。这种就业方式可归类为非全日制用工,也可归类为新就业形态。

三是新就业形态劳动者。新就业形态是指劳动者依托互联网平台获得就业机会,进而从事劳动工作并取得劳动报酬的就业形态。这些互联网平台依托手机开发 APP,为劳动者提供就业资源信息、就业工具(手段),有的还承担劳动用工管理功能。以常见的网约车司机为例,网约车司机通过手机上的网约车平台 APP 获取订单,此为提供就业资源信息。网约车平台 APP 还提供了导航等功能,辅助司机寻找最优路线,到达目的地后,帮助司机完成收费操作,即提供了就业工具。每次交易完成后,司机将被乘客打分评价,此评价成为约束司机服务的重要依据,也为之后的乘客提供相应参考,一旦乘客有相关需求,可直接与平台取得联系。因此,平台也承担起管理司机的责任。

保障不足成为灵活就业人员的共同问题。在固定工作中,雇佣单位在政府的要求下,为员工缴纳五险一金,包括基本养老保险、基本医疗保险、失业保险、工伤保险、生育保险和住房公积金。这种制度性安排为固定工作员工提供了诸多好处。一方面,通过缴纳五险一金为员工提供了各项保障,使之老有所养、病有所医、住有所居,并且失业、生育都有保险资金支持。这些保障在初期缴纳时看不出明显作用,到关键时刻却能助员工一臂之力。如基本养老保险,员工年轻时会觉得缴纳这笔钱非常不划算,但退休后又能使之每月领取一笔可观收入,从投入回报比来看非常不错。另一方面,由雇佣单位缴纳的制度设计,使员工不用在是否缴纳上作取舍,并成为一种约定俗成的保障安排,默默为员工发挥兜底作用。对比之下,灵活就业人员灵活的性质,使这种制度安排往往无法直接套用在他们身上。一方面,灵活就业人员不规则的收入,无法强制要求他们缴纳基本养老、医疗保险等。如有的个体经营户年收入可达几十万元,也有一些个体经营户收入微薄,甚至还有先赚后赔的情况。非强制性的缴纳方式使他们能根据自身情况灵活处理。另一方面,非强制性又使部分灵活就业人员在收入足够的情况下,依然选择不参保。他们不参保的原因有很多,包括缺乏意识、遗忘、觉得不划算等,等到真需要这些基本保障时,才发现为时已晚。如灵活就业人员参加城乡居民医保是缴一年保一年,倘若忘记在要求期限内缴费,则无法享受相应年份的医疗保障。

允许灵活就业是增加就业岗位的有效举措。数字经济增加了不同形式的灵活就业岗位,对扩大就业有显著促进作用。因此,加大对灵活就业人员的保障和支持,使之正面有效性不断扩展,具有重大意义。由于就业的微观性,灵活的政策有利于活跃就业市场。不少国家选择鼓励灵活就业,不同雇佣部门基于多样化需求,也会以多样化的方式吸纳人才。数字经济中,数据要素流动促进了就业市场供需双方的匹配,提升了多方沟通效率以及工作效率,特别是新就业形态的出现,增加了灵活就业的维度。当然,不可忽视的是,不少灵活就业人员存在缺乏保障、工作环境有待改善、向上流动通道有待畅通等情况。为此,各部门、各地区均有不少先进做法。

新就业形态劳动者在报酬、工作时间规定、权益维护等方面更规范。2024年2月23日,人社部公布了《新就业形态劳动者休息和劳动报酬权益保障指引》《新就业形态劳动者劳动规则公示指引》《新就业形态劳动者权益维护服务指南》三份新办法。

一是确保新就业形态劳动者获得更合理的劳动报酬。《新就业形态劳动者休息和劳动报酬权益保障指引》明确了他们适用的最低工资标准,并且明确了劳动报酬以货币形式支付,而不能以实物或其他代币支付。在法定节假日期间,劳动者应获取更高的报酬。如有的打车平台在春节期间为了保证运力,投入了专项补贴发放给司机。

二是确保平台规则公开透明、防疲劳、可协商。《新就业形态劳动者劳动规则公示指引》明确了互联网平台制定和修改规则要以简单明了的形式,并将这些规则公布在劳动者容易看到的位置;还明确了要对劳动者的累计工作最长时间加以限制,一旦超过则强制劳动者休息,包括防止疲劳在内的规则,要和工会、劳动者代表充分沟通。

三是强化新就业形态劳动者权益维护。《新就业形态劳动者权益维护服务指南》明确了政府行政部门、法院、工会、企业代表组织、平台企业等在维护劳动者权益方面的责任。企业内部要主动化解劳动纠纷,工会要吸收新就业形态劳动者入会,并对他们给予帮助,鼓励政府各部门合力建立"一站式"的新就业形态争议调处机构,集中、高效化解各类纠纷。

为促进灵活就业人员更好参与社会保障体系,各地相关政策也不断出台。

一是放宽标准,灵活就业人员可以各种形式参与社会保障。以武汉医保为例,灵活就业人员可选择参加城乡居民医保,该医保没有户籍限制,缴一年保一年;还可参加职工基本医疗保险,每月缴纳,如果因收入变化等原因中断,可补缴或在退休时一次性缴齐。

二是通过降低缴纳比例、提供补贴等形式减轻灵活就业人员的负担费用。以北京市为例,按照最低缴纳标准,北京市灵活就业人员参加基本养老保险、基本医疗保险和失业保险三个险种,每月要缴纳1882.02元。对于领取补贴的就业困难人员,每月缴纳后将获得1254.68元的补贴,个人实际支出仅为627.34元。

三是通过宣传、阐释、提醒等方式来增加保障体系广覆盖的有效性。通过网络、现场咨询点等各类渠道,灵活就业人员可根据自身情况选择所需保障类型和标准,以及可享受的补助政策。适时提醒也是非常重要的一项工作,如缴一年保一年的城乡居民医保,在不少地方,社区工作人员、志愿者会以电话形式提醒未参保的人员,包括灵活就业人员,让他们在规定时间内及时缴纳保费,防止出现忘记缴费的情况。

专门针对灵活就业人员的"新工伤保险",职业伤害保障正在发挥作用。

一是不少灵活就业人员面临工伤无人赔付的问题。一方面,不少灵活就业人员无法购买传统工伤保险,传统工伤保险由雇佣单位为员工购买,员工在工作过程中出现受伤的情况,举证、获赔相对简单。不少灵活就业人员不存在雇佣单位,只有合作性质的互联网平台,且灵活就业工作时间自由,无法确定是否在工作时间受伤。另一方面,就算灵活就业人员购买了城乡居民医保,工伤也无法获赔。虽然城乡居民医保中有意外伤害一项,但工作中受伤存在发出指令的责任方,不符合在非雇佣生产过程期间因自身原因造成受伤的条件。

二是职业伤害保障以试点方式逐步推开,为灵活就业人员提供了相应保障。2021年12月,人力资源和社会保障部等十部门印发了《关于开展新就业形态就业人员职业伤害保障试点工作的通知》,并于2022年7月起在北京、上海、江苏、广东、海南、重庆、四川7个省市启动试点工作,选取出行、即时配送、外卖、同城货运等行业的部分规模较大的平台企业的骑手、司机等群体展开试点。

三是这项工作逐步在更多省市推开。以厦门市为例,厦门市于2023年9月推出针对灵活就业人员的职业伤害险"益鹭保"项目。该保险不限户籍、不分行业,年龄覆盖范围为16~65周岁。每人每天0.8元,其中财政补贴每人每天为0.4元,个人只缴0.4元(每人每天)。该保险保障内容包含在工作过程中导致的死亡、伤残、医疗费及住院津贴,最高赔付可达40万元。灵活就业人员既可在40多个服务点进行咨询和参保,也可通过"i厦门""厦门人社"公众号实现线上投保、出险报案。就诊的同时需保存病历、原始收费凭证、处方、诊断证明、检查化验报告、住院证明等就医相关材料,以便向保险公司办理索赔申请。理赔可以通过微信公众号线上快速受理或拨打热线电话95500报案,各区各街(镇)便民服务点也开设收件理赔窗口。

灵活就业人员的向上流动通道也值得考虑,这既包括他们自己向更优岗位进行匹配,也包括他们的子女拥有更好的未来。

一是开展技能培训,使之向相对稀缺岗位流动。虽然不少行业存在人才不足,但由于信息差,不少灵活就业人员忙于维持生计,既不知道有哪些转行的机会,也不敢轻易转行。政府通过公共就业服务,链接企业和劳动者,把企业真实需求及时传达给劳动者,并对劳动者进行相应培训后安排上岗。

二是对灵活就业人员创业提供必要支持。灵活就业人员中除了个人经营户已实现自雇佣之外,不少人在积累了一定财富和经验后产生了创业的想法。公共就业服务提供的创业咨询和培训,为创业者提供了另一个维度的支持,提升了他们的创业成功率,使之拥有更高起点和更高回报。

三是进一步满足灵活就业人员子女教育的需求。不少灵活就业人员没有本地户籍,解决他们的子女就地上学难题,能够为他们消除后顾之忧。这些灵活就业人员的奋斗终究是为了让子女过上更好的生活。要想满足他们子女教育的需求,一方面采取放宽落户限制,认可居住证的办法,使之拥有入学资格;另一方面是使这些子女拥有同等入学选择顺序,如租购同权等政策。这对于流动人口数量巨大的大城市而言,平衡好户籍居民和非户籍常住人口的关系,是一项长期而艰巨的工作。

三、制造业人才的吸纳和支撑

建设制造业强国,必须维持一个规模庞大的制造业从业人员队伍,也必须维持一个规模庞大的制造服务业从业人员队伍。在发展数字经济过程中,化解制造业企业招工难的问题,留住制造业企业转型后减少的员工,扩大制造服务业从业人员规模。这些举措既可扩大就业,又为我国制造业高质量发展提供了强力支撑。

制造业人才招募现已成为一个难题,通过直播带岗方式,在一定程度上缓解了工厂招工难和人才就业难的问题。随着我国农村转移人口减少,劳动力从过去过量充足供给变成了如今劳动力的结构性稀缺。在过去,大量农村人口为了谋生,怀揣着少量积蓄,踏上前往沿海地区的火车,因为听老乡们说去那里可以"赚大钱"。到了目的地后,他们迫切需要找到工作,如果一再失败,由于积蓄很少,便面临回乡或流浪的两难选择。在如此供求关系下,劳动者对工厂的预期很低。而今,劳动力数量相对减少,人们的生活水平得到极大改善,互联网带来的信息革命等条件变化,如未找到满意工作,劳动者的积蓄使他们足以等待更长时间,信息革命使他们能远程选择各类工作,劳动力数量减少使不少工厂处于缺人状态,由此带来供求关系变化。为了吸纳人才,许多工厂纷纷给出更优厚的待遇,但员工离职率高的问题一直存在,直播带岗的方式有效破解了这一痛点。直播带岗主要解决了供求双方精确匹配的问题,这是一个比较慢但更精确的过程,能够减少招聘来的员工因不满意而辞职的情况。以直播带岗主播吉浪浪介绍的情况为例,他在做直播的时候,会把工厂的各项条件都讲解清楚,连宿舍墙上会掉白漆这种细节都能讲到,工人到了宿舍就不会产生太过反感的情绪。工资方面直接介绍到手工资情况,如明确告知求职者做六休一、不请假不下早班,薪资不低于6200元,使求职者获得更详细信息。直播带岗还可以提前介绍工作内容,不需要人事部门再从头到尾重复这些内容。这种新中介方式更加公开透明,增加了劳务市场供求双方匹配的主体,丰富了劳务中介的形式。不少劳务公司也开始转型,如不收取员工费用,反而还给员工发放一定的费用。通过这种透明的中介方式,求职者在网络上能找到更合适的岗位,也为不少招工难的工厂吸纳了更匹配的人才资源。

在制造业企业经历数字化转型后,对既有员工需求量将大幅减少。妥善安置并保留制造业人才也非常重要。在企业转型的实际操作过程中,由于就业市场的微观性,无法强制要求所有制造业员工都留在制造业,需要在双方决策下进行再匹配。既存在员工数量过多制造业无法承接的场景,也存在员工有更好去处不愿留在制造业的可能。理想状态下,沿着专业路径发展,数字化转型后制造业企业多出的员工有以下三种出路。

一是在原有企业内转岗。对员工进行再培训,根据企业需要让员工再上岗。

二是帮助员工在同行业内寻找到类似岗位,使其既有专长在相似场景中发挥作用,也可入职数字产品制造业企业。新的数字产品需要大量企业和员工参与。

三是鼓励员工向制造服务业转型。让其专业能力以另一种形式在服务业中继续为制造业服务。如原制造业员工转行成为直播带岗主播,其在工厂中的经历能更好地与求职者产生共情,从求职者的角度为之答疑解惑,以另一种方式服务于工厂,为工厂找到更合适的员工。

数字产品包括虚拟的部分和实体的部分,虚拟的部分仍需要实体承载,大量新的数字产品迫切需要庞大的制造业从业者将其生产出来。

一是新的数字产品需求量大。这体现在对传统产品的替代和更新迭代速度更快方面。如智能手机对传统手机的颠覆,人们逐步接纳了这种新产品,进而换掉了传统手机。智能手机的智能性使更换的标准不仅仅局限于损坏,智能性不足也成为更换的标准。AR/VR眼镜、无人机、智能新能源汽车、智能机器人、新型路由器、蓝牙消噪耳机等各类大大小小的数字产品不断涌现、更新,也由此创造了大量新需求。

二是数字产品制造业企业对员工需求量大。由于新的数字产品在生产初期需要不断摸索,无法运用成熟智能装备进行大量生产,反而需要大量员工根据需求边摸索边生产。市场庞大的需求量也增加了岗位需求。如不少新的数字产品,像新款手机、新款汽车总会迎来大量订单,促使生产企业大量招工,加班加点赶工完成。

三是创造了大量新的制造业岗位。既是传统制造业企业转型后员工的入职机会(这些员工进入新岗位,原有的经验可继续发挥作用,仍然作为壮大制造业的重要组成部分),也为大量应届毕业生提供了就业岗位(这些新岗位因数字产品不断迭代更新、颠覆创新而层出不穷、不断涌现,为制造业接收新兴力量提供了条件)。

制造业高质量发展不仅需要大量的制造业从业者,也需要大量的制造服务业从业者。制造服务业是面向制造业的生产性服务业,是服务业和制造业融合后的产物,归属于服务业范畴。制造服务业是产品生产和使用过程中所提供的各种服务的总称,在发达国家工业化后期的产业发展中,不断推进服务业和制造业融合。随着技术不断进步,产品性能差异越来越小,产品之间的互补性、替代性越来越高,产品差异化战略带来的竞争优势越来越难以维持。由此,制造业产业价值链的增值环节开始向服务环节转移。所以,不少大型跨国公司由生产型制造向服务型制造转变,产业价值链呈现两头高、中间低的格局,即"微笑曲线"。如通用电气(GE)公司在20世纪80年代时的传统制造产值占比达85％,服务产值仅占12％,通过"技术+管理+服务"后创造的价值占公司总产值的占比约70％。我国也正大力发展制造服务业,以丰富产业分工体系,并通过产业发展聚集相关人才,从制造服务业发展的方向看,可分为六个方面。

一是提升制造业创新能力。如在知识产权、产品创新、管理创新等方面。

二是提高制造业生产效率。如通过发展工业软件、5G+工业互联网等,推动工业生产信息互联互通,提升智能制造水平等。

三是支撑制造业绿色发展。如第三方监测、环境污染第三方治理以及产品回收、处理、再利用等。

四是增强制造业发展活力。在金融、人才、大数据方面对制造业发展予以支持。

五是推动制造业供应链创新应用。如实现供应链可视化,建设制造业智慧供应链体系,将制造业供应链向产业服务供应链转型等。

六是优化制造业供给质量。如促使供给更多优质产品,扩大制造业企业优质服务供给,提供产品维护服务,鼓励专业服务机构积极参与制造业品牌建设和市场推广,加强品牌和营销管理服务,提升制造业品牌效应和市场竞争力等。这些发展方向均需要相应市场主体和产业人才跟进。

我国庞大的制造业生产能力,需要在与世界交流合作中获取发展空间和营销渠道,这离不开对外企业和人才的积极作用,特别是跨境电商。国内电子商务已成为人们的日常生活方式,竞争日益激烈,面对出口压力,旧有的依靠外来订单、依靠他国电商平台的方式已遭遇瓶颈。我国需要通过创新出口方式获得新增长点,跨境电商恰好是可行的新路径。传统外贸方式下,要经过国内贸易公司、国外贸易公司、品牌商,最后才是超市、门店等,环节多、流程长,并且贸易公司和品牌商的能力会极大影响出货量。跨境电商则是卖家直接入驻电商平台,对接海外品牌商,甚至直面消费者,减少了大量中间环节和不必要的成本。从跨境电商平台来看,国外有亚马逊、沃尔玛等知名平台。近些年,我国不少电商平台也积极布局海外市场。如广州的SHEIN(希音)以惊人速度席卷全球,2023年估值达到1000亿美元。拼多多旗下平台Temu于2022年9月诞生,迅速在美国、加拿大、澳大利亚、英国等国家和地区打开市场。除了大型电商平台,还有很多行业细分。如浙江家友高科创始人成龙于2015年接手父亲的工厂,尝试过外贸、改造产品线,但一直成效不大。2021年注册现在的公司,专门从事家纺、家居、小家电等全品类跨境电商。当年销售额为1000多万元,2022年突破2.5亿元。原先自家的工厂也成为供应商之一,年收入达9000万元。又如,伊兰特南京电子商务有限公司综合办经理谢园园介绍,该公司和别的跨境电商企业不同,不做商品端,不直接销售商品,而是对接各个商家和平台,承接他们的跨境物流端,然后进行跨境电商出口。目前,该公司合作的最大的平台是拼多多,承接货物后出口到国外。服装、鞋子、小配件这类商品较多。跨境物流是该公司的着力点,2020年开始尝试全货机包机出口,2024年初已经飞了16架次,16架包机的货值出口额超过3000万美元,相当于完成2023年全年近1/3的量。

  总体来看,数字经济给就业市场带来的不是单方面的减少,而是整体结构性的重大变革。通过积极应对并及时调整战略,可以舒缓变革引发的阵痛,人们可以更好、更快地拥抱这股新潮流,享受时代发展赋予的红利,在国家发展的向上曲线中乘势而行。在这股潮流下,数字经济治理的任务依旧艰巨,有待多方协力。

第七章　完善数字经济治理体系

数字经济治理既包括对数字经济本身的规范,也包括数字经济内部各主体数字化能力的建设,注重既治理也强调发展,终极目标都指向推动数字经济健康发展。政府是数字经济治理的主导力量,企业、社会和个人也是数字经济治理体系中的重要组成部分。在新一轮科技革命和产业变革浪潮下,新兴服务型产品成为人们的日常生活所需,取代了旧有的服务型公共产品。由服务格局的变革带来了责任格局的变革,这对数字经济治理体系的构建也提出了新要求。

第一节　数字经济企业的新责任

数字经济企业是指拥有数智技术和运用数据要素能力的企业,它是互联网特别是移动互联网兴起后的产物,与传统企业有所不同。数字化、网络化、智能化、绿色化是企业转型的一般性趋势,未来所有的传统企业将转型为数字经济企业,就如电力革命后,所有企业转型为用电的企业一样。能力越强责任越大,数字经济企业的数智技术和运用数据要素的能力,使数字经济企业在数字经济治理体系中承担着更大的责任。

一、数字经济企业与政府职能

在数字化背景下,政府与市场的职能进一步交叉融合。拥有数智技术的企业运用数据要素不断跨界,生产出具有准公共品性质和公共品性质的产品,在一定程度上承担了小部分政府职能,也承担起了相应职责,因此有必要和政府一起进行协同式治理。类似的数字经济企业类型有很多,社交媒体平台就是典型代表。

(一)社交媒体平台与宣传工作

宣传思想工作是政府的一项重要工作,包括意识形态工作、新闻舆论工作、精神文明建设工作、文化建设工作、对外宣传工作等。任何宣传思想工作必有载体,这个载体在数字化浪潮下经历了多次演变。

一是社交媒体平台成为新的宣传载体。在以往的产业革命中,工业化浪潮催生了新的宣传载体——纸质媒体,如报纸、杂志等。特别是报纸,每日新闻、企业的招聘广告、政府的政策宣传、民众的投递信息都呈现在有限的报纸版面上,报纸也是民众了解国内外大事的重要信息来源。在数字化浪潮中,先是网站平台与纸质媒体平分秋色,不仅有集合各类新闻的网站,还有专门的论坛网站,许多报纸、杂志等传统纸媒也开发了自己的网站,民众可在电脑端更便捷地浏览更多新闻和各类内容。随后,移动互联网兴起,智能手机成为人们生活工作的一部分,社交媒体平台逐步占据了大量用户时间,成为新的消息聚集地。为了适应这一新变化,传统媒体和新媒体都纷纷在社交媒体平台上开设自己的分号,如对应的账号、公众号等。浏览社交媒体平台内容已成为民众获取信息的主要渠道。

二是社交媒体平台展现了强大的宣传控制力。几乎在所有移动互联网和智能手机普及的国家,社交媒体平台都展现了强大的影响力,而且同一平台往往跨越多个国家,诸如Facebook、推特(Twitter,现更名为X)、Youtube等。谁掌控了这些社交媒体平台,谁就相当于掌控了世界的宣传阀门,将对一国的舆论方向、选举结果等产生至关重要的影响。如特朗普在执政时,时常在社交媒体平台推特上发表言论,被称为"推特治国"。耐人寻味的是,2021年特朗普就被推特封禁了账号,这一现象显现了推特作为社交媒体平台,其影响力超越了国家、政府。

三是社交媒体平台并不能完全主导内容方向,但负有管理职责。平台是载体,不是内容的主要创造者,舆论的爆发点在哪里,社交媒体平台是难以设计的。爆发点取决于内容创造者的创作。一开始,粗制滥造、滥竽充数的内容会充斥平台,民众对这些内容需要适应和鉴别的过程。经过时间的洗礼,优质的内容和内容创造者会脱颖而出。但是,优胜劣汰不是必然结果,也可能是劣币驱逐良币的情况,即平台上被大量毫无价值、哗众取宠的内容占据。从平台的角度看,内容质量的好坏并不是关键,只要承载足够多的内容,吸纳越来越多的用户才是硬道理。换言之,如果某社交媒体平台投入大量成本维系内容质量,却导致曲高和寡,不仅带来亏损,辜负投资人,还会被其他平台超越,无法以优质内容服务大量用户。因此,社交媒体平台作为企业,首要职责是生存。为了生存,必须维系尽可能庞大的用户群体,进而获取收入以确保维持运营,这样才能养活企业职工,保证每月工资按时发放。

在生存的第一职责前提下,对内容和创作者进行管理也是社交媒体平台的重要职责。平台的管理规则可以多变,更多是由经营所在地的风俗、政府要求所决定。如果任由平台履行管理职责,其结果具有多变性,较大概率的情况下,平台会依据成本效益原则进行更节省成本、更少的管理,这将使平台上的内容不断突破下限。所以,依旧需要有足够话语权的一方告知平台,应该将管理进行到何种程度,允许、鼓励哪些内容,限制、禁止哪些内容,并积极创作高质量的媒体内容以引导、提升整体的内容质量,这是确保社交媒体平台良性运转的另一方——政府。

(二)社交媒体平台与新型社交

社交媒体不仅具备新闻内容的传播功能,还具有网络社交的功能。与面对面社交相对应,它是一种典型的虚拟社交。网络社交的场景处于网络空间,既可以实时互动,也可以留言互动,这是一种全新的社交模式,其新颖之处在于不断增加的互动维度。

一是社交媒体平台带来了新型网络社交。在漫长的历史长河里,远程社交常用的形式是书信往来,主要用文字等符号为内容、以纸为载体,互相之间传达信息。在近现代和当代,不少国家和地区将邮政服务作为基本公共服务,一封信件可通过广泛覆盖的邮政服务网络抵达天涯海角。接着是电话的出现,其优点是通话双方可实时互动,不少国家和地区将电话信号网络的广泛覆盖作为基本公共服务。然后是互联网、移动互联网的发展,在此基础上社交媒体平台逐步成为人们新的交流平台。这种新的交流途径并未完全替代旧有的社交方式,而是成为主流、保留支流,人们依旧可用邮政服务线路寄信件和明信片,也可用手机打电话、发短信。这种新的交流途径成为主流的关键原因在于成本极低、维度增加。从成本来看,社交媒体平台对普通用户是免费的,耗费的是极少的流量费;且软件简单易用,不仅在费用上很节省,软件使用的学习成本也很低,对老年人也比较友好。从维度来看,无论是社交范围上还是社交的展现方式都有所提升。

二是社交媒体平台带来了更多维度的社交。首先,人与人之间的社交更便利,人的社会属性决定了人需要社交,哪怕有社交恐惧症的人,也需要在与人打交道中生活、工作,毕竟一个人不能亲自耕种、织布、制作各类商品并独自完成所有的事。社交媒体平台正是提供了这种渠道,它不仅促进了与熟人的社交,还通过与不同的陌生人打交道,让人们听取他们不同的想法,为他人提供服务并享受他人的服务。正是在这种网络化的社交中,通过不断沟通、交流,人们能够在社会中找到自己的确切位置,成为推动社会运转的某一个精密结构的小齿轮。虽然人们在现实中的社交圈变窄了,但可接触的范围变宽了,这是在空间上的维度拓展。其次,在社交过程中,表达的维度更丰富了,有助于提升社交效率。人与人之间面对面沟通之所以无法被取代,是因为线上沟通提供的信息密度不足。面对面沟通不仅是语言互动,还有眼神、表情、动作、肢体接触等其他表达方式辅助,是一种非常密集的信息传递方式,能更有效地调动人的情绪,这也是在现实场景中,人的一句话就足以挑起争吵的原因。社交媒体平台通过增加线上沟通的选项,也在一定程度上提高信息密度,既包括文字、表情、符号、图片,也包括语音、视频通话等,还包括可穿戴设备,使远程肢体接触成为可能。在社交媒体平台提供了足够多的选项的情况下,人们也学会了设置头像、聊天背景,基于各类需求灵活选择不同的沟通方式,进而在更短的时间内把双方意思表达清楚,实现有效沟通。

三是社交媒体平台提供的社交服务超越了面对面沟通,成为一种新的不可替代的社交方式。不可替代的根本原因,在于面对面沟通在缺乏介质辅助的情况下,无法交换大量数据。人们在已经熟练掌握运用数据要素的情况下,单纯依靠语言、纸张的信息密度难以达到有效沟通的要求,必须灵活运用电子数据这一媒介,不得不使用电脑、手机等智能设备保存、加工以及传输数据。于是,在面对面沟通中会出现这样的场景:沟通的双方各自主动拿起手机辅助沟通,如互加联系方式、转账、传送文件等。

这种超越是全方位的,原因是能数字化的内容都在逐渐实现数字化。不仅社交媒体平台提供了数字服务,如金融服务、位置服务、文件文档服务等,智能设备上的其他软件也提供了丰富的服务。所以,不只是社交媒体平台在现阶段无法替代,由此推而广之,手机等智能设备也同样不可替代,网络社交和面对面沟通会处于同等重要的位置。

需补充说明的是,网络社交以及智能设备的新地位并不意味着对传统社交的完全替代。在实际生活中,手机的重要性和使用时间存在不匹配的问题,简单地讲,人们在手机等智能设备上浪费了太多的时间。因此,需要通过数字素养教育、宣传等方式,引导人们平衡好现实生活和数字生活,回归更为健康、积极向上的生活方式。

四是社交媒体平台和政府都承载着重要责任,以确保新型社交向更好的方向发展。

首先是政府引导和支持基本网络的全覆盖,包括宽带网络和移动互联网。在我国,包括偏远地区在内的几乎所有地区,基本实现了4G网络全覆盖,这是社交媒体平台在我国得到大力发展的重要基础。

其次是政府对社交媒体平台的发展具有引导和监督的职责,如社交媒体平台内产业的发展方向。由于拥有庞大的用户群体,社交媒体平台可衍生出其他产业,如游戏产业,对其游戏产业涉及群体恰当的限制,是体现引导和监督职责的一个重要方面。

最后是社交媒体平台自身提供更好的服务。在聚集了庞大用户群体后,虽然少量使用事故对平台存续并无重要影响,但对于用户而言可能是致命的。因此,在不影响便利性的前提下,持续提升安全性是用户的核心诉求。

二、数字经济企业与政府数字化转型

影响政府进行数字化转型的关键要素是数字思维和数智技术,这两项关键因素单靠政府力量难以完成,依旧需要数字经济企业协助。从政府的角度看,是政府积极努力的行动;从企业的角度看,是企业在政府诉求下默默付出,并获得相应的酬劳。

(一)数字经济企业能力与政务升级

在有限的财政资金支持下,各级政府、各部门都在紧锣密鼓地进行数字化转型工作,所制作的软件总体分为两类。一类是对外,即直接面对民众的服务软件;另一类是对内,主要应用于政府部门内部的服务软件。这两类软件统称"政务软件"。无论是被服务的民众,还是被服务的政府部门内部工作人员,他们所期待的都是类似手机上常用的国民级手机软件——可顺畅运行、毫无卡顿、简单易用、方便查询、多功能集成等。但现实情况可能与预期有极大差别,政府通过购买服务委托企业制作的部分软件,无论是对外还是对内,与国民级商业软件有着不小的差距。该差距的原因在于技术能力和投入水平的不同。

一是国民级商业软件多是以庞大用户量为支撑的数字产品,拥有与高额投入成本相匹配的盈利能力。国民级手机软件是平台型数字经济企业的核心产品,产品的好坏直接关乎企业的生死存亡。为了使产品独一无二,企业不仅花费了大量经费用于产品的开发、维护,还耗费了不少精力进行推广,进而实现以庞大用户量为基础的应用、变现、再投入的闭环。由于用户数量和用户时间有限，同类软件之间具有一定程度的排他性。那些较早抢占市场的软件会构筑起用户基础、技术积累等方面的"护城河"，除非另辟蹊径，否则其他数字经济企业很难胜出。因此，在一国范围内，有限的用户数量和时间只能支撑有限数量的国民级商业软件，而这些软件凭借强大的盈利和投入水平保持领先地位。其他商业类手机软件无法保持这样的投入水平，导致用户在使用体验上评价不一。尤其值得一提的是，那些刚刚面市的软件，在初期阶段多半表现得不尽如人意。

二是政务软件是对商业软件的有效补充，两者殊途同归。商业软件的设计目的是吸引并占据用户时间，或是采用买断制、会员制等方式吸引用户付费，终极目的是实现盈利。政务软件的设计初衷是服务，为了更好地服务于民、提升政务服务效率，不以盈利为核心指标。正是两者在目的上的不同，导致构建软件的思维模式完全不同。前者以效率为导向，为的是更便利，避免用户被阻挡在不必要的环节；后者以公平为导向，更强调安全。如在软件登录环节，一些商业软件采用自动登录的方式提升用户登录效率，一些政务软件要求用户采用更为复杂的密码，如果多次输入错误将被锁定，直至第二天才能再尝试登录。效率和安全两者往往难以兼得，前者和后者并无优劣之分，只是在一定技术能力和不同导向下的选择而已。商业软件和政务软件之间也并非对立、割裂的关系，两者之间互为补充。凡是市场能解决的由商业软件解决，市场解决不了或解决不好的则由政务软件补位。两者也相互嵌套，如在商业软件中嵌套政务软件的小程序，在政务软件中嵌套商务软件的支付渠道等。

从道德立场来看，两者也并无高低优劣之分。不能简单地认为商业软件为了盈利就是不道德的，市场的逻辑正是以利益来驱动市场主体为客户提供服务。如为了给人们提供24小时全天候出行服务，以市场为导向的出租车群体功不可没，以市场为导向的打车平台进一步提升了供需双方的信息沟通效率。所以，商业软件和政务软件都在以各自不同的方式为民众服务，两者相互促进。

三是政务软件是政府和数字经济企业合作的产物。政府和数字经济企业合作的主要模式为：政府负责提出具体需求，数字经济企业进行相应的软件制作。由于政务软件涉及的各项业务具有很强的专业性，要将软件做成什么样子，数字经济企业难以完全获悉，甚至根本不知道。这就需要政府的具体部门将诉求一一阐述，以便数字经济企业运用掌握的数智技术、软件制作流程，将其一一实现。这是一个需要反复沟通的过程。在沟通中，政府方面了解了软件的一般制作过程；数字经济企业方面不仅获得了相应收入，也得到了成长，对政府层面的专项业务有了更深了解,促进数字经济企业后续继续承接类似的项目。

与所有的合作一样,政府和数字经济企业的合作也并非一帆风顺。既存在制作的产品不尽如人意带来大量问题,需要政府工作人员要求企业团队不断维护的情况,这在合作初期发生的概率更大;也有各类原因导致款项未及时到账,出现拖欠的情况。

由于头部互联网平台自身精力有限,与政府合作的数字经济企业种类繁多,不少为中小企业,这些企业承担了政府门户网站设计与维护、微信公众号运营、各类手机软件打造等工作。如今,电子政务既是政府购买服务的重要方向,也是数字经济企业谋求发展、提升能力的重要途径。

(二)数字经济企业技术与政务服务

电子政务的打造并非线下政务服务的简单线上化,不是直接把线下内容"搬"到网上。它是在数字思维的指导下,与传统业务产生的化学反应。电子政务也不单是软件的制作编程,还要将必需的技术集合在软件内,使线上政务服务更智能。打造电子政务的目的是减轻基层人员的负担,而不是因技术升级带来新的任务。

一是数字思维是电子政务打造中的稀缺品。物质决定意识,一个人的思维很难跨越他所处的时代。在数字化过程中,运用数字思维应是一种必备的素质,但也是稀缺的技能。数字思维是一种人工思维,是和生物思维相对应的思维。生物思维是由人的生物属性决定的,和动物一样,是在自然环境中进化而来的,如婴儿饿了天然懂得通过啼哭释放信号。人工思维是由人的社会属性决定的,是人在社会环境中进化而来的,如饿了懂得灵活运用各类炊具烹饪。在数字经济进程中,在新的经济社会环境下产生了新的人工思维——数字思维,如在没时间去超市的情况下,懂得在网上买菜。从这个角度看,在数字经济大力发展的背景下,手机已十分普及,每个人多多少少具备一些数字思维。但是,不同的经历会造成对数字思维磨炼程度的不同,如在网上买菜的用户和设计网上买菜软件的程序员,两者在数字思维上存在巨大差异。并不是后者在所有方面优于前者,所谓"术业有专攻",在灵活运用数字思维打造电子政务服务方面,后者更合适。从现实情况看,由地位较高的外行指导地位较低的内行带来的问题也不少。因此,选拔拥有较高数字思维水平的人才,充分听取政府部门和数字经济企业中专业人士的意见,特别是高度尊重数字经济企业中专业人士的意见,是良好的开始。

二是充分应用数智技术是电子政务打造中的必备选择。是否充分应用数智技术,决定了政务服务水平的高低,给使用者带来的体验有着天壤之别。就如手机里的常用软件,维护者总是在优化应用程序、修复问题、应用新的技术、开发新的功能,进而给用户最好的体验,特别是在重大更新前后,同一软件给用户的体验大相径庭。用户习惯了这种使用体验后,再使用其他相对落后的软件时会感到非常不适。又由于财政资金有限,和商业软件投入水平大不同,优化迭代的方向也有所不同。总体上,应通过数智技术的充分应用,在保证安全的前提下,尊重用户的一般使用习惯,提升用户的使用效率,减少不必要的验证环节和时间损耗。譬如,某软件在核对外来人员信息过程中,需要社区工作人员一一打电话询问。不断涌入的外来人员数据以及重复的内容,使社区工作人员夜以继日地从事这项枯燥的工作。在电话询问过程中,由于需要填写身份证、住址等隐私信息,社区工作人员不断被住户质疑。究其原因,是软件不够智能造成了负担的增加。通过数据库匹配支持,要求数字经济企业引入人工智能技术辅助,进而大大减轻社区工作人员的负担。

三是重视用户体验、畅通沟通渠道是电子政务优化的关键。电子政务的打造并非一蹴而就,无论在初始设计中多么重视,都无法避免各种问题的出现。唯一的途径是不断迭代优化,受政务软件的特殊性制约,需要畅通优化的动力链条。商业软件优化的动力链条非常清晰,软件公司制作软件用于盈利,为了更好盈利,必须迎合用户。用户一旦有不满、投诉,软件制作公司会及时修复、更新。政务软件的动力链条则至少多了一个环节。数字经济企业的客户是政府,企业做好软件交给政府后,再向政府的客户服务。在这一过程中,政府应通过优化支付机制,来确保数字经济企业有持续优化更新的动力。政府应建立软件用户和软件项目组之间的直接沟通机制,让用户及时反馈问题;而数字经济企业内的项目组能按照问题的重要性、紧急程度,积极予以解决。政府部门作为中间人,也应督促项目组解决那些反映突出的重大问题,并从政务服务的角度提出优化方案,使政务服务与数智技术有效互动。

四是切实整治形式主义,减轻基层负担。政务软件不都天然拥有庞大用户规模,为了确保软件被更多人使用,部分政府部门会以行政命令等形式,要求下级部门以各种方式使用这些软件,从而产生了用处不大的"僵尸软件"。由此,基层最容易成为被众多部门要求使用软件的对象。基层是所有部门的下级部门,这也是数字化背景下新形式主义的重要表现形式。这是一种非常奇怪的浪费链条,政府部门支出了财政资金,数字经济企业付出了人力、物力,下级部门付出了宝贵时间。通过整合现有政务软件,清理不必要的行政命令,各部门就有更多时间投入实际工作,是一项任重道远的工作。

三、数字经济企业与数字国企

和许多民营企业一样,许多传统国有企业面临数字化转型的选择。不少国企选择大胆开拓,但这离不开数字经济企业的帮助,尤其是头部互联网平台的助力。有的国企自身也是数字经济企业,经过转型后,积累了一定的数智技术,成为数字经济企业大军中的一分子。

(一)数字经济企业与国企数字化

国有企业是政府承担公共服务责任的重要市场主体,在许多重要的国计民生行业中发挥着关键作用,水、电、气、军工、建筑、石油化工、电子通信等行业都有国企的身影。由于公共服务需要进行数字化转型,这就意味着不仅是政府部门,那些承担了公共服务责任的市场主体也随之需要转型,包括不少面向大众服务的国企。

一是终端数字化服务是开端。在付费、宣传等面向用户的环节进行数字化转型是比较容易的开始,也是不少国企进行数字化的第一步。如在头部互联网平台上开设公众号,将宣传、付费等功能内置其中;与民众日常接触较多的国企甚至有专门窗口选项,如水电气缴费、预订火车票;等等。不仅是国企,大多数其他类型的企业和部门也采用了这样的途径。

二是与数字经济企业进行更深层次合作。与政府部门数字化有所不同,企业数字化是生产设备和环境的整体改造,需要较为成熟的成套方案。为了实现数字化目标,往往需要花费上亿元资金。由于部分国企拥有较为雄厚的实力,有意愿也有实力成为全面数字化的尝试者。为了确保尝试的成功概率,与头部数字经济企业合作是首选。头部数字经济企业是指在行业中市场占有率较高的企业,拥有较为完整的数智技术和能力,包括国内外的优秀企业。这些优秀企业既包括腾讯、阿里巴巴、华为等国内头部互联网平台(它们是在与跨国企业竞争中的幸存者,并在发展过程中吸收借鉴了世界上优秀企业的先进做法),还包括不同行业内的佼佼者,也就是那些不被大众所知的隐形冠军。如在激光智能设备领域,华工科技的不少产品畅销国内外,其国内首创的激光管材清洗智能装备出口北美洲国家,三维五轴激光切割装备市场占有率更是跻身全球前三。

(二)数字国企与数字化浪潮

经过多年发展,不少国企并不是数字化浪潮中的落后者,在数字经济发展中,它们不仅是新型基础设施的重要提供者,还是引领数字化浪潮的重要创新者。不少国企已是数字经济企业的一分子,拥有一定的数智技术和创新能力,也是数字经济治理体系中不可或缺的组成部分。为了便于表述,可将它们称为"数字国企"。

一是数字国企为数字经济的发展提供了新型基础设施。新型基础设施包括信息基础设施、融合基础设施和创新基础设施。大规模的基础设施建设离不开众多市场主体的参与,既包括外企、民企,也包括国企。仅就国企而言,4G、5G网络建设和研发、光纤宽带铺设、算力基础设施建设、传统基础设施数字化改造等工作,不少是由国企承担的。这些企业在具体实践中磨炼了数字创新能力,培育了数字创新意识。特别是在一些难以盈利的偏远地区,铺设诸如4G、5G网络基站等基础设施,也是国企在履行提供基本公共服务的职责。

二是数字国企为其他企业和地区数字化提供了助力。作为数字经济企业中的一分子,数字国企拥有的数智技术和数字思维,能够帮助其他企业进行数字化转型,包括对其下属企业提供方案。因此,数字国企是企业数字化转型的推动力之一。

在与地区的结对帮扶中,提供资金支持不可或缺,因为相对落后地区对资金的需求总是较为迫切,但资金供给有上限,且不能解决地区发展的所有问题。不仅是资金,在其他维度提供帮扶能达成更好效果。提供数智技术和方案的帮扶,能在一定程度上提升该地区的数字化、网络化、智能化、绿色化水平,缩小数字鸿沟,更好地促进地区发展。

四、武汉超算中心和人工智能计算中心

新的经济社会背景需要新的基础设施。对于传统企业而言,购买水、电是必需;对于数字经济企业而言,购买算力也是必需。不仅是数字经济企业,包括高校、政府部门、科研机构在内的所有部门,都将把算力视为必需。如一台电脑运行某大型程序会卡顿,多台电脑联网合作计算就能很好地解决这个问题。于是,由大量计算设备构成的算力中心,成为人们获得算力的主要途径。

为了促进数字经济发展,政府有必要积极引导企业供给算力基础设施,不少

数字经济企业,尤其是其中的数字国企发挥了重要作用。据测算,在算力中每投入1元,平均将带动3~4元经济产出;算力发展指数每提高1点,GDP增长约1293亿元。政府财政资金有限,采用市场化运营方式,就能提升财政资金使用效率,并获得一定盈利。这就需要政府之外的市场主体来运营,即由专业的数字经济企业来负责。由政府投入资金建成的设备成为国有资产,因此数字国企是比较合适的运营主体。为了确保算力设备和软件先进,优秀的民企和外企产品也可参与进来。因此,这不仅是政府主动引导的过程,还是许多数字经济企业参与治理的过程。

武汉超算中心和人工智能计算中心正是在这样的背景下投入建设并运营的。2020年9月,武汉获批建设国家新一代人工智能创新发展试验区。2021年4月12日,湖北省政府发布了湖北省科技创新"十四五"规划,将建设武汉超算中心被纳入规划。同年5月31日,在武汉人工智能计算中心投入运营之日,武汉超算中心项目正式启动。2022年11月23日,武汉超算中心正式投入运营。该中心由武汉东湖高新区政府承建,湖北省科技投资集团有限公司旗下子公司武汉光谷超级算力科技有限公司建设及运营。两个中心相邻而建,互相补充、各有侧重,都是重要的算力基础设施,形成了超算与智算"双中心"的格局。

超算智算"双中心"的建成是多主体参与、积极与世界接轨的成果,有各级政府的指导、参与,包括国家、省级层面的政策支持,以及市级、区级的积极行动。还有不少企业参与其中,包括湖北省科技投资集团有限公司、华为、中国信科等。算力柜设备中的一部分GPU还应用了英伟达的产品,该款GPU也是ChatGPT算力的重要来源之一。受到美国出口管制的影响,将采用华为的GPU,替代英伟达的一部分GPU。

武汉超算中心侧重快速运算,即高性能计算,定位是求解大工程、大科学的问题。武汉人工智能计算中心(简称"武汉智算中心")侧重准确计算,即人工智能算法和模型创新,定位是赋能千行百业,推动产业智能化。武汉超算中心更聚焦于科学研究,核心是进行超级计算,武汉智算中心更偏重人工智能一些场景的计算。简单地讲,武汉超算中心是建一条很宽、质量很高的高速公路,让一辆车能在上面快速行驶;武汉智算中心是建多条公路,让很多车能在上面较快行驶,类似质量比较好的城市公路。

武汉超算中心主要在气象气候、设计自动化(Electronic Design Automation,EDA)、生命科学、工业仿真、数字孪生等领域提供服务。在气象气候方面,武汉超算中心为长江流域定量降水监测预报平台提供服务。通过运用高空探测、地面观测、气象雷达、气象遥感等手段采集数据,对数据进行标准化处理后,利用算力平台进行计算,进而快速生成气象预报,对暴雨等灾害发出更快、更准的预警。在生命科学领域,武汉超算中心为华大基因提供服务。采用全球领先的时空组学技术,结合中心提供的算力,生成极为精细的小鼠胚胎与脑时空图谱,服务于生命科学与临床医学应用。如从分子水平清晰区分细胞以及病变特征,准确识别肿瘤区域。

武汉智算中心的业务范围涵盖领域更广、更多,服务于政务机器人、智能遥感、多模态人工智能、生命科学等产业。在政务机器人方面,有的企业利用政务资料智能识别和深度学习技术,通过中心提供的算力进行智能服务,录入人员的工作量降低了80%。在智能遥感方面,有企业通过遥感监测,运用中心提供的算力统计各地降雨和积雨数据,为农业生产和气象灾害预警提供助力。在多模态人工智能方面,通过文本、视觉和语音三个模态大模型,运用中心提供的算力进行图、文、音的统一识别和表达,实现三者之间的相互转换。如输入提示文本,生成规模更大的文本,以及图片、语音等,类似ChatGPT的生成式人工智能功能。在生命科学方面,通过人工智能技术和中心提供的算力预测蛋白质结构,再进行微调,较之过去采用传统方式的实验观测节省了大量时间,医药研发效率提升了10倍以上。

超算智算"双中心"不仅提供公共算力服务,还提供应用创新孵化、产业聚合发展、科研创新和人才培养等综合服务。就如有了电,才会发明出越来越多的电器,聚合越来越多的电器生产、应用产业,在具体运用实践中培养大量人才。提供公共算力服务后,类似的机制也在运作,并作为服务被固定下来。如武汉楚精灵医疗科技有限公司开发的"肠息肉电子结肠内窥镜图像辅助检测软件",经国家药品监督管理局批准上市,是湖北省首个人工智能辅助诊断三类认证产品,这款产品正是依托了武汉智算中心的算力,加速了产品性能验证。在民生应用领域,通过与武汉智算中心、武汉人工智能研究院合作,基于全球首个千亿参数多模态大模型"紫东太初",武汉一家名为百智诚远的法律科技企业,挖掘出十多个可以用大模型解决痛点的场景,孵化出一款教普通人轻松写诉状的"起诉状辅助生成系统",一年时间就覆盖了四省用户。

仅武汉智算中心,就聚合了智能遥感产业链、多模态人工智能产业集群和生命科学产业集群。经过两年运营,该中心的算力需求非常旺盛,一再扩容:2023年算力为200P,后续预计扩展到400P。2023年武汉超算中心的算力为50P,未来预计扩展到200P。武汉智算中心的200P和武汉超算中心的50P各有侧重,不可进行简单的比较,就如长跑冠军和短跑冠军的速度不可简单比较一样。在科研创新和人才培养方面,华中科技大学、武汉大学、华中师范大学、中国地质大学(武汉)、武汉理工大学等高校纷纷建立了鲲鹏·昇腾产学育人基地和鲲鹏·昇腾产学育人中心。前者主要培养架构和创新人才,后者主要培养维护和开发人才,并在各高校开设AI开发者星火训练营。2022年5月,教育部和华为"智能基座"虚拟教研室在武汉理工大学揭牌成立,基于昇腾和昇思软硬件平台,服务人工智能领域国产软硬件教学和生态建设,组织师资培训、实践教学和竞赛活动,持续为昇腾、鲲鹏等产业链输送数字时代的高质量人才。

第二节 社会组织和个人的重要作用

社会是一个特殊的维度,它不像企业那样讲究效率,也不像政府那样讲究服务,它是企业和政府争取和服务的对象。个人在数字经济治理中的话语权变得愈发举足轻重,呈现新的特征。这些个人大多不是孤军作战,背后的团队对其提供帮助,也对其有所倚重,进而形成个人和企业交叉的状态。在整个社会中,社会组织依旧是非常强大的组织群体,在数字经济治理中也不可或缺。

一、普罗大众与网络意见领袖

社会力量中的个人在数字经济中的话语权得到极大彰显,与企业力量、政府力量相辅相成。一个普通人从来没有像今天这般被众人瞩目,网络为他们提供了独特的阶层跃升通道。他们的每个动态、每次发言、每条评论,都可能成为特殊的契机,引发更大的浪潮。他们中幸运的一部分人成为网络上的意见领袖,由此带来了粉丝、流量和潜在变现可能。

(一)网民与自媒体

每个网民不仅是网络世界的一分子,也是网络媒体的参与者,更是新闻的发布者和传播者,这种新的媒体传播方式被称为"自媒体"(We Media),即人人皆为媒体。

一是民众主要是传统媒体的接收者,而非参与者。在数字化尚未普及之前,民众的声音想要被外界听到需要历经更多环节,如通过报纸、杂志等传统媒体,这是一个较为烦琐的过程。民众先要到传统媒体投稿,投递过程受路途远近影响,稿件送达编辑部的时间短则几天,长则几十天。接着是稿件筛选过程,质量不好的稿件当场被排除,有瑕疵的稿件免不了在编辑部和作者之间被来回沟通修改,较少质量上乘的稿件被直接录用。稿件录用之后便涉及付费和获得稿酬环节。有的稿件在刊发前作者需要支付一笔数量不等的版面费,也有的稿件会在刊发后作者收获一笔可观的稿费。最后是等待刊发。由于传统媒体的展现版面有限,要按照稿件刊发的一般周期和稿件的重要性来安排,即使稿件被录用,也依旧需要等待一段时间。有的会很快被刊发,有的则要等待一年才刊发。所以,对于大多数民众而言,给传统媒体投稿是件非常烦琐的事,除非有特别的需要,如广告、宣布结婚等。民众更多时候是被动接收者,即便心里有话想说,也会因环节繁多、门槛较高而放弃。因此,大多数民众的声音难以被外界听到。

二是社交媒体平台使每个网民都成为媒体人。数字经济中诞生的社交媒体平台为民众提供了便捷的发声渠道,民众都可以发朋友圈、发微博、发表合理的评论等。社交媒体平台特有的展现方式使每个民众的发声以恰当的方式呈现。如微信的朋友圈以朋友为纽带进行信息传播,微博更多的是陌生人之间的互动交流。这些不同的展现方式从多个维度表达了民众不同的声音,他们的喜怒哀乐从未如此贴近彼此。这些是全新的事实和新闻的传播方式,环节极简,点击即发布;门槛极低,毫无媒体经验的普通人就能编辑;存在无限可能,每一条发表和评论都有可能被不同的人看到。

三是每个普通网民观点的集合构成了数字经济治理的风向标。大海是每滴水的集合,每滴水都有极大的潜能。一条暖心评论让人燃起斗志,一条负面评论让人感到沮丧。在受人关注的舆论事件中,不同网民的评论汇集在一起,犹如成分复杂的涌流,多样性带来了不同思想的碰撞,并引发人们在实际生活中的争论、思考。没有哪一种传统媒体能带来这种启发性,真理就暗藏在其中,或者说,这种多样性本身就构成了真理的一部分。每个网民的发言,总体上是微不足道的,汇集在一起就形成了不同民意的集合。他们正在以自己的方式宣泄情绪,激发专业人士的灵感,影响着每一条政策的制定。因此,每一个普通人有了特别的机遇,以一种全新的方式触碰历史的车轮。

当然,这些发言并不总是正面的、理性的,其中往往夹杂着不同的对立面,带来了不少负面效果。如网络暴力,这需要政府和社交媒体平台积极介入,保护当事人的合法权益,也需要通过教育手段来提升整体的数字素养水平。

四是网民监督成为民众监督的新型表现形式。民众监督既包括对政府的监督,也包括对企业、社会组织等主体的监督。民众数量众多,是触角最灵敏的群体,也是重要的监督主体。民众的反馈为治理工作提供了线索,民众的需求为治理指明了方向,民众的满意度是治理工作最终的落脚点。许多备受社会关注事件的导火索,往往来自某个人在社交媒体平台上的爆料,无论这个人的身份和目的是什么,他都代表普通的个人,并为暴露问题、完善解决方案提供了线索。这种爆料的表达方式非常简便,各类监督信息可以在网络上不断汇集。不少部门、机构也在互联网上开通了方便民众提供此类信息的渠道,如国务院"互联网+督查"平台为人民群众、经营主体、基层政府搭建了反映问题的通道。民众监督也将产生震慑效应,成为约束各主体、个人的第三方力量。

(二)网民与网络名人

单个网民显得微不足道,其社会影响力相对有限。也有一部分网民借助各种方式,抓住各种契机,被更多人看到、关注,除了在社会上已有很大影响力的专家、学者、影视明星等名人之外,还有一类新名人——"网红"。这两类人在网络上都具有一定的号召力,为方便表述,可将他们统称为"网络名人"。

一是名人本身也是网络名人。在现实生活中有大量名人,无论有没有互联网的存在,都不影响他们成为知名人物。这些知名人物有闻名全国的,也有在某一领域、某一地区声名远扬的,通过电视、报纸、杂志,以及人们的口口相传,成为人们熟知的对象。这些人一旦涉足网络,便不是普通网民,而是网络名人,他们的影响力也从现实社会传递到网络空间。他们在网络上的发声较之普通网民具有更大话语权,更容易被大众看到和讨论,进而影响到更多的人。这并不意味着名人可以毫无阻碍地成为网络名人。在网络空间中,名人的知名度会增强或削弱,这取决于他们的曝光度、活跃程度。倘若名人沉寂了一段时间后,大多数民众会将注意力转向别处,直到他们再次出现在公众视野。互联网的放大效应,能使现实生活中局部的名人成为尽人皆知的网络名人,为了实现这一目的,有的是无心插柳,不过更多的是采用了一定的炒作手段。因为知名度的提升能带来更大的网络流量,即更多人花更多时间在网上关注他们的一举一动,如此一来,不仅能带来流量变现的经济利益,也能拥有更大的政治、社会影响力,进而在数字经济以及数字经济治理中发挥举足轻重的作用。因此,他们中的一部分人也在套用"网红"的成功途径,成为带有"网红"属性的网络名人,如影视明星直播带货、"网红"学者、"网红"新闻人等。

二是依靠网络成为"网红",属于新型的网络名人。网络为人们提供了新的阶层跃升通道,一个原本寂寂无名的普通人,无须再一门心思苦守传统通道,也可依靠自己的某些优势成为网络名人,这对于社会而言无疑是巨大的进步,也给了民众带来了希望。不过,并不是所有普通网民能一跃成为"网红"。他们要在网络上有效曝光,富有特色,才有可能被一部分人所关注,成为小"网红",极少的幸运者才能成为万众瞩目的大"网红"。"网红"的构成非常多元,既有政府在职和退休的工作人员;也有看似是自由职业者,但背后有公司化运营的团队支持,采用公司化的方式运作,并以盈利为目的的个人;还有就职于公司直播平台的员工,他们借助所在公司的直播平台获得宣传和发展机会;还有纯粹的个人,从粉丝量级来看可能较少,仅拥有局部的影响力,但这些纯粹的个人数量众多,在互联网中占据大多数。数量众多的大小"网红",通过运作实现了自我价值,形成了"网红经济",成为数字经济的有机组成部分。他们各展其能,吸引民众花费时间观看他们的"演出",为保持持久的影响力,他们也是网络上最活跃的群体,为数字经济发展增添了许多活力。

网络名人和"网红"容易混淆,总体上看,网络名人包括"网红"。"网红"是"网络红人"的简称,起初指的是一些因独特的外貌或言行在网络上走红的普通民众,如今则泛指一切主要通过网络特别是社交媒体平台来获取和维系声名的人。这类人在网络上颇具声名,也可被称为"网络名人"。除了"网红"之外,还有一些名人主要通过其他方式获取和维系声名,如电视新闻、报纸、综艺、影视剧等,将这些人称为"名人"更合适。一般地,他们在网络上同样拥有一定声名,因此,他们也被称为"网络名人"。

随着数字经济的发展,"网红"这一概念进一步泛化,不仅指人,也指所有在网络上迅速爆红的各类事物,如"网红店""网红打卡地""网红"品牌等。为便于讨论聚焦,"网红"在本部分特指"网络红人"。

三是网络名人拥有一定的舆论影响力。一个普通网民的呼吁,往往容易被淹没在浩瀚的网络信息海洋之中,而一个网络名人的转发,能被数量更为庞大的民众看到,这凸显出后者更大的话语权。正是由于网络名人更大的影响力,使他们更容易成为网络上的意见领袖,进而主导舆论的关注点和走向。这既有积极的方面(如网络名人用理性的声音防止极化和对立,网络名人中的专家、学者用专业分析引导大家进行深层次思考),也有消极的方(网络名人的发声激化了极化和对立情绪,其不当或非专业解读引发了误解)。由于网络名人的强话语权作用,从商业角度看,他们的推荐、赞同和反对也可以"明码标价",这是一种隐蔽的、难以鉴别的商业行为。大部分民众很难直接洞察到这背后隐藏的巨大商业利益,但不是所有网络名人都在借此"套现",其中也有不少仗义执言之人。

他们的自由发言在数字经济治理乃至国家治理中发挥着重要作用。如引导民众了解受关注的公共事件中不为人知的一面,民众可以全方位看清事情的真相。又如,从自身专业的角度,在社交媒体平台上公开指出数字经济乃至其他领域中存在的问题,有的还提出了解决方案、建议。与发表在学术期刊不同,在新媒体上展现能使更多民众看到,带来更大的影响力和推动力。不仅是在国内舆论场,有的网络名人在国外同样拥有较强影响力,他们在国内外社交媒体平台上发布的作品,可以帮助世界各国人民更好地了解中国,推动中华文化和中国产品走向世界,进而优化我国海外发展环境。

从网络名人的正反两方面影响来看,其性质难以确定。和日常说话风格一样,有的温和,有的犀利,有的高深莫测,有的通俗易懂。一句话在讲出来之前,没人知道会带来好的影响更多,还是坏的影响更多;也没人知道,出于商业利益的发言和出于公心的发言,哪个能带来更大的社会进步。人们对于网络名人普遍存在一种期待,希望他们都是道德和能力上的完美之人,但实际上他们和普罗大众一样,都是有血有肉的普通人。既然结果不可预测,那么让他们自由发言,就如让民众自由发言一样,可能是最好的管理办法。但最自由的言论也不能以伤害他人为代价,终究需要有所约束。

四是政府、社交媒体平台有责任对网络名人实行负面清单管理。正是由于网络名人有强大话语权,才需要设置相应的规则,让大家知道发表言论的底线在哪里,并制定相应的规定以及作出判例,使这一底线更为清晰、可控。这不仅是政府的职责范围,社交媒体平台作为重要主体也要参与其中,如执行政府的有关规定,对相关账号进行提醒等操作。

在出台相应的规定方面,江苏省市场监管局颁布了《商业广告代言行为监管执法指南》,对11种具体情形明确了判定标准。其中,包括7种确认情形、4种排除情形。在商业代言中,具体包括以下7种情形。

一是知名文艺工作者、体育工作者、专家学者、"网红"社会名人、明星艺人等,因其身份具有高度可识别性,即便广告中未标明身份,但公众通过其形象能够辨明其身份的。

二是科研单位、学术机构、技术推广机构、行业协会等法人或者其他组织参与商业广告活动,以自身名义或者形象对广告主的商品或者服务作推荐、证明的。

三是明星艺人、社会名人等以"明星合伙人""入职"等名义,为广告主的商品或者服务进行推荐、证明,但实际不存在真实投资、合伙、劳动合同等关系的。

四是经过明星艺人、社会名人等授权,通过利用其形象制作的卡通形象在商业广告中对广告主的商品或者服务进行推荐、证明的。

五是明星艺人、社会名人等在综艺节目、影视节目植入广告中,为广告所涉广告主的商品或服务进行推荐、证明的。

六是网络直播营销活动中,直播内容构成商业广告的,参与直播并以自己的名义或者形象对广告主的商品或者服务进行推荐、证明的。

七是网络直播营销活动中,虽然宣称直播行为出于公益目的、直播收入用于公益用途,但网络直播者的行为符合商业广告和商业广告代言活动特征的。

政府为以上7种商业广告代言行为列出了负面清单,如代言行为涉及的内容容易引发不良导向,或明确以"种草"等形式变相发布商业广告,导致消费者不能辨明其为广告,进而被广告内容欺骗、误导的广告代言行为均属于违法的商业代言行为。

在具体判例方面,北京互联网法院审理了一起关于"网络大V"发表不实言论侵犯公众人物名誉权的纠纷案件。"网络大V"周某某在社交媒体平台上转载了一篇关于陈某学术造假、个人感情生活等内容的文章,当日该文章便引发了6300多次转载、2.2万余条评论及近66万次点赞,对陈某的名誉造成极为恶劣的影响。法院经审理认为,周某某的涉案行为并非普通网络用户的非营利性转发行为,而应当认定为利用网络关注度及影响力传播虚假信息、引流吸粉、以谣谋利的恶意营销行为。这种行为已构成对原告陈某名誉权的侵害,周某某应当承担相应的侵权责任。最终,法院判决被告周某某通过涉案网络平台账号公开发布道歉信,向原告陈某赔礼道歉,并向原告陈某支付精神损害赔偿人民币10万元。

(三)网民与"超级个人"

民众日益成为数字经济中的重要力量,不仅在提供风向标和民众监督上有所体现,在日常生活中也发挥着实实在在的作用,特别是在大灾难面前。如果说网络为个人提供了成为意见领袖的机会,那么数智技术则赋予了个人成为"超级个人"的可能。他们在慈善、救援、志愿服务等方面都发挥出不俗的效能。

一是民众的原子化特点进一步凸显。互联网平台的发展使民众就业呈现原子化倾向,即个人与平台之间构建起合作关系,而非雇佣关系。个人不再是某个单位的员工,而是灵活就业者,成为不再具有某个单位属性的原子化的个体。这种原子化倾向泛化为一种新的常态。在参与社会治理过程中,这些个人也并不愿意加入某个团体,而是选择单打独斗,或是组建起一个临时的团队。从数量上看,个人的量级远远超过了社会组织的量级,同时能发挥重要作用。譬如,在线上慈善项目接力活动中,不少个人积极转发宣传,慈善项目可以通过互联网被更多人知晓。

二是民众中的"超级个人"潜力巨大。在数智技术、数字工具辅助下,个人能做的事情超过了以往任何时期,成为名副其实的"超级个人"。从负面角度看,一个人设计的计算机病毒可能感染成千上万个设备,使其不能正常运转。从正面角度看,一个人也能帮助、拯救许多人。例如,在某次水灾中,一位女大学生创建了一份用于填写"待救援人员信息"的共享文档,这份共享在社交媒体中广泛传播,为救助工作提供了大量高质量信息,让很多人得到及时救助,挽救了不少生命。又如,2020年武汉"封城"期间,为解决居民买菜难题,在社区的组织下,不少居民踊跃报名成为社区团购志愿者。由每栋推选一名志愿者,负责统计相应区域的居民需求,再逐级汇总,将居民购买的菜送到对应地点。然而,由于不少志愿者非专业人士,统计一栋居民楼的需求相对简单,但在将每一栋的需求逐级汇总过程中,数据量大大增加了,统计工作的难度也随之加大。此时,志愿者中拥有一定技能(如统计、采购、编程等)的"超级个人"挺身而出,将社区团购志愿者组织起来,并负责了最关键的数据统计和纠错工作,确保了居民买菜需求得以顺畅通达。

二、普罗大众与社会组织

从数字经济中社会力量的具体体现方式来看,原子化和"超级个人"化这两个特点极为显著,但社会组织仍起到重要作用。在数字经济发展的过程中,不少社会组织顺应时代潮流进行了一定程度的数字化转型,也有不少新的社会组织不断诞生。在经济社会领域,除了企业、政府之外,仍有不少人以社会组织的形式组织和被组织起来。

(一) 社会组织与数字化

社会组织是指具备组织性、民间性、非营利性(或非利润分配)、自治性(或非自我管理)、志愿性的组织,又称"非政府组织"(non-governmental organization,

NGO），也称"非营利组织"（non-profit organizations，NPO）。社会组织包括社会团体、慈善组织（基金会）、民办非企业单位、涉外社会组织等。社会组织是社会力量的重要代表，如不少线上慈善捐款项目均由不同慈善组织、基金会负责运作，确保了许多困难人群得到各类帮扶。

一是现有各类社会组织均在不同程度上发挥着积极作用。经过多年发展，我国社会组织种类繁多，不少社会组织在各自领域均有所贡献，有些也为公众所熟知。在社会团体方面，包括中华全国总工会、共青团、全国妇联等主要社会团体，也包括协会、商会、学会、研究会、促进会、联合会、联谊会、校友会等团体。如大学的校友会，它能让踏上社会的学子们通过这一组织形式再次聚在一起，起到联络感情、促进地方发展等作用。在民办非企业单位方面，包括民办学校、民办医院、民办科学研究院、民办博物馆、民办福利院等多种类型。如四川省建川博物馆是非常著名的民办博物馆，由民营企业家樊建川创建而成，馆内有上千万件藏品，为民众提供了更多元的公共文化设施。在慈善组织（基金会）方面，既包括中华慈善总会、中国残疾人联合会、中国青少年发展基金会等全国性组织，也包括不少地方性组织。如成立于2007年的蓝天救援队，是我国民间专业、独立的纯公益紧急救援机构，已在全国多地成立了品牌授权的救援队，在2023年8月河北涿州防汛形势严峻的情况下，江苏蓝天救援队是最早挺进涿州开展救援的外省力量，通过专业的救援能力，上千名群众获救。

二是社会组织数字化建设正在如火如荼地进行。作为政府和企业之外的第三方部门，社会组织也在积极响应数字化浪潮。从外部来看，社会组织普遍开展了门户的数字化工作，即让民众在网上能搜索到这些社会组织的门户网站、社交媒体平台账号以及相关信息等。这种举措不仅是对外展示自身形象，还搭建起了对外联系、获取资金的桥梁，民众和有关部门能够更好地了解这些社会组织，并与之进行相应的合作，提供活动所需资金。如地方政府通过设立专项资金购买社会组织的服务，一部分社会组织可以在公共服务领域获得发展。

从内部来看，社会组织也开始普遍应用数智技术，但更多只是一种轻度应用，如使用社交媒体平台进行内部沟通等工作。由于数智技术目前尚未完全普及，大部分仍集中在具有一定规模的数字经济企业手中，其他部门想要获取这些技术必须付出相应成本，而社会组织的特征决定了最难承担这些成本。企业有资本积累并能够实现盈利，政府则有财政资金作为支撑。相较而言，社会组织来自民间，非营利性的特征使其难以拿出较多资金用于购买数智技术产品。仅从青年公益组织来看，根据一项调研显示，被调研的679家青年公益组织中，在数智技术人才方面,51.84%的组织技术人员来自外包公司、志愿者或兼职人员,18.26%的组织并未配备专业技术人员,29.90%的组织会采用自有专职人员来负责相关工作。在数字化投入方面,40.35%的组织并未设立数字化投入预算,仅有3.53%的组织数字化投入预算超过了组织发展投入预算的10%。但也有少量青年公益组织拥有较强的数智技术能力,如福建省福至心灵助学服务中心的业务是捐建智慧教室和AI人工智能编程课程空间,并为乡村学校输入了相关课程。在这个过程中,技术设备能够自动提供课程数据。另外,还呈现一个较为特别的倾向,在这679家青年公益组织中,有2家为虚拟组织。

(二)社会组织与网络社会组织

社会组织数字化是由线下到线上转变的一种尝试。遵循事物发展的一般规律,既然存在从线下到线上的过程,就一定会出现由线上到线下的情况。企业的发展路径是如此,社会组织同样也不例外,由此便产生了社会组织的新"物种"——网络社会组织。

一是网络社会组织成为社会组织的重要组成部分。随着数字经济的迅猛发展和网民数量的大幅增加,除了构建数字经济企业外,必然催生在网络上建立社会组织的需求。与传统社会组织不同,不少网络社会组织诞生于互联网。无论是由传统社会组织数字化转型而来,还是在网络中新建立的社会组织,网络社会组织的主要特征是主要以网络空间为活动场景。传统社会组织一般具有一定的地域性,即由某个地方的人为主要成员,服务当地民众。如2020年,舟山市普陀区六横海蓝社会工作服务中心帮助该区农村困境老人安装起夜感应灯、防蚊帘、太阳能灯,改造老化水管、老旧门窗电路,并定期上门清理院中青苔等。网络社会组织的人员来源和服务对象与传统社会组织有很大不同,主要成员不再局限于某一地域,所有符合要求的网民都是潜在来源;服务对象也跳出了地域范畴,所有符合条件的网民都是服务对象。因此,网络社会组织采用网络化组织方式和服务方式。

二是网络社会组织日益彰显巨大的经济社会影响力。随着网络社会组织数量不断增长,其内容已涵盖电子商务、网络文化、网络公益、网络安全等领域,为党和政府、互联网企业、广大网民搭建了一大批能力强、水平高的服务平台。由于当今青少年成长于互联网普及时期,从小就习惯了在网络空间中"畅游",他们更倾向于运用网络社会组织这种新型组织形式,也更容易受这种新型组织的影响。随着青少年步入中年、老年,这些网络社会组织也会随着他们的生命周期不断延续。因此,网络社会组织在广大青少年中拥有强大影响力,并随着代际更替逐渐成为社会组织的主要力量。

与传统社会组织一样,网络社会组织存在已登记和未登记两种类型,也存在违法违规乃至需要取缔的部分。在网络社会组织中,有的不为公众所熟知,有的则非常活跃,甚至是网络热搜的制造者。如明星的支持者们自发组成粉丝社群,这些粉丝往往来自全国各地,性别、年龄、身份各不相同。但他们组成的粉丝社群往往具有纪律严明、分工明确、行动力极强的特点。粉丝们聚在一起并非为了某种经济利益,作为一种亚文化群体,他们建立自己的组织是为了重新构建社交网络,并利用粉丝社群来创建自己的文化环境,以找到"无拘无束地在一起的感觉"。他们的活动范围并不局限于线上,还会在线下举行活动,特别是线下公益活动。如2015年,某粉丝社群的52个子站联合中央电视台新闻中心和中国人口福利基金会,发起了主题为"黄手环行动,心系老人回家之路"的公益活动,使粉丝社群展现出与社会良性互动的状态。当然,并非所有的活动都在理性状态下进行。

(三)社会组织与政府

为了使社会组织更好地发挥作用,政府和数字经济企业是不可或缺的力量,特别是政府作为主导性力量,在当下社会组织发展的整体环境中显得尤为重要。虽然我国社会组织展现出独立性和自主性复杂多样的组合状态,既有行政化程度和市场化程度都较高的官办服务型组织,也有两者程度都较低的草根互益性组织,但总体上呈现"依附式自主"的特征,政府在社会组织发展中肩负着重要责任。

一是强化党对社会组织的领导,构建完善政府和社会组织的协调联动工作体系。加强对社会组织(包括网络社会组织)的党建工作,通过社会组织内党组织发挥应有的引领作用。因为不同社会组织的业务主管部门不同,还存在不同的属地部门,所以各部门之间的协调十分必要。如网络社会组织不仅有业务主管部门,还需要网信部门联合有关部门建立属地网络社会组织统筹协调机制。

政府部门的数字化建设还包括为更多民间社会组织、网络社会组织提供便捷的登记渠道和审核流程,使各类社会组织不必耗费大量时间用于跑手续和证明自身上,从而促使更多民间社会组织涌现,也能让已存在的民间社会组织通过合法、合规建设得以"浮出水面"。

政府部门还承担着对社会组织的引导和监管责任。通过对涉及互联网行业自律、网络生态综合治理、网络文化活动、网络素养教育、网络公益、网络安全宣传等方面的公共服务项目,在同等条件下优先向网络社会组织购买的方式,能形成对网络社会组织发展的引导和扶持。积极运用数智技术对社会组织进行合理、有效监管,通过适度约束使之充分发挥正面作用,并对社会组织中的非法、恶性行为进行应有的处置。这有待于包括民政部在内的政府多部门合作管理,厘清各自的职责范围,也有待于民众监督参与。

二是政府助力社会组织数字化。一方面,通过简化社会组织的注册登记手续和流程,鼓励更多科技型社会组织从事公共服务,实现科技公益的"触手可及"。另一方面,政府和数字经济企业合作打造数字化服务平台,助力社会组织数字化水平实现整体提升,如广东省社会组织数字化服务平台(云商会)为社会组织的秘书处打造出一款免费数字管理系统"秘锋 SCRM"。

广东省社会组织数字化服务平台(云商会)是由广东省社会组织总会、广东省江西商会、广州凯迪云信息科技有限公司三方,为贯彻落实数字化发展战略部署而携手共建的。目前"秘锋 AI 助理"已接入秘锋管理系统,其功能和 ChatGPT 类似,旨在通过人工智能技术的智能、高效,为社会组织的秘书处提供强力的办公辅助,提升办公效率和质量。譬如,在撰写演讲稿方面,不少社会组织的秘书长都会为活动统筹感到头疼,完成一份契合时事热点、活动内容的演讲稿不仅耗时长,而且要反复修改。在"秘锋 AI 助理"的辅助下,首批体验的秘书处职员均表示,在短短十分钟时间里,就能收获一份令上级领导满意的讲稿。智能助手这个新的工作伙伴所带来的效果远超预期。"秘锋 AI 助理"仅是"秘锋 SCRM"中的一项新功能,还有专门针对社会组织内部的资料管理、会员管理、信息宣发、活动统筹、数据分析等功能板块,涵盖了秘书处管理、执行、复盘、总结的常规工作流程。

第三节 政府的重要作用

政府最具责任也最有意愿推动数字经济治理。为了更好地发挥政府作用,企业和社会仍是统筹协调的重要方面。政府在数字经济治理中以保护数据安全作为重点工作,也囊括了数字经济的各个方面,如反垄断和反不正当竞争、强化优质数据供给等。为了使数字经济稳健发展、行稳致远,重视人才建设、普及数字素养教育是促进公平的长远方式。

一、统筹协调多方参与

出于服务民众的目的,民众的满意度便是政府的行动方向。在日常的经济社会治理中,政府也一贯是主导力量。随着企业、社会组织的不断发展壮大,构建多元治理格局逐步形成共识,即政府不再成为治理的唯一力量,企业、社会组织也是治理的重要组成部分。企业代表市场的力量,社会组织、个人代表社会的力量。在数字经济这一新经济形式中,市场和社会力量在经济社会治理中发挥着更大作用,并且需要这两股力量发挥更大效能。

数字经济以全新方式重塑经济社会的各个领域,市场、社会力量进一步彰显,政府在主导数字经济治理中显得越来越"吃力"。具体表现在社会各阶层对政府充满期待,希望政府能更有效应对各类问题、化解各类矛盾。实际上,政府也确实在朝着这个方向努力,政府各级部门尤其是基层部门承受着巨大压力,花费了比过去更多时间处理各类事务,试图更好地履行自身职责,但取得的效果依旧难以完全令人满意。因此,引导市场、社会力量更多地参与数字经济治理,已是各级政府尝试的方向和正在付诸实践的事情。

数字经济、数据要素市场有待多方参与协同治理。一是坚持在党的领导下,政府做好引导和规范工作。以推动数字经济健康发展为大方向,妥善统筹发展与规范、发展与安全之间的关系,着力培育数据要素市场。如通过制定相关法律法规等,将政府规范行为制度化。二是互联网平台是重要参与主体。数据安全、数字鸿沟、网络暴力等问题离不开互联网平台的使用,政府部门既没有足够的技术能力,也没有足够的数据全方位解决这些问题,必须与互联网平台展开合作、协同治理。因此,互联网平台不仅是被规范主体,也是规范、治理工作的参与主体。如犯罪分子在使用微信诈骗时,微信的及时提醒能降低诈骗的成功率,微信的及时规范行为能压缩犯罪分子的数字生存空间。三是技术创新为新型治理提质增效。新问题呼唤新技术,在传统技术条件下,很难解决发展和安全的两难问题,但新技术可以做到。如在使用数据时,既要让数据被更多市场主体使用,又要确保数据中的隐私不被市场主体在使用中泄露,从传统技术角度看,实现这两者存在悖论。从隐私计算技术的角度看,实现这两个目标并不完全矛盾,通过新技术能在极大程度上拓展数据的使用范围。隐私计算,是在保护数据本身不对外泄露的前提下,实现数据分析计算的一类技术集合,在数据使用过程中实现数据"可用不可见"的效果。以电话号码的使用和保护为例,不少电信网络诈骗源于居民电话号码泄露,仅依靠公安机关从源头防范难度很大。

譬如,网购中用户的电话号码被泄露,使用隐私计算后,用户的实际电话号码以虚拟号码显示,购物平台商家看到的是用户的虚拟号码,能联系到用户,但不知道用户的真实号码。不仅如此,购物包裹上的号码也做了隐私处理,快递员也以用户的虚拟号码与用户联系。这样,在整个链条中,用户的电话号码虽然被"使用"了,但各方都"看不见",大大降低了用户电话号码被泄露的概率。

二、强化政府数据开放共享

政府公共数据开放共享具有巨大的联动、示范和带动效应。在公共治理层面,数据开放共享为政府部门内部联动、智慧决策以及全社会多元治理格局的构建提供了纽带。在公共数据开放共享层面,政府发挥带头作用,具有良好的示范效应。在数据要素市场,政府公共数据开放共享为之赋予了规模庞大、权威且高质量的数据资源,对全社会生产效率的提升产生推动作用。

我国在政府公共数据开放共享实践方面已取得不少成就,也存在阻力复杂、如何平衡好赋能和变现等问题。

一是政府数据开放共享平台发展迅速。截至2021年10月,我国已有193个省级和城市的地方政府上线了数据开放平台,较2020年增长了30%。2023年,国家行业主管部门、地方省级政府开放数据量比上年分别增长16%、18.5%。与此同时,高频政务服务事项逐步向标准化服务发展,实现了"一网通办""跨省通办",电子证照、身份识别等方面的数据已实现数据全国协同。

二是数据开放共享面临"不愿、不敢、不会"的难题。在数据统筹方面,部分政府部门把数据资源当作自身权力和利益的延伸,不愿开放共享。有的担心泄露引起安全问题,不敢开放共享;有的不具备数据开放共享的能力,不会开放共享。

三是应处理好赋能和变现的问题。2023年,国家数据局等部门印发的《"数据要素×"三年行动计划(2024—2026年)》明确要求"在重点领域、相关区域组织开展公共数据授权运营"。这在一定程度上化解了安全和开放的两难困境,既避免了将原始数据直接对外开放,又完成了赋能。但这种赋能仍存在驱动不足的问题,即获得授权的部门缺乏足够的收益驱动。为了确保数据要素开放共享的进程更顺利,适度的"变现"仍旧非常重要,即需要让地方在这一过程中获得直接或间接的收益。同时,如何处理好两者的关系考验着地方的认知水平和决策智慧。

以国家数据基础设施为统领,大力推进政府公共数据开放共享,梳理并明确公共数据所有者、使用者的权责利以及各方关系。

一是建设和运营国家数据基础设施。数据基础设施是在网络、算力等设施的基础上,围绕数据汇聚、处理、流通、应用、运营的全生命周期,构建适应数据要素化、资源化、价值化的基础设施。数据基础设施建设是项目建设和制度建设的系统集成,既包括平台、系统等"硬"的设施建设,也包括标准规范、体制机制等"软"的制度设计,还包括隐私保护、数据标识登记等技术创新的应用。

二是政府公共数据以无偿开放为原则,不开放是例外。公共数据是在为公共利益的目的下采集的,理应服务于公共利益,服务于广大民众。又由于数据要素天然带有共享特性,共享边际成本几乎为零,具有被无偿开放的条件。

三是政府公共数据应分类开放。并非所有公共数据都适合开放,一般分为三种类型,即无条件开放、有条件开放和不开放。

四是提升开放度的同时应注重提升共享度。数据开放不一定意味着共享,应关注公共数据利用率,确保数据开放遵循更便民的方向发展,使开放的数据真正为民所用。

五是政府公共数据的权、责、利及各方关系界定,确保发展成果由人民共享。公共数据在所有权上应属国有,即全民所有。公共数据的所有权由各级地方政府代为行使,并委托给各个负责相应数据的部门进行管理、共享,或是其他职能部门,或是统一负责数据管理的大数据中心(或承担大数据中心职能的其他名称的类似机构)。如某互联网平台运用公共数据生产的产品抽成过高,可行使公共数据的所有权对过高收费的行为加以限制,维护其他市场主体的合法权益。同时,提升公共数据的共享率有待新型人才队伍的智力支持。

三、数字红利与人才教育赋能

数据要素市场、数字经济的发展终究与人紧密相关。庞大的数字红利由人才创造,也只有足够的人才队伍和后备军,这个崭新的市场才会不断充满勃勃生机。人是推动发展的手段,更是发展的目的,让更多民众共享数字红利,打通向上流动的通道,教育乃是根本。

（一）完善人才评价流动体系

数据要素市场、数字经济领域存在巨大的人才缺口,完善人才评价、流动体系有利于就业群体拥有更美好的发展前景,有利于市场更充分发展,实现人才智慧和人工智能的有机结合,为经济社会发展提供更大推动力。

人才的结构性矛盾在数据要素市场广泛存在。

一是互联网企业因年龄歧视导致人才浪费现象客观存在。互联网企业普遍存在"35岁现象",员工一旦到了35~40岁,就面临被裁、"毕业"的风险,大量数字技能人才年纪轻轻就面临失业、再就业难的问题。

二是相关专业人才总量供给不足。不少高校的传统专业尚未及时转变,新专业培养的人才有限,导致人才总量缺乏,如福州市到2025年需要1100万的数据人才。

三是高端型、复合型人才严重缺乏。数据要素需要与其他要素共同作用才能更好地发挥作用,这使得数据人才不仅要是专才,还得是跨学科人才,需要具备更高视野和更多专业背景。如首席数据官等政府数据治理人才,不仅需要具备大数据能力,还需要具备沟通协调能力以及多学科能力,需要拥有计算机学、管理学、行政学、信息管理学等多学科知识背景。

优化现有数据要素市场人才评价和流动机制。

一是建立系统科学的人才评价机制。从品德、能力和业绩等方面评价人才,根据人才专业、从事工作类型、所在职位等建立不同的评价标准,做到人尽其才。

二是完善对本地人才的培养、合理晋升机制。让本地人才留得住、发展前景好。

三是加大对紧缺人才的引进工作。创新岗位设置,以高薪聘用等方式招揽特殊专业人才,完善合理的引进人才考评机制。

四是破除人才流动中的体制机制障碍。打破户籍、地域、身份、学历、人事关系、待遇标准差异等制约因素,优化人才流动管理,做好人才流动中各类关系的调整和协调工作,如人才流动中的五险一金跨区域转换问题。又如,针对某些行业人才的落户歧视现象,数据要素市场、数字经济中制造业依旧是重要基石。制造业需要大量蓝领工人,而蓝领(特别是高级蓝领)的引进中,落户难问题也迫切需要解决,应放开落户限制,破解人才自由流动中的归属问题。

五是加大对边远落后地区新型人才群体的工资补贴和税费优惠政策支持。创新数据人才使用方式,如采取"不求所有但求所用"的方式,使各区域间数据人才分布更加均衡。通过待遇倾斜,适度破解数字技能人才供需结构矛盾问题,让相对落后地区拥有一定数量的人才,以实现差异化发展。

(二)普及个人数字素养教育

普及数字素养能弥合数字鸿沟,更多民众可以享受到数据要素市场、数字经济带来的红利,更好地适应新要素带来的变化,合理规避各类弊端,也为数据人才、数字技能人才、高端复合型人才培养提供了更为庞大的人口基数。普及数字素养是对广大民众的一种赋能,最为基础,也最长远。

构建较为成熟的数字素养教育体系可实现三个层次的目标。

第一个层次为适应力。能适应现有网络社会,拥有能熟练运用常用或专门技术、软件和平台的能力,能熟练通过网络平台和相应工具软件获取网络资源。这一层次属于基本要求,只有拥有熟练运用的能力,方能立足于数字经济时代,对于从未接触或很少接触网络的个人尤为重要。

第二个层次为胜任力。从理解、辨别和批判等更深层次了解互联网,无论是外在表现形式还是内在驱动,对互联网的运作机制以及个人在其中的定位、权利和义务有一定的认识。特别是面对网络舆论时能够做到理性发声,不过多窥探他人隐私,对网络安全、网络诈骗有一定应对经验。这一层次有利于数字经济的良性发展,减少恶性事件发生,强化个人主动保护自我隐私的意识,有效应对网络诈骗,起到趋利避害的效果。

第三个层次为创造力。拥有运用数智技术参与经济建设的能力,使之具备能熟练运用数据要素、分析数据要素、制造数字产品的能力,通过用数据要素武装劳动者提升劳动生产率,推动经济高质量发展。

在基础教育和高等教育中普及数字素养教育,以学习五大能力为目标,分别为伦理道德、安全保障、数字健康、数字参与、数字创新。

一是伦理道德。网上言行要符合社会主义核心价值观。教育学生认识到网络不是法外之地,网上言行也要遵纪守法、符合社会主义核心价值观,要讲公德、文明用语、礼貌待人;不能随意发布不爱国、恶意、不友好、暴力、侮辱等恶性言论,做到不造谣、不信谣、不传谣,成为维护网络秩序的一分子。

二是安全保障。保护个人隐私、信息安全,维护个人名誉,远离网络诈骗。懂得如何有效保护个人隐私数据安全,维护个人隐私数据权益,在发布个人作品时懂得隐藏私人信息,以免受恶意侵害。在面对恶意中伤、网络暴力等恶性事件时,不一味躲避、消沉甚至走极端,而是及时采用向公安机关报案等有效手段维护自身权益,防止个人名誉受损。学会在正规应用商店下载应用程序,识别山寨应用程序。能识别网络诈骗,保护人身财产安全,避免各类意外事件。

三是数字健康。理性使用电子设备,注重用眼健康,不沉迷电子设备。懂得处理好线上生活和线下生活的关系,严格控制线上生活时间,特别是手机使用时长,在婴幼儿、儿童、青少年时期都需要特别予以关注。面对我国学生近视情况呈现高发、低龄化趋势,习近平总书记指出,全社会都要行动起来,共同呵护好孩子的眼睛,让他们拥有一个光明的未来。

四是数字参与。能根据自身需求实现网络活动、社交、信息获取、交易等操作。在互联网平台发布信息、接收信息、辨别信息等,成为互联网平台上有作用的一分子,如在知乎上根据自己的专业回答问题,根据关键词在知乎上搜索信息等。在电商平台理性购买商品,尝试在二手平台卖出闲置物品,了解网络广告的运营机制等。

五是数字创新。创造、发布具有一定价值的数字内容。灵活运用应用软件、应用程序,结合获取的数据资料制作图片、视频、文字、图表、编程语言等形式自由组合的价值内容,包括美图画作分享、美食制作视频、数学应用题解法分享、配有图表的理论分析文章、通过软件辅助进行的大数据分析、小程序制作等。

(三)适应变革需求的人才培养

未来需要培养什么样的人才,是一个很难准确回答的问题,因为没人可以准确预测未来。除了对人进行基本的道德、健康、体能、数字素养等培养外,从短期和长期来看,至少有两件事需要持之以恒。第一件是在专业培养上,根据市场需求调整专业设置,使毕业生更好地适应市场。第二件是启发每个人找到喜好的领域,对该领域保有长期浓厚的兴趣,使学习变成一种内生行为。

为适应市场需求变化,促进高校继续对大学专业进行适时调整,不断设立适应新技术、新产业、新业态、新模式的专业,适当撤销、缩减不适应经济社会发展的专业,培养学生从长远角度看待冷热专业的意识。

一是理性对待冷热专业。仅以就业前景来看,新开设的热门专业培养体系并不健全,随着行业周期发展,毕业后的学生可能因人才饱和反而遇到就业困难。冷门专业因报名人数少,可能有相对可靠的出路,也可能因行业变化成为热门专业,如数字经济的发展使数学这样的冷门专业变得越来越热门。

二是赋予高校更大办学自主权,根据自身特色自主设置和调整专业。设置适应数字经济发展的相关专业,如数字经济、人工智能、区块链工程、量子信息科学、智能网联汽车技术、网络安全等。

三是鼓励高校探索规范的选课制和学分制。当前就业需求与高校专业设置之间存在突出矛盾,实质上属于供需之间的体制性不协调问题,仅靠增减或调整专业难以"根治",还会形成事实上已出现的"需要调整的专业越调越多"的局面。让高校拥有更大的自主空间,顺应全球高等教育发展的主流趋势,让有条件的高校积极探索实行规范的学分制和选课制。学生入学时不设定专业,让学生根据自身需求选择感兴趣的课程和专业,在双向选择中促使学生探索感兴趣的领域,并按需研修。

人工智能的跨越式发展,特别是 ChatGPT 的出现,颠覆了行业取代的方向,对教育也产生了重大影响。围绕兴趣进行学习、积累和创造变得比以往更为关键。

一是 ChatGPT 等人工智能大模型实现了从对体力劳动的替代向对脑力劳动的替代的转变。只要体力劳动成本可控,"机器代人"在经济上并非有利可图,而脑力劳动往往需要投入更高成本,诸如简单的翻译、编程、绘画、写作等工作,都面临被替代的风险。

二是基于知识积累的创新更难以被取代。知识的学习依旧至关重要,人只有积累足够的通识,才能避免成为人工智能的附庸,或是被别有用心者利用。但知识的积累仅是第一步,还须拥有从浩瀚的知识宝库中学习、总结和创新的能力。只有拥有了这些能力,方能灵活运用人工智能为自己服务,而不是被人工智能控制。

三是从基础教育阶段激发学生对未知领域的浓厚兴趣。保持对一定领域学习的兴趣是最强的原动力。感性赋予的激情所激发的能量使人难以被人工智能取代,这种兴趣会促使人长时间专注于一个领域进行学习和积累,并乐此不疲。只要拥有这种原动力,劳动者就能与人工智能形成良性互动,不断拓展自身知识的广度和深度。抱有浓厚兴趣的启发工作,需要从基础教育阶段就开始培育,这不仅是对知识的传授,还需要家长和学校携手合作,致力于培养学生的这种内驱力。

从公有制为主体、多种所有制经济共同发展,按劳分配为主体、多种分配方式并存的基本经济制度来看,数字经济的治理既是政府和公共部门的责任,也离不开数字经济企业、社会组织以及个人的积极参与和协同作用。多方参与以及角色重要性的变化,构成了一种全新的治理格局。这种全新治理格局的落脚点,归根结底是为了促进人的全面发展,使人们在改革发展中分享到更多成果,并最终实现共同富裕。

参考文献

[1] 张岗,李志贵.我国网购用户规模已超9亿人[EB/OL].(2024-06-28)[2024-10-06].https://m.gmw.cn/2024-06/28/content_1303776255.htm.

[2] 尤瓦尔·赫拉利.人类简史[M].林俊宏,译.北京:中信出版社,2017.

[3] 国家互联网信息办公室,中央宣传部,教育部,等.关于印发《关于加强互联网信息服务算法综合治理的指导意见》的通知(国信办发文[2021]7号)[EB/OL].(2021-09-29)[2024-10-06].http://www.cac.gov.cn/2021-09/29/c_1634507915623047.htm.

[4] 国务院反垄断委员会.国务院反垄断委员会关于平台经济领域的反垄断指南(国反垄发[2021]1号)[EB/OL].(2021-02-27)[2024-10-06].http://www.gov.cn/xinwen/2021-02/07/content_5585758.htm.

[5] 中华人民共和国商务部.经营者集中申报办法(中华人民共和国商务部令2009年第11号)[EB/OL].(2009-11-27)[2024-10-06].http://fldj.mofcom.gov.cn/article/c/200911/20091106639149.shtml.

[6] 李振利,李毅.论算法共谋的反垄断规制路径[J].学术交流,2018(7):73-82.

[7] 汪勇.新中国成立初期党的卫生工作的发展历程与经验[J].桂海论丛,2020,36(4):89-94.

[8] 中国网信网.提升全民数字素养与技能行动纲要[EB/OL].(2021-11-05)[2024-10-06].http://www.cac.gov.cn/2021-11/05/c_1637708867754305.htm.

[9] 工业和信息化部电子第五研究所.中国数字经济发展指数报告(2023)[R/OL].(2023-09-01)[2024-10-06].https://news.sohu.com/a/716797253_121775829.

[10] 中国社会科学院金融研究所公众号.全球数字经济发展指数报告(TIMG 2023)[R/OL].(2023-05-30)[2024-10-06].https://mp.weixin.qq.com/s?__biz=MzA5MjI1NzEwMQ==&mid=2649799126&idx=2&sn=

54453e93d5e63500f9b8b51c06bd0e97&chksm=886bf7f4bf1c7ee2801d78c31b00f640e2b6ab5c71cfb21ac26468577ed96e5a7fb16e377fde&scene=27.

[11] 中国信息通信研究院. 全球数字经济白皮书(2023年)[R/OL]. (2024-03-26)[2024-10-06]. http://www.caict.ac.cn/kxyj/qwfb/bps/202401/P020240326601000238100.pdf.

[12] 国家数据局. 数字中国发展报告(2023年)[R/OL]. (2024-07-01)[2024-10-06]. https://mp.weixin.qq.com/s?__biz=MjM5MDUwOTg4NQ==&mid=2691943728&idx=1&sn=2664988b1b417cd4f2a81b7acfe10c27.

[13] 中国信息通信研究院. 中国数字经济发展研究报告(2023年)[R/OL]. (2023-05-06)[2024-10-06]. https://dsj.hainan.gov.cn/zcfg/zybs/202305/t20230510_3413998.html.

[14] 中国政府门户网站. 中华人民共和国反不正当竞争法[EB/OL]. (2005-08-31)[2024-10-06]. http://www.gov.cn/banshi/2005-08/31/content_68766.htm.

[15] 中工网-工人日报. 最高法发布典型案例引领数字经济领域公平竞争[EB/OL]. (2021-09-30)[2024-10-06]. http://www.workercn.cn/34196/202109/30/210930043339739.shtml.

[16] 钱志鸿,王义君. 物联网技术与应用研究[J]. 电子学报,2012,40(5):1023-1029.

[17] 杨帅. 工业4.0与工业互联网:比较、启示与应对策略[J]. 当代财经,2015(8):99-107.

[18] 马永开,李仕明,潘景铭. 工业互联网之价值共创模式[J]. 管理世界,2020,36(8):211-222.

[19] 高璎园,王妮炜,陆洲. 卫星互联网星座发展研究与方案构想[J]. 中国电子科学研究院学报,2019,14(8):875-881.

[20] 刘悦,廖春发. 国外新兴卫星互联网星座的发展[J]. 科技导报,2016,34(7):139-148.

[21] 徐晓帆,王妮炜,高璎园,等. 陆海空天一体化信息网络发展研究[J]. 中国工程科学,2021,23(2):39-45.

[22] 钟义信. 人工智能:概念·方法·机遇[J]. 科学通报,2017,62(22):2473-2479.

[23] 贾夏利,刘小平. 中美人工智能竞争现状对比分析及启示[J]. 世界科技研究

与发展,2022,44(4):531-542.

[24] 陈彦斌,林晨,陈小亮.人工智能、老龄化与经济增长[J].经济研究,2019,54(7):47-63.

[25] 吴吉义,平玲娣,潘雪增,等.云计算:从概念到平台[J].电信科学,2009,25(12):23-30.

[26] 方巍,文学志,潘吴斌,等.云计算:概念、技术及应用研究综述[J].南京信息工程大学学报(自然科学版),2012,4(4):351-361.

[27] 宋婧.云计算:开启新一轮黄金发展期[N].中国电子报,2021-12-21(6).

[28] 姚学超,郑昊.中国云计算发展十大趋势[J].软件和集成电路,2022(Z1):21-23.

[29] 张立强,吕建荣,严飞,等.可信云计算研究综述[J].郑州大学学报(理学版),2022,54(4):1-11.

[30] 何蒲,于戈,张岩峰,等.区块链技术与应用前瞻综述[J].计算机科学,2017,44(4):1-7+15.

[31] 邓罡,龚正虎,王宏.现代数据中心网络特征研究[J].计算机研究与发展,2014,51(2):395-407.

[32] 刘晶.东数西算大棋局:盘活西部数据中心是关键[N].中国电子报,2022-04-26(5).

[33] 高技术司."十四五"新型基础设施建设解读稿之三:积极打造网络化、智能化、服务化、协同化的融合基础设施体系[EB/OL].(2021-11-29)[2024-10-06]. https://www.ndrc.gov.cn/fzggw/jgsj/gjss/sjdt/202111/t20211129_1305569.html?code=&state=123.

[34] 申少铁.农村集中供水率和自来水普及率分别达89%和84% 农民生活环境卫生状况明显改善[EB/OL].(2022-04-15)[2024-10-06]. http://www.gov.cn/xinwen/2022-04-15/content_5685320.htm.

[35] 刘诗平.我国农村自来水普及率达到90%[EB/OL].(2024-01-11)[2024-10-06]. https://www.gov.cn/lianbo/bumen/202401/content_6925449.htm.

[36] 徐彬,乔黎黎."十四五"新型基础设施建设解读稿之二:发展创新基础设施支撑创新型国家建设[EB/OL].(2021-11-29)[2024-10-06]. https://www.ndrc.gov.cn/fzggw/jgsj/gjss/sjdt/202111/t20211129_1305568.html?code=&state=123.

[37] 国务院.国务院关于印发国家重大科技基础设施建设中长期规划(2012—

2030年)的通知[EB/OL].(2013-02-23)[2024-10-06].http://www.gov.cn/zwgk/2013-03/04/content_2344891.htm#:~:text=％E9％87％8D％E5％A4％A7％E7％A7％91％E6％8A％80％E5％9F％BA％E7％A1％80％E8％AE％BE％E6％96％BD,％E7％9A％84％E7％89％A9％E8％B4％A8％E6％8A％80％E6％9C％AF％E5％9F％BA％E7％A1％80％E3％80％82.

[38] 王贻芳.我国重大科技基础设施的现状和未来发展[EB/OL].(2022-06-24)[2024-10-06]. http://www.npc.gov.cn/c2/c30834/202206/t20220624_318278.html.

[39] 李娟,陈玲,李秀菊,等.我国小学科学教师和科学教育基础设施现状分析研究[J].科普研究,2017,12(5):58-62+70+109-110.

[40] 邢淑英.栉风沐雨栽梧桐 创新环境造辉煌——中国科学院科教基础设施建设六十年[J].中国科学院院刊,2009,24(6):593-600.

[41] 韩丹宁.黄石科技馆受众调查研究[D].武汉:华中科技大学,2017.

[42] 喻思南.我国现代科技馆体系量质齐升[N].人民日报,2022-6-17(12).

[43] 马宇罡,赵洋,苑楠,等.打造新时代高质量科普服务体系核心阵地——《现代科技馆体系发展"十四五"规划(2021—2025年)》的编制与思考[J].自然科学博物馆研究,2022,7(1):25-30+110.

[44] 中国科学技术协会.现代科技馆体系发展"十四五"规划(2021—2025年)[J].自然科学博物馆研究,2021,6(6):5-9.

[45] 北京日报客户端.网络安全行业人才缺口巨大,上半年人才需求增四成[EB/OL].(2021-10-13)[2024-10-06]. https://baijiahao.baidu.com/s?id=17134730263519433402&wfr=spider&for=pc.

[46] 央视网.网络安全人才每年缺口达2万人 专家建议尽快制定实战能力评价体系[EB/OL].(2023-09-14)[2024-10-06]. https://news.cnr.cn/native/gd/20230914/t20230914_526419103.shtml.

[47] 俞翔,徐强,周哲伟.加快打造浙江创新基础设施集群[J].浙江经济,2022(1):42-45.

[48] 高技术司."十四五"新型基础设施建设解读稿之一:系统布局新型基础设施夯实现代化强国先进物质基础[EB/OL].(2021-11-29)[2024-10-06]. https://www.ndrc.gov.cn/fzggw/jgsj/gjss/sjdt/202111/t20211129_1305567.html?code=&state=123.

[49]新华网.数字中国建设整体布局规划[EB/OL].(2023-02-27)[2024-10-06].https://www.gzdj.gov.cn/zcfg/104307.jhtml.

[50]时青昊."中国式现代化"关键词|"新一轮科技革命和产业变革"是第几轮?[EB/OL].(2023-11-20)[2024-10-06].https://www.thepaper.cn/newsDetail_forward_25358071.

[51]徐竹青.专利、技术创新与经济增长:理论与实证[J].科技管理研究,2004(5):109-111.

[52]习近平.努力成为世界主要科学中心和创新高地[J].共产党员,2021(8):4-7.

[53]欧阳日辉.专家解读|发挥"数据要素×"效应 构建以数据为关键要素的数字经济[EB/OL].(2024-01-22)[2024-10-06].https://baijiahao.baidu.com/s?id=1788750988493589845&wfr=spider&for=pc.

[54]王云杉.推动数据要素发挥乘数效应[EB/OL].(2024-04-24)[2024-10-06].https://www.gov.cn/zhengce/202404/content_6947186.htm.

[55]欧阳日辉.发挥"数据要素×"效应的逻辑与路径[J].长安大学学报(社会科学版),2024,26(2):19-37.

[56]傅晋华.为什么强调创新驱动的内涵型增长[EB/OL].(2023-08-30)[2024-10-06].https://news.cnr.cn/native/gd/20230830/t20230830_526401878.shtml.

[57]蔡昉.读懂中国经济[M].北京:中信出版社,2017.

[58]谭洪波.数字经济与共同富裕[N].光明日报,2022-2-15(16).

[59]Koh D,et al. Labor Share Decline and Intellectual Property Products Capital[J].Econometrica,2020,88(6):2609-2628.

[60]萨缪尔森,诺德豪斯.经济学[M].萧琛,译.北京:人民邮电出版社,2004.

[61]田先进.小岗村18户村民:"大包干"带头人[J].共产党员(河北),2021(Z1):114.

[62]新华社.中共中央 国务院关于构建数据基础制度更好发挥数据要素作用的意见[EB/OL].(2022-12-19)[2024-10-06].http://www.gov.cn/xinwen/2022-12/19/content_5732695.htm.

[63]潘洁.构建数据基础制度 更好发挥数据要素作用——国家发展改革委负责同志答记者问[EB/OL].(2022-12-20)[2024-10-06].https://www.gov.cn/zhengce/2022-12/20/content_5732705.htm.

[64] 邢会强.大数据交易背景下个人信息财产权的分配与实现机制[J].法学评论,2019,37(6):98-110.

[65] 崔吕萍.围绕数据权属的"时代之问"陈智敏委员谈了5点思考[N].人民政协报,2022-04-26(5).

[66] 彭辉.数据权属的逻辑结构与赋权边界——基于"公地悲剧"和"反公地悲剧"的视角[J].比较法研究,2022(1):101-115.

[67] 新华社.中共中央、国务院印发《党和国家机构改革方案》[EB/OL].(2023-03-16)[2024-10-06].http://news.cyol.com/gb/articles/2023-03/16/content_77OXxgfeEm.html.

[68] 宋建欣.大数据时代人的尊严和价值——以个人隐私与信息共享之间的伦理抉择为中心[J].道德与文明,2021(6):107-114.

[69] 何玉长,王伟.数据要素市场化的理论阐释[J].当代经济研究,2021(4):33-44.

[70] 陈伟光,钟列炀.全球数字经济治理:要素构成、机制分析与难点突破[J].国际经济评论,2022(2):60-87+6.

[71] 姚瑶.《杭州城市大脑赋能城市治理促进条例》的创新和意义[EB/OL].(2021-03-09)[2024-10-06].https://hzyl.hangzhou.com.cn/content/content_7924062.html.

[72] 陈果.数实结合的中国视角[EB/OL].(2023-03-21)[2024-10-06].https://mp.weixin.qq.com/s/CEqk0lm4F51_1BTiPUwpug.

[73] 王煜全.从地缘到产缘:数字革命给实体产业带来的新机会[EB/OL].(2023-03-22)[2024-10-06].https://mp.weixin.qq.com/s/3bWwaUaqMd1HxprYZoWw9Q.

[74] 邬贺铨.数实融合——网络技术创新的新赛道[EB/OL].(2023-02-26)[2024-10-06].https://mp.weixin.qq.com/s/Rx2HV0I-wZuwq0x-DzMNDg.

[75] 国务院办公厅.新能源汽车产业发展规划(2021—2035年)[EB/OL].(2020-10-20)[2024-10-06].http://www.gov.cn/zhengce/content/2020-11/02/content_5556716.htm.

[76] 黄奇帆.这5个方向,未来有万亿美元级别市场[EB/OL].(2022-07-07)[2024-10-06].https://news.qq.com/rain/a/20220707A06Z8200.

[77] 关彦齐,王芳芳.浅析3D打印的现状与前景[J].科学技术创新,2020(18):78-79.

[78] 王功,刘亦飞,程天锦,等.空间增材制造技术的应用[J].空间科学学报,2016,36(4):571-576.

[79] 夏锴伦,陈宇宁,刘超,等.混凝土3D打印建造的低碳性研究进展[J].建筑结构学报,2024,45(3):15-33.

[80] 李佳亿,李君涛.3D打印在医疗器械领域应用前景分析[J].新材料产业,2022(2):51-55.

[81] 张亚莲,常若寒,姚草根,等.增材制造技术的研究应用进展:由3D到4D[J].宇航材料工艺,2022,52(2):67-75.

[82] 李娇,陈钦.罗田县域经济稳中有进进中向好[EB/OL].(2024-03-15)[2024-10-06].https://www.hg.gov.cn/zwxw/xsxw/9331618.html.

[83] 英山县统计局.英山县2023年国民经济和社会发展统计公报[EB/OL].(2024-06-28)[2024-10-06].http://www.chinays.gov.cn/zwgk/grassroots/6636628/1391301.html.

[84] 人力资源社会保障部办公厅,中央网信办秘书局,国家广播电视总局办公厅.人力资源社会保障部办公厅 中央网信办秘书局 国家广播电视总局办公厅 关于颁布互联网营销师国家职业技能标准的通知[EB/OL].(2021-11-25)[2024-10-06].https://www.mohrss.gov.cn/xxgk2020/fdzdgknr/rcrs_4225/jnrc/202112/t20211227_431400.html.

[85] 刘天纵,宁叶子."子并母"反向重组"数字化"创新重构——中南建筑设计院改革重组启示录[EB/OL].(2023-02-12)[2024-10-06].http://www.hubei.gov.cn/hbfb/rdgz/202302/t20230212_4543214.shtml?share_token=1f9bd5eb-f0ea-4da6-8762-46aba78b342b.

[86] 李霆.模式创新,赶超世界一流——大型国有设计集团改革重组探索与实践[EB/OL].(2023-03-16)[2024-10-06].https://mp.weixin.qq.com/s/YOZza9EFpuvpvpYsKv45jg.

[87] 朱小羽.从BIM迈向数字孪生;3D建模的核心技术[EB/OL].(2020-02-11)[2024-10-06].https://mp.weixin.qq.com/s/BSecOn8djDpsKuwsY-6zBA.

[88] 朱小羽.数字孪生的对象信息管理和装配机制[EB/OL].(2020-03-20)[2024-10-06].https://mp.weixin.qq.com/s/5QjPZOFICAdMKJe4yOKWAA.

[89] 饶云江.长距离分布式光纤传感技术研究进展[J].地理学报,2017,66(7):158-176.

[90] 鲁国庆.奋力打造世界级信息通信科技创新平台[EB/OL].(2023-02-07)

[2024-10-06]. https://www.c114.com.cn/news/5455/a1222805.html.

[91] 沈怡然. 通信人王晓云：攻关 5G 国际标准这十年［EB/OL］.（2022-10-15）[2024-10-06]. http://www.eeo.com.cn/2022/1015/562495.shtml.

[92] 政策研究处. 司晴川副会长赴中国信科集团、华中师范大学调研［EB/OL］.（2022-06-13）[2024-10-06]. https://www.fohb.gov.cn/info/2022-06/20220613074800_439.html.

[93] 中国互联网络信息中心（CNNIC）. 中国互联网络发展状况统计报告［R/OL］.（2024-03-22）[2024-10-06]. https://www.cnnic.net.cn/.

[94] 张勋, 万广华, 张佳佳, 等. 数字经济、普惠金融与包容性增长［J］. 经济研究, 2019, 54(8)：71-86.

[95] 人民日报. 提升金融服务实体经济质效——对浙江、湖北、广东三省货币政策落实情况的调研［EB/OL］.（2023-06-19）[2024-10-06]. https://www.hangzhou.gov.cn/art/2023/7/3/art_1229243363_59083803.html.

[96] 任茂谷, 秦雪春. 中国农业银行饶才富奖丨吾夏尔·吾守：胡杨的忠诚［EB/OL］.（2024-05-09）[2024-10-06]. https://mp.weixin.qq.com/s/ugCPOnxK-sc-yg8Y116hx3A.

[97] 人民网研究院. 预制菜行业发展报告［R/OL］.（2023-07-11）[2024-10-06]. http://yjy.people.com.cn/n1/2023/0710/c440911-40031856.html.

[98] 国家发改委. 预计经过 5 年努力 我国常住人口城镇化率将提升至接近 70%［EB/OL］.（2024-08-02）[2024-10-06]. https://www.chinanews.com.cn/cj/2024/08-02/10262428.shtml.

[99] 杨荫凯. 推进以人为核心的新型城镇化［J］. 新型城镇化, 2023(7)：8-13.

[100] 刘俏. 2035 年中国 20% 的农业人口将发生跨行业和跨地区转移［EB/OL］.（2021-02-25）[2024-10-06]. https://www.sohu.com/a/452537979_100160903.

[101] 苏红键. 中国特色的县域城镇化 以城乡两栖促城乡融合［J］. 甘肃社会科学, 2023(4)：200-208.

[102] 国家统计局. 主要农作物产品产量［EB/OL］.（2023-12-10）[2024-10-06]. https://data.stats.gov.cn/easyquery.htm?cn=C01&zb=A0D0F&sj=2022.

[103] 国家统计局. 国家统计局关于 2023 年粮食产量数据的公告［EB/OL］.（2023-12-11）[2024-10-06]. https://www.stats.gov.cn/xxgk/sjfb/zxfb2020/202312/t20231211_1945419.html.

[104] 国家统计局.国家统计局关于2024年粮食产量数据的公告[EB/OL].（2024-12-13）[2025-01-24］. https://www.stats.gov.cn/sj/zxfb/202412/t20241213_1957744.html.

[105] 国家统计局.2023年全国出生人口902万人!全国居民人均可支配收入[EB/OL].（2024-01-18）[2024-10-06］. https://www.sohu.com/a/752632550_121123844.

[106] 国家统计局.国家统计局:2024年我国人口总量有所减少,城镇化率继续提高[EB/OL].（2025-01-17）[2025-01-24］. https://export.shobserver.com/baijiahao/html/846387.html.

[107] 孙桂东.青岛记者采访网约车司机:司机越来越多,挣钱越来越少,跑车时间越来越长[EB/OL].（2024-01-20）[2024-10-06］. https://news.sohu.com/a/753084693_121123709.

[108] 陈磊.我国代驾使用人数突破1.5亿 酒后找代驾如何让人更放心[EB/OL].（2022-03-22）[2024-10-06］. https://www.chinanews.com.cn/cj/2022/03-22/9708436.shtml.

[109] 朱庆玲,季云冈,李炜建.城市"守夜人"|合肥代驾司机:"摆渡人"守护夜晚归途[EB/OL].（2023-03-19）[2024-10-06］. https://baijiahao.baidu.com/s?id=1760764409769174552&wfr=spider&for=pc.

[110] Moridioteslres.「自由职业者」系列访谈Vol.3:不要相信商人的眼泪[EB/OL].（2022-04-11）[2024-10-06］. https://www.douban.com/note/829257933/?from=author&_i=80072369GaA1F-,80074249GaA1F-.

[111] 人社部.人力资源社会保障部、市场监管总局、国家统计局联合发布区块链工程技术人员等9个新职业[EB/OL].(2020-07-06)[2024-10-06]. http://www.mohrss.gov.cn/wap/xw/rsxw/202007/t20200706_378513.html.

[112] 刘攀.区块链工程师:指尖上的舞蹈,不只是代码|数字经济时代的新职业①[EB/OL].（2022-10-19）[2024-10-06］. https://baijiahao.baidu.com/s?id=1747072084612083621&wfr=spider&for=pc.

[113] 人社部.人力资源社会保障部、国家市场监督管理总局、国家统计局联合发布集成电路工程技术人员等18个新职业[EB/OL].(2021-03-18)[2024-10-06]. http://www.mohrss.gov.cn/wap/xw/rsxw/202103/t20210318_411376.html.

[114] 叶赟.大数据时代的"密语者":寻求安全与便捷的平衡点[EB/OL].

223

(2023-06-27)[2024-10-06]. https://www.51ldb.com/shsldb/zdxw/content/f867b244-8265-48de-9913-0eba43b2a084.htm.

[115]驻南非共和国大使馆经济商务处.南非青年失业率处于国家危机水平[EB/OL].(2023-05-04)[2024-10-06]. https://baijiahao.baidu.com/s?id=1764928557167882898&wfr=spider&for=pc.

[116]王晓梅,鲁向明,王雷.国际观察|议席首次未过半 南非执政党面临挑战[EB/OL].(2024-06-03)[2024-10-06]. https://www.rmzxb.com.cn/c/2024-06-03/3556744.shtml.

[117]杨海泉.南非经济前景谨慎乐观[EB/OL].(2023-10-23)[2024-10-06]. https://baijiahao.baidu.com/s?id=1780495906219490512&wfr=spider&for=pc.

[118]国务院办公厅.国务院办公厅关于支持多渠道灵活就业的意见(国办发[2020]27号)[EB/OL].(2020-07-28)[2024-10-06]. https://www.gov.cn/gongbao/content/2020/content_5535320.htm.

[119]人力资源社会保障部办公厅.人力资源社会保障部办公厅关于印发《新就业形态劳动者休息和劳动报酬权益保障指引》《新就业形态劳动者劳动规则公示指引》《新就业形态劳动者权益维护服务指南》的通知(人社厅发[2023]50号)[EB/OL].(2023-11-08)[2024-10-06]. https://www.gov.cn/zhengce/zhengceku/202402/content_6933822.htm.

[120]邬展霞.制造业转型升级,为何要率先集聚与发展制造服务业[EB/OL].(2018-08-10)[2024-10-06]. https://www.jfdaily.com/news/detail?id=99418.

[121]国家发改委.关于加快推动制造服务业高质量发展的意见(发改产业[2021]372号)[EB/OL].(2021-03-16)[2024-10-06]. https://www.ndrc.gov.cn/xxgk/zcfb/tz/202103/t20210323_1270129.html.

[122]许守尧.守正创新做好新时代宣传思想工作[J].红旗文稿,2022(13):10-14.

[123]郭琳.数字思维、数据知识生产与技术隐喻研究[J].南昌大学学报(人文社会科学版),2022,53(5):87-96.

[124]俞可平.中国公民社会:概念、分类与制度环境[J].中国社会科学,2006(1):109-122+207-208.

[125]黄晓春.当代中国社会组织的制度环境与发展[J].中国社会科学,2015

(9):146-164+206-207.

[126] 徐明,李珮.政府对青年公益组织数字化困境的治理研究——基于互联网使用与传播能力的评估[J].学习论坛,2023(3):101-108.

[127] 王冰洁.浙江乡村精彩"蝶变"中的社会组织身影[N].中国社会报,2023-8-14(4).

[128] 王艺璇.网络时代粉丝社群的形成机制研究——以鹿晗粉丝群体"鹿饭"为例[J].学术界,2017(3):91-103+324-325.

[129] 王诗宗,宋程成.独立抑或自主:中国社会组织特征问题重思[J].中国社会科学,2013(5):50-66+205.

[130] 新华社.中央网信办印发《网络社会组织"同心圆"工程实施方案》[EB/OL].(2017-06-23)[2024-10-06].http://www.sic.gov.cn/sic/200/91/0623/8130_pc.html.

[131] 付丽丽.隐私计算:护航数据价值,实现"可用不可见"[N].科技日报,2021-9-13(6).

[132] 复旦大学数字与移动治理实验室,国家信息中心数字中国研究院.中国地方政府数据开放报告(省域):2021下半年[R/OL].(2022-01-20)[2024-10-06].http://www.dmg.fudan.edu.cn/?p=9273.

[133] 全国数据资源调查工作组(国家工业信息安全发展研究中心).全国数据资源调查报告(2023年)[R/OL].(2024-06-04)[2024-10-06].http://data.harbin.gov.cn/oportal/news/a5ec7216e78c490fb9f6028ab2eb7056/notice.

[134] 郑磊.打通数据"宝瓶口":公共数据资源供给的路径和目的[J].图书情报知识,2024,41(2):23-27.

[135] 林晗.不拘一格 用好用活[N].福州日报,2022-7-23(2).

[136] 梁宇,李潇翔,刘政,等.我国政府数据治理人才能力的核心要素与培养路径研究[J].图书馆,2022(4):34-41.

[137] 中央网络安全和信息化委员会.提升全民数字素养与技能行动纲要[EB/OL].(2021-11-06)[2024-10-06].https://www.12371.cn/2021/11/06/ARTI1636166007037771.shtml.

[138] 余慧菊,杨俊锋.数字公民与核心素养:加拿大数字素养教育综述[J].现代教育技术,2019,29(7):5-11.